# 고발 역사의
## 수레바퀴

# 고발 역사의 수레바퀴

곽형석 지음

이담
Books

# 머리말

역사에서 한 왕조가 500년을 지속한다는 것은 그냥 이루어지는 일이 아니다. 우수한 문화를 가지고 있다고 자부하는 중국만 하더라도 500년 이상 유지된 왕조는 없다. 우리나라는 최소한 고려와 조선 두 나라 이상이 500여 년이라는 긴 왕조를 유지하였다. 그러면 어떻게 하나의 왕조가 500여 년이나 지탱할 수 있었을까? 역사는 수많은 사실들이 모여 이루어지며 그러한 사실들을 해석하는 것은 후대의 몫이라고 생각된다. 필자는 이 문제를 '고발'이라는 역사의 숨겨진 그림자 속에서 찾고자 하였다.

우리 조상들의 삶 속에서 고발이 얼마나 오랫동안 뿌리 깊게 자리 잡았는지를 시대별로 고발된 사례들을 통해 조명해보고자 한다.

특히 이 글은 두 가지 궁금한 점을 해소하기 위해 쓰였다. 첫째, 엄연한 신분적 차별이 존재하며 그것이 사회의 근간을 이루던 삼국 시대부터 조선사회에 이르기까지 '아랫사람이 윗사람을 고발하는 것'은 신분 질서를 깨는 것인데, 과연 시대별로 어느 정도 허용되었을까? 둘째, 백성들이 여론을 형성하고 의사를 전달하는 일들은 어떻게 이루어졌으며, 국왕들이 백성들의 의견을 수렴하는 경로와 조정의 일을 백성들에게 전파하는 경로는 어떠했을까?

앞의 두 가지 질문은 겉으로는 서로 관련성이 없어 보이지만 고발이 잘못되거나 부당한 것들을 제기할 수 있는 기회를 주는 것이라는 점과 소통은 개인의 자유로운 의사를 표현할 수 있도록 했다는 점에서 궁극적으로 백성들의 언로(言路)를 넓히는 것으로 공통적이었다.

오늘날 우리가 국민들 스스로가 우리 생활주변의 건강, 안전, 환경 등 위험요인을 사전에 신고하여 예방하는 것이야말로 사회 전체의 안전을 담보하는 가장 쉬운 길이라고 여기듯, 우리 선조들도 적은 비용으로 사회의 질서를 유지하기 위해서 최소한의 고발이 필요했음을 이미 알고 있었고 실행하였다.

삼국시대부터 조선에 이르기까지 우리 조상들의 고발사례들을 통해 그들의 삶을 들여다보고 느껴보는 것도 의미가 있다고 생각한다. 특히 고발제도로 정착하기까지 국왕들이 언로를 넓히기 위해 받아들였던 참소나 왕만이 알 수 있었던 밀봉상서 그리고 풍문탄핵이나 신문고의 운영상황을 살펴보는 것은 의미가 있다. 이러한 장치는 오늘날 내부고발로 이어졌으며 고발정신의 뿌리가 되었다고 보아도 크게 벗어나는 것은 아니리라 생각한다.

오늘날 우리는 공익과 부패신고자보호법을 통해 위험이나 부패를 가장 먼저 인지할 수 있는 사람이 신고했다는 이유로 불이익이나 차별을 받지 않도록 보호하기 위해 노력하고 있지만, 조선시대에도 나름대로 고발자를 보호하려는 노력들이 있었다는 사실도 놀라운 일이 아닐 수 없다. 더욱이 삼국시대, 고려와 조선시대를 거치며 우리 전통사회에서 부자나 형제, 부부, 그리고 노주(奴主) 간에 고발하는 것은 인륜과 예의도덕에 반하는 것으로 여겨졌다. 오히려 고려시대에는 고존장죄(告尊長罪), 조선시대에는 부민고소금지법(府民告訴禁止法)이라 하여 고발하거나 고발을 유도하는 것이 죄가 되었다.

따라서 조상들의 생활상에서 고발이라는 행동이 일어났던 구체적인 불법이나 부당한 사례들을 조명해보는 것은 매우 흥미로운 작업이며, 이는 우리 선조들의 지혜를 엿볼 수 있는 좋은 기회라고 생각한다.

이 글을 통해서 볼 때 국민 다수의 눈에 의한 상시적인 감시가 생활화되어 그 시대에 가장 중요한 공익적 가치를 보호하기 위한 고발행동은 우리 민족과는 떼려야 뗄 수 없는 하나의 문화로 자리 잡았음을 알 수 있다.

더욱 놀라운 사실은 오늘날 우리가 적극적인 신고유도를 위해 자진신고자 면책제도로 불법행위에 가담한 신고자에게 형벌이나 불리한 행정처분을 감하거나 면해주는 제도 역시 조선시대에 이미 운영되었다는 사실이다.

이 글은 개인의 저술이다 보니 편견이 있을 수 있고 정통사학과 다른 시각이나 부족한 지식이 드러나리라 생각한다. 독자들이 넓은 아량으로 이해해주시기를 부탁드린다.

끝으로 우리 시대의 과제를 생각할 귀중한 기회를 주신 한국학술정보(주) 채종준 대표님께 깊은 감사를 드린다.

광형석

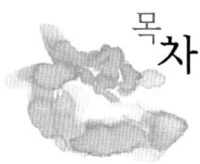
목차

## 제2장 신문고

제1장

# 고발의 수레

# 01 고발의 수레

인간은 사회적 존재이다. 그런데 사회라는 울타리 안에서 타인과 함께 살아가다 보면 일정한 질서를 유지하게 된다. 본인의 생명과 재산 등 이해관계가 첨예하게 얽힌 문제가 발생하기도 하고, 서로 상대방을 해치지 않도록 다양한 금지행동들이 생겨나게 된다. 이러한 과정에서 여러 사람이 지켜야 할 생활규범이 차차 자리를 잡게 되는데, 각 시대의 사회 질서는 규범이나 율령(律令)의 형태로 나타나게 된다. 이러한 가운데 지켜야 할 기준이나 규정을 위반하는 사람이 생겨나게 되고, 이러한 금지행동을 위반했을 때는 처벌이 뒤따르게 된다.

고조선 시대부터 나날이 복잡해지는 현대 사회에 이르기까지 우리의 규범은 더욱 다양해지고 폭넓게 발전되어 왔다. 가족질서, 나아가 국가 질서를 유지하기 위해서 개인의 행동들에 대한 금지 영역이 다양하게 설정되었다. 따라서 이렇게 금지된 행동을 한 자를 다른 사람이 고발할 필요성이 자연스럽게 형성된다. 즉 고발(告發)은 불법행위의 피해자나 당사자가 아닌 제3자가 권한 있는 기관이나 사람에게 그 불법사실을 신고해 위반행위에 상응하는 처벌을 해줄 것을 요청하는 의사표시를 말한다.

이러한 고발행동의 심리적 근간을 살펴보면, 한쪽의 극단은 남의 불법행위를 묻고 처벌하는 객관적인 제3자적 시각에서부터 남에 대한 원한과 복수의 심성이 내포된 다른 극단의 프리즘을 이루고 있다. 즉 고발의 심리적 프리즘은 사회질서를 바로잡고자 하는 개인의 공명심에서부터 남을 모함하여 곤궁에 빠뜨리려는 사적인 감정이 작용한다고 볼 수 있다.

또한 역사적 맥락에서 한국인의 고발 심리기제를 엿보기 위해서는 시대적으로 어떻게 고발이 시작되었고 진전되었는지를 고찰해 볼 필요가 있다. 삼국시대나 통일신라시대는 관료제적·집권적 국가체제를 위해 율령(律令)을 만들어 운영하였다. 이러한 율(律)에는 국민에 대한 전제적 지배를 관철시키는 일관된 정신이 있었는데, 바로 예(禮)이다. 유교의 예는 인간의 일상생활에서 반드시 지켜야 할 법칙으로서 권위를 지니고 있으나 강제력을 지니고 있지 않았다. 따라서 이 예의 법칙에 강제력을 지니게 하고 이를 위반한 자를 처벌하는 벌칙을 정하는 것이 율(律)이다. 예(禮)는 가족 내부에서의 존비의 등급과 사회구성에서의 계급이라는 두 개의 차등을 명백히 구별하고, 서로 범하지 않을 것을 목적으로 하여 윗사람이 아랫사람에 대한 권리와 아랫사람의 윗사람에 대한 의무를 명백히 하고 있다.[1]

이러한 맥락에서 삼국시대나 고려시대까지 효와 충을 강조하여 웃어른을 공경하는 사회풍토가 형성되었으며, 고발역시 이러한 풍토

---

1) 한국학중앙연구원, 민족문화백과사전, 박병호, '법제', http://encykorea.aks.ac.kr.

를 해치는 것으로 여겨졌다. 오히려 '고존장죄(告尊長罪)'라 하여 고발자가 처벌을 받는 경우가 많았다. 성리학적 유교사상이 지배한 조선시대까지 이러한 전통은 계속되었는데, 조선에는 '부민고소금지법(府民告訴禁止法)'을 제정하여 아랫사람이 윗사람을, 고을사람이 수령을 고발하는 것을 금지하였으므로 고발은 쉽지 않은 일이었다.

위반된 행동을 하는 사람을 권한 있는 관청이나 사람에게 고발하는 것은 위반자를 찾아내거나 처벌함으로써 그러한 위반 행동들을 줄일 수 있는 가장 중요한 수단이었다. 반면 이러한 고발에는 인간의 이기심이 작용하여 배반이나 보복의 수단이 되거나 남을 모함하여 곤경에 빠뜨리는 일이 생기는 부작용도 나타났다. 이러한 가운데서도 고발은 끊임없이 나타났는데, 이것은 고발이 인간 본연의 심성으로 잘못된 것을 바로잡고자 하는 데서 연유한 것으로 보인다.

우리 역사에서 공식적인 고발절차가 마련된 것은 언제부터였을까? 한국인의 고발을 제도화하고 절차나 내용에 대한 획기적인 기반을 마련한 것은 조선 초기에 제정된 신문고(申聞鼓)법이었다.

시대에 따라 생활 주변에서 일어나는 크고 작은 문제들을 제기할수 있는 것은 '참소(讒訴)', '고변(告變)', '밀고(密告)', '진고(陳告)', '고발(告發)' 등의 용어로 고발활동을 이해할 필요가 있다. 즉 오늘날과 같이 공식적인 고발이나 신고절차가 갖추어지기까지 시대에 따라 다양한 메커니즘이 작동하고 있었음을 알 수 있다. 특히, 밖으로 드러나게 고발할 수 없을 때는 일반국민들의 심성을 자극하는 익명서(匿名書)를 던져서 넣거나 저잣거리처럼 사람들의 왕래가 잦은 곳에 벽서를 붙여 고발하기도 하였다.

따라서 고발을 통해 야기된 사건들을 통해 각 시대의 사회 질서를 바라보는 안목을 높이고, 고발 활동이 역사를 어떻게 바꾸었는지 또한 시대를 어떻게 이끌어 나갈 수 있었는지를 짐작해 보는 것도 의미 있는 일이라 생각된다.

신라의 율령은 법흥왕 7년에 반포하였으며, 대체로 고구려의 율령을 모법으로 하고 있다. 신라의 율을 죄와 형벌로 분류하여 공공재산(관물; 官物)의 횡령죄에 대해 규정하고 있다. 「삼국사기」 열전에는 신라 화랑 출신의 검군(劍君)의 일화가 실려 있는데, 당시 신라에 고발제도가 존재했음을 알 수 있다. 검군이 사량궁사인 벼슬을 하고 있던 진평왕 49년(627) 8월에 서리가 내려 각종 곡식이 상하였으므로 그 이듬해 봄, 여름에 기근이 심하였다. 백성들의 생활이 몹시 곤궁하였을 때 동료인 궁정관리들이 창예창의 곡식을 몰래 훔쳐 나누어 가졌는데, 검군만은 이러한 부정 행동에 참여하기를 거절하고 끝내 뿌리쳤다. 이에 동료관리들은 검군이 이 사실을 고발할 것이라고 의심하였고, 노심초사한 끝에 그를 주연에 초대하여 독살하였다.[2]

여기서 검군은 실제 고발을 하지 않아 궁정관리들이 처벌되지 않았지만, 궁정관리들이 관사의 곡식을 가져간 것은 분명히 죄가 됨을 알 수 있으며, 검군이 관사(官司)에 고발할 것으로 항상 의심한 것으로 보아 관리들의 부패를 고발할 수 있는 메커니즘도 작동하고 있었음을 짐작할 수 있다. 이 기록은 신라에도 율령을 위반하는 자를 관아에 고발할 수 있었으며, 고발을 받아들이고 처리할 수 있는 제도 또한 작동하고 있었음을 시사하는 역사적 기록이다.

고려 시대를 규율했던 형법지를 보면 노비문제, 형사소송의 절차,

---

[2] 민족문화백과사전, http://encykorea.aks.ac.kr.

방화, 벌목, 포도(捕盜), 상속, 도량형, 살인, 흉형, 독직, 간음, 상해죄 등에 대해 개인의 행동들을 규제하였다. 「고려사」 등에도 금지된 행동을 어기고 행한 자를 고발하는 것이 일반화되지 않았다.

고려 역사를 보면 혼란한 시기에 많은 고발들이 발생하였다. 국왕의 급격한 개혁이나 왕권이 미약한 무신집권 시대, 그리고 사실상 고려 조정의 힘이 미약하여 원의 영향력 아래 있을 때 각종 익명서나 무고가 성행하였다.

한편 고려 조정에서는 고발에 따른 보상정책을 실시하여 불법행위를 근절하려고 하였는데, 이것은 당시의 가장 중대한 사회문제 가운데 하나인 도둑을 잡기 위해 일반 백성들의 도움이 필요해 그들의 고발 농기를 부여하기 위한 것이었음을 짐작할 수 있다. 바로 이러한 제도가 오늘날의 신고보상제의 유래라고 할 수 있다.

또한 공양왕 3년(1391)에는 고발과 관련된 별도의 금령을 내려 국가 중대사나 간악한 일을 고발할 경우 날짜와 사실관계를 명확히 할 수 있는 고발절차를 마련했다. 특히 익명서를 투서하여 국정을 교란한 자를 엄하게 처벌하기 위해 종친이나 신분귀하를 막론하고 파직하여 국문하도록 했다[3].

고려의 전통을 이어 조선시대에는 고발이 좀 더 발전된 형태를 띠게 된다. 고발이라는 용어부터 살펴보면, '진고(陳告)'나 '고변(告辯)'이라는 용어로 사용되었는데, 진고(陳告)는 귀에 익숙한 말은 아니다. 보통 진고는 죄를 지은 사람이나 불법의 물건을 관가(官家)에 고발하는 것을 뜻하며 신고한 사람에게는 상으로 죄인(罪人)의 가산(家山)이

---

3) 고려사 권85 형법 금령 국가중대사 및 간악한 일을 고발할 경우 날짜나 시간을 명확히 한다.

나 전지(田地)를 일정한 범위 안에서 지급하였다.

고려 시대에도 고발을 할 수 있었으나 일반화되지는 않았는데, 조선시대에 와서야 비로소 고발절차가 제도화되었다. 이러한 고발절차나 내용에 대하여 획기적인 전기가 마련된 것이 바로 '신문고(申聞鼓)'였다. 고발은 북을 치는 행동으로 세상에 드러나게 하고 그 내용은 조종의 반역과 관련된 일, 불법으로 사람을 죽인 일, 형벌이 자기 신상에 미칠 경우, 부자 형제간의 분간(分揀), 처첩 분간, 양천 분간 등 사건에 대해서만 호소할 수 있도록 제한하였다. 또한 고발이 인간의 이기심에 이용될 수 있는 한계를 극복하기 위해 신문고를 친 내용이 사실과 다르거나 무고일 경우는 신문고를 친 당사자는 엄중한 처벌을 받도록 하였다.

조선은 불법과 범죄에 대한 고발을 보상금까지 주면서 활성화시키면서도 남을 무고(誣告)하는 것에 대해서는 강력히 징계하였다. 이런 맥락에서 신고가 남을 무고하지 않도록 익명으로 신고하는 것은 받지 않았으며 선량한 전래의 풍속을 해치지 않도록 경계 하였다. 이러한 고발은 경국대전, 속대전 등에 소원조(訴冤條)로 규정되어 행해졌는데, 당시만 해도 형사, 민사 등을 구분하여 처리하지 않았다.

이렇게 조선에서 고발을 제도화하는 데는 이유가 있었는데 조선 초기에는 새로운 왕조가 세워진지 얼마 되지 않았기 때문에 왕들은 신하들이 말을 만들어 분란을 일으키는 것을 가장 경계하였다. 조선 2대 정종은 취임한 1399년에 원통하고 억울하여 고소할 것이 있으면 각 아문에서 공식적으로 신고를 접수받아 처리하여 서로 뒤에서 은밀히 헐뜯지 말라는 교서를 내렸다.[4]

이러한 배경에는 아직도 지방에는 군사를 가진 향리들이 왕에게 사적으로 청탁하고 서로 상대방을 비방하고 헐뜯는 것이 풍속을 이루고 있었기 때문이었다. 이렇게 시작된 조선의 고발은 왕권과 신권 그리고 백성이라는 삼각 구도 속에서 하나의 문화로 자리 잡게 되었다.

조선 초부터 이러한 고발에 따른 보상금을 지급하는 제도가 도입되었다. 조선 태종 15년(1415)에 형조에서 고발하여 잡게 한 사람에게 상을 주는 신고보상법을 시행하였다. 즉, 대역(大逆)·모반(謀叛)자와 화폐(楮貨)를 위조(僞造)한 자를 고발하여 잡게 한 사람은 범인의 가산으로 율에 의하여 상을 주고, 인신(印信)을 위조하거나 관부(官府)의 공문서(公文書)의 인(印)⁵⁾을 위조한 자, 익명서(匿名書)를 던져서 남의 죄를 고발한 자를 형조에 고소하여 잡게 한 사람은 저화(楮貨)를 차등 있게 주도록 하였다.⁶⁾

조선시대 역시 고발은 당대의 가장 큰 사회 문제를 바로잡기 위한 것이거나 희소한 자원을 얻기 위해 민간의 폭넓은 정보를 활용하기 위한 진흥책으로 이용하였다.

따라서 도망노비 신고보상제를 시작으로 금이 나는 곳, 토지의 개간지, 곡물가격 안정, 금주제 등 다양한 생활분야로 신고 보상제가 확대된다. 그 당시 민생 안정의 침해를 감시하고 관리하기 위해 적은 관료인력의 한계를 극복하고 적극적으로 일반 백성들의 동조를 얻는 데 크게 기여한 것으로 보인다.

---

4) 정종 1년(1399년) 8월 3일

5) 관방인가(關防印記): 관부의 공문서의 위조를 막기 위해 찍는 장방형의 인, ≪大明律≫에 의하면 관방인기를 위조한 자는 장(杖) 1백대에 도(徒) 3년을 처하고, 고하여 잡게 한 사람은 관에서 은 30냥을 준다.

6) 태종 30권, 15년(1415 을미) 8월 13일, 형조에서 고소하여 잡게 한 사람에게 상을 주는 법을 아뢰어, 그대로 따르다.

## 1. 도적(盜賊)의 고발

남의 물건을 훔치는 것은 고조선의 팔조금법(八條禁法)에서 금지할 정도로 사회질서 유지에 근간을 이루는 것이다. 그 뒤를 이은 고구려·백제·신라의 법제에서도 거의 같이 율령을 통해 절도죄에 대해 강력히 규제했다.

백제는 절도죄에 대해 장물의 3배를 배상하고 종신 금고형에 처한다고 기록하고 있다. 고구려는 절도한 도물(盜物)의 10배·12배를 벌금으로 피해자에게 배상하게 한 기록으로 보아 형벌이라기보다 피해자에 대한 손해배상과 같은 성격을 가졌다.[7]

「삼국사기」 열전에 따르면 '신라를 보니 쇠약하여 정치는 거칠어지고 백성은 흩어졌고 서울을 제외한 주나 현은 신라를 모반하거나 신라에 가까운 주나 현은 서로 반반씩이었으며, 멀고 가까운 곳을 막론하고 도둑들이 벌떼처럼 일어나고 개미떼처럼 모여 다녔다'고 기록[8]될 정도로 도적의 문제는 백성들의 생활에 크게 영향을 미치고 있었다.

삼국시대는 율령을 통해 절도죄에 대한 규제가 있는 것으로 보아 위반행위에 대한 고발이 가능하였음을 추정할 수 있으며, 고려나 조선의 조정에서도 해결해야 할 최우선의 민생과제로 삼았다.

결론적으로 이야기를 먼저 하자면, 개인적인 도둑질이 집단적인 형태를 띨 때 정치적·사회적으로 커다란 문제를 야기할 수밖에 없

---

7) 이동명, 삼국시대의 형벌제도의 연구, 법학연구 제34집(2009.5.25.), p.5.
8) 삼국사기 권50 열전 제10 궁예.

었다. 우리 역사상 도적의 무리가 활약하게 되는 것은 왕권이 약화되어 백성들에 대한 수탈이 심해지는 통일신라 말과 고려 무신집권기 그리고 조선후기 세도 정치 시기를 손꼽을 수 있다.

통일신라 말기 신라 조정은 오랜 왕위 쟁탈전으로 제구실을 못했고, 왕은 권위를 잃어 백성들로부터 인정을 받지 못했다. 거기다 가뭄으로 백성들은 굶주림에 허덕였고, 세금을 내지 못하는 백성이 많아 국고는 바닥을 드러냈다. 그러나 왕족의 사치는 심해져 과도한 세금징수로 인해 곳곳에서 민란이 일어나고 산마다 도적 떼가 들끓었다.

특히 진성왕 때 극심한 가뭄으로 전국 각지로 사신을 파견하여 세금을 녹촉하였다. 이러한 배경 아래 발생한 민란은 민심 저변에 깔려 있던 백성들의 불만을 폭발시켰다. 도적질을 일삼는 무리들 중에는 제법 큰 세력을 형성하는 경우가 많았는데, 그 대표적인 것이 붉은 바지를 입고 도적질을 일삼는 적고적(賊袴賊)이었다. 「삼국사기」에는 진성왕 10년(896)에 도적이 나라의 서남쪽인 구가야 지역에서 일어나 주현을 도륙하고 경주의 서부인 모량리까지 와서 노략질을 했다고 기록하고 있다.[9]

고려 때는 도적에 대한 법규는 형법 제71조 중 6개조에 이르는데, 절도를 빔한 액수가 5관에 달하면 사형에 처하고, 5관이 되지 않으면 척장 20대를 쳐서 3년 동안 귀양 보내고, 3관이 되지 않으면 척장 20대를 쳐서 2년 동안 귀양 보내며, 2관이 되지 않으면 척장 8대를 쳐서 1년 동안 귀양을 보내고, 한 관 이하는 죄상에 따라 처결하

---

9) 삼국사기 권제11 진성왕 10년(896), 서남쪽에 도적이 일어나다.

되 여자는 귀양을 보내지 않는다. 또한 절도범이 귀양 중에 도망쳤을 때는 자자형을 가하여 육지에서 멀리 떨어진 섬으로 귀양 보낸다. 일상생활에서 남의 포전에서 오이나 과실을 훔친 자는 피륙으로 환산하여 한 자에 곤장 60대, 한 필에 70대, 두 필에 80대로 환산된 피륙의 양에 따라 곤장의 수를 늘려 치는 등 엄하게 다스렸다.

한편 고려조정에서는 도적의 해결을 위해 고발보상을 실시하였다. 고려 숙종 원년(1096)의 교서에 따르면 도둑을 잡은 자(捕盜者)에게 장물을 '반분'해 주라는 판문이 있었다. 도둑을 잡은 자에게는 관직에 있으면 직을 올려주고, 직이 없으면 초직을 주었다. 만약, 그것을 원하지 않으면 재물을 상으로 주고, 승(僧)인 경우는 사(寺)직을 주고, 천인이면 양민으로 풀어 주도록 하였다[고려사 권85, 형법지2, 포도(捕盜條)].[10]

고려 무신 집권기에는 집단적으로 도적질하는 무리를 소위 '초적(草賊)'으로 지칭하였다. 이들은 12세기 이래 고려 기층사회 피폐를 배경으로 널리 출현하게 된 유이농민(流移農民)이었다. 특히, 이들은 무신정권 초기 농민·노비들과 함께 민란의 주체가 되었던 부류이었다. 무신들의 가혹한 민란의 진압에도 불구하고 피폐해진 농민들은 삶의 터전을 등지고 도적질에 나섰던 것이다.

최충헌 집권 이후 그의 강력한 통제정책의 결과, 민란은 종식되었으나 초적들은 전국 각지에서 은밀히 숨어들어 활동하였다. 이들의 존재는 여전히 사회의 잠재적 불안요인이 되고 있었다.

---

10) 신호웅, 고려형법사 서술에 있어서의 문제점 검토, 인문학연구 2집, 264.

## 초적(草賊)무리 항몽전의 자진협력에 보상

몽고와의 전쟁의 기운이 고조되고 있을 즈음, 최우는 야별초(夜別抄)를 조직하였는데, 최우가 나라에서 도적이 많음을 염려하여 야별초를 설치하였으며, 도적이 여러 도에서 일어나게 되었으므로 별초군(別抄軍)을 나누어 파견된 것으로 보아 초적이 전국적으로 확대되었음을 짐작케 한다.[11]

그러나 이러한 초적들의 활동 가운데 놀랄 만한 일이 일어난다. 초적들은 반정부적인 성격인데, 그들이 몽고 침입의 혼란을 이용한 것이 아니라 오히려 정부군에 사전에 협조하여 대몽항전의 일선에까지 투입되었다는 사실이다.

「고려사」에는 고종 18년 9월에 마산의 초적 괴수 2명이 최우에게 스스로 항복하며 "우리들이 정병 5천으로 몽고군의 격퇴를 돕고자 합니다." 하니 최우가 크게 기뻐하며 상을 후하게 내리고 계관(戒冠)과 금환자(金環子)를 만들어 착용하는 것을 허용하여 이들을 위로하였다는 기록이 전한다.[12]

이 사건을 계기로 곤경에 봉착한 무신정권에 활력을 불어넣었다. 최우는 경기 지역에 출몰하는 초적들을 포용하기 위해 적극적인 방책을 시도하였는데, 관악산 초적의 둔소에 사람을 보내 적의 두목 5인과 정예 50인을 유치하여 우군에 편입하였다. 그리하여 고려 무인 집권 이후 끊임없이 저항하던 초적 무리들이 외세의 침략이라는 대외적 상황에서 이제는 손을 맞잡고 항몽전을 임하게 된다.[13]

---

11) 윤용혁, 고려 대항몽쟁기의 민란에 대하여, 사총(제30집), p.31.
12) 고려사 129, 최(崔)태전.

조선 시대에도 도적질은 가장 큰 민생문제로 중요하였는데, 세종 때 전 형조 판서 신개가 도적을 방지하는 법에 대해 상언하였다. 그는 상언에서 자수를 적극적으로 유도하여야 한다면서 도적놈이 자수를 하면 죄를 면죄해 줄 것을 요청하였다. 급기야 문종 1년(1451) 6월 4일에는 형조에서 문종에게 백성들로부터 도둑에 대한 밀고(密告)를 받고 긴급히 잡을 수 있는 전담조직인 포도패(捕盜牌)를 설치할 것을 건의하였다.

"도둑이 서울에서 더욱 성행하니 백성들의 원망과 근심이 크므로 일반 군사들로 도둑들만 잡는 포도패(捕盜牌)를 만들고 백성들의 밀고나 소문에 따라 재빨리 수색하여 도망갈 수 없게 갑자기 덮쳐잡아 죄를 다스려야 한다."고 건의하는 내용이었다.

이때 조정에서는 포도(捕盜)라는 용어를 정부 부서 이름으로 쓰는 것이 적정하냐는 문제가 논의되었는데, 김종서·정분은 관직명에 '포도(捕盜)'를 쓰는 것은 후세에 바람직하지 않다고 하였으나, 안숭선은 일찍이 원나라에도 포도관, 포도졸이 있었고, 교화가 우선 행해져서 풍속이 아름다워야 함으로 무방하다고 주장하였다.

18세기의 사회는 겉으로는 비교적 안정된 것처럼 보였다. 숙종·영조·정조는 각기 긴 재위의 기간을 통하여 당파 간의 균형을 시도하면서 이른바 탕평책 등 왕권 강화에 힘을 쏟았던 것이다.[14]

그러나 19세기 세도정치 아래서 사회·경제적 모순이 심화되고 있었다. 일문일족의 독점적인 지배체제는 매관매직을 통한 부정, 그로 인해 관직에 등용된 지방수령들의 삼정을 통한 수탈, 여기서 파

---

13) 윤용혁, 고려 대항몽쟁기의 민란에 대하여, 사총(제30집), p.32.

14) 이이화(李離和), 19세기 전기의 민란연구, 학국학보(35), p.56.

생된 부의 편재로 특수층의 대지주 소유의 심화, 영세 농민의 지대의 과중 등이 이루어졌다. 이런 가운데 국가 재정은 파탄으로 치달아 갔고 전세의 수취와 공명첩의 발행으로 상공업자 중심의 신분상승이 확대되어 갔으며 관리의 부정이 더해 가자, 잔반 및 농민을 중심으로 소외 세력들의 사회 불만은 더욱 심화되어 갔다.

이리하여 전국 곳곳에서 농민들의 관리·아전에 대한 항거가 일어나고 명화적, 수적(水賊), 산적(山賊) 등의 도적질이 번지고 있었다.[15]


## 2. 관료 부패의 고발

예나 지금이나 부패는 권력이나 이권을 가진 사람들이 자신의 지위나 권력을 이용하여 사리사욕을 채우면서 발생하기 마련이었다. 고대국가에서부터 조선시대로 이행되면서 지배층의 가장 큰 변화는 그 수의 확대를 들 수 있다. 고대국가에서는 왕족과 소수의 귀족 중심의 통치체제에서 고려는 문벌·권문세족으로 확대되었으며, 조선시대 들어 양반계층으로 더욱 확대된다. 물론 이 과정에서 왕족도 고려까지 족내혼(族內婚)을 하여 극소수였으나 조선시대 이후에는 족외혼을 하여 확대된다. 이러한 지배층의 수의 증가는 결국 그만큼 부패가 발생할 소지가 크므로 그에 발맞추어 좀 더 강력한 부패통제 체제의 필요성이 있게 되었다.

삼국시대나 고려시대는 소수 특권층의 비리가 발생하였고, 왕들

---

15) 이이화(李離和), 19세기 전기의 민란연구, 학국학보(35), p.58.

의 묵인으로 묻히는 경우가 많았다. 때에 따라서는 왕보다 강한 권한을 가진 자들이 등장하여 왕도 어쩔 수 없는 상황이 전개되기도 하였다.

고대국가의 반부패 노력을 살펴보면, 민심을 해치는 관료들의 부패척결을 통치질서를 유지하는 근간으로 생각하였다. 따라서 관료들의 부정을 경계하고 엄하게 처벌하였다.

## 고구려, 권력층 비리척결로 인해 반란 발생

고구려의 제9대 왕인 고국천왕은 신대왕의 둘째아들이며 국양왕이라고도 불리었다. 당시 고구려는 아직도 부족국가적 지배질서에서 벗어나지 못했으므로 지방에는 여전히 부족장 출신귀족들이 세력을 형성하여 왕권이 미약하였다. 이를 극복하기 위해 왕은 지방의 유력한 귀족의 자녀와 혼인하여 왕권의 안정을 유지했다.

「삼국사기」에는 이때의 조정의 상황을 보면 "요즈음 벼슬은 가까운 사람들끼리 나누어 갖고, 직위는 덕 있는 사람이 이어받지 아니하여 그 해가 백성에게 미치고, 왕가를 크게 놀라게 하였다."고 기술하고 있다.[16]

서기 180년에 고국천왕은 제나부(堤那部) 우소(于素)의 딸 우씨(于氏)를 왕후로 삼았다. 184년에는 고구려의 강성한 국력을 견제하기 위한 후한(後漢)의 요동(遼東) 태수의 공격을 받고 왕이 직접 출병하여 좌원(坐原)에서 한군을 격퇴하였다.

---

16) 삼국사기 고구려본기 제4, 고국천왕 13년(191) 4월, 을파소를 국상에 임명하다.

이러한 가운데 190년 9월, 중외대부 패자(沛者; 벼슬이름) 어비류(於卑留)와 평자(評者; 벼슬이름) 좌가려(左可慮)가 모두 왕후의 친척으로 나라의 권세를 잡고 있었는데, 그 형제와 아들은 그들의 세력을 믿고 거만하여 남의 자녀와 밭과 집을 함부로 빼앗으므로 백성들이 원망하고 분통해했다. 왕이 이 사실을 보고 받고 그들을 처벌하려 하였으나, 이러한 사실을 사전에 안 좌가려 등이 반란을 일으켰다. 191년 4월에 좌가려(左可慮) 등이 사연나와 함께 졸본성을 쳐들어왔다. 왕은 곳곳의 군사를 모아 이를 물리치고 난을 진압하였다.[17]

이 사건은 표면적으로는 우리 역사상 처음으로 나타난 소수의 막강한 권력을 이용한 비리였으며, 이를 척결하려는 왕에 대한 반발이었다. 그러나 이면에는 왕권과 지방부족세력 간의 정치적 세력 다툼이 배경을 이루었던 것이다.

후한의 격퇴와 부패척결을 통해 왕권 강화의 기반을 마련한 고국천왕은 귀족들의 반대를 무릅쓰고 초야에 묻혀 살던 을파소를 추천받아 국상(國相)에 임명하여 개혁정치를 펴나갔다. 그러나 여러 신하들과 왕의 친척인 귀족들의 불만은 을파소가 옛 신하와 왕의 사이를 이간시킨다고 참소하였다. 이에 대해 왕은 "벼슬의 높고 낮음을 가리지 않고 만약 국상(을파소)에게 복종하지 않는 자가 있다면 엄한 빌을 내리리라."고 하였다.

이러한 왕의 절대적 신임아래 을파소는 194년 10월 양민들이 빚을 갚지 못해 귀족들의 노비가 되는 것을 막기 위해 봄 3월부터 가을 7월까지, 관의 곡식을 빌려주고 겨울 10월에 갚게 하는 진대법(賑

---

17) 삼국사기 고구려본기 제4, 고국천왕 12년(190) 추(秋) 9월, 좌가려 등이 반란을 도모하다.

貸法) 등의 개혁을 추진하였다.

## 백제, 부패처벌 규정 마련

가장 먼저 뇌물과 관련하여 처벌 규정을 둔 것은 백제의 제8대 왕 개루왕의 둘째 아들로 왕이 된 고이왕(古尒王) 때였다.

······ 관리로서 뇌물을 받거나 도적질한 자는 그 세 배를
배상하며 종신 금고형(禁錮刑)에 처한다. ······
······ 官人受財及盜者三倍徵臟禁錮終身 ······
관 인 수 재 급 도 자 삼 배 징 장 금 고 종 신
- 삼국사기 본기 제2

『삼국사기』에는 고이왕 29년(262) 봄 정월에 관리로서 뇌물을 받
거나 도적질한 자는 그 세 배를 배상하며 종신 금고형(禁錮刑)에 처
하라는 관인수재죄(官人受財罪)를 제정하였다.[18] 여기에서 종신금고
형이란 관직에 나가는 길을 차단하는 형벌로서 뇌물을 받은 자는 평
생 동안 공직에 나갈 수 없도록 한 것이다.

한 마디로 오늘날 한 번의 뇌물수수 행위만으로도 공직에서 영원
히 '원스트라이크 아웃'시키는 제도로 볼 수 있다. 그러나 「삼국사기」
에는 구체적으로 처벌받은 사례나 고발된 세세한 이야기는 전하지
않는다.

---

18) 삼국사기 권24 백제본기 제2 사반왕, 고이왕 29년 1월 뇌물을 받거나 도적질하는 관리를 처벌
하라는 명령을 내리다(262년 1월 미상 음력).

# 신라시대, 반부패 기구의 정비

신라는 율령체계에서도 고구려의 것을 모법으로 하는 등 제도면에서 삼국 중 가장 뒤늦은 출발을 하였다. 특히 반부패측면에서도 이러다 할 모습을 갖추지 못했던 신라였으나, 진흥왕 이후 부터 관료들의 부패를 통제하기 위한 기구들을 단계적으로 설치하여 삼국 중 가장 종합적인 반부패기구를 운영하는 나라가 된다.

즉 일반관원을 감찰하는 사정부(司正府)와 지방관원을 감찰하는 외사정(外司正) 그리고 왕실 관계의 제반업무를 맡은 궁내 관원들을 감찰하는 내사정전을 차례로 두어 관료들의 비위를 규찰하였다. 이러한 세 사정기관은 당(唐)의 3원제(三院制)[19]를 모방하여 성립한 것으로 보인다.

이들 세 기관은 각기 다른 설치역사를 갖고 있는데, 진흥왕 5년(544)에 중앙관료들의 비위를 감독하기 위해 사정부(司正部)를 두었고, 문무왕 13년(673)에 지방 통치조직이 정비되면서 지방관의 수가 증가하게 되자 이들을 효율적으로 감독하고 통제하기 위한 목적에서 외사정(外司正)[20]을 설치하였다. 외사정은 현에는 파견되지 않았다고 할 수 있다. 말단 현에 외사정이 파견되지 않은 것은 현이 주나 군에 영속(領屬)되어 있어 이들에 대한 감찰은 주와 군이 담당하였기

---

19) 당(唐)에서 사정을 담당한 기관은 어사대(御史臺)인데 이 어사대는 3원(三院)으로 구성되었다. 3원은 백료(百僚)를 담당하는 대원(臺院) = 시어사(侍御史)와 전정(殿庭)에서의 공봉(供奉)의 의례(儀禮)를 관장하고 경기(京畿) 주병(州兵)을 담당하는 전원(殿院) = 전중(殿中)시어사(侍御史), 백료의 규찰(糾察)과 지방의 각 주현관(州縣官)을 담당하는 찰원(察院) = 감찰어사(監察御史)를 말한다(출처: 국사편찬위원회 한국사데이터베이스 http://db.history.go.kr).

20) 이 외사정은 권7 신라본기 문무왕(文武王) 13년에 '始置外司正 州二人 郡一人'이라 한 기사를 통해 673년에 처음 설치되었음을 알 수 있다. 외사정 133명은 9주에 각 2명씩 18명과 115군에 각 1명씩 115명을 합한 수와 일치한다(국사편찬위원회 한국사데이터베이스 http://db.history.go.kr).

때문인 것으로 생각된다. 경덕왕 5년(746)에 내사정전(內司正典)을 두었으며 경덕왕 18년(759)에 건평성(建平省)으로 고쳤다가 다시 예전대로 회복되었다.[21]

한편 신라의 율령은 고구려의 율령을 모법으로 하고 있으므로 공공재산(관물; 官物) 횡령죄를 규정하였다. 신라 제32대 효소왕 10년(701) 영암군 태수 제일(諸逸)이 공직자로서 부당한 사익을 추구하여 장(杖) 일백에 처하였다고 한다.[22] 이 기록으로 보아 이미 당시에 관리들의 관물횡령착복에 관한 부정사건에서 신분을 망각하고 사리를 도모하는 일체의 공무부정사건을 '배공영사죄(背公營私罪)'로 장형에 처하고 섬으로 귀양을 보내는 등 엄한 처벌하는 반부패정책을 시행하였던 것으로 보인다.

또한 신라는 불휼국사죄(不恤國事罪)를 두어 병을 핑계로 국사를 돌보지 않는 자들을 주살하고 그 일족을 멸하였다는 기록으로 보아 오늘날의 직무 유기죄를 엄하게 처벌하였음을 알 수 있다.

## 고려, 상피제의 운영

고려시대는 삼국시대의 감찰과 엄벌위주의 반부패 대책에서 한 걸음 나아가 관료들의 공정한 인사와 인정(人情)에 따른 권력의 집중을 막아 관료 체계가 정당하고 원활하게 운영되게 하려고 노력하였다.

고려사회는 신분제 사회로서 관료중심의 사회이다 보니 통상 고위 관료의 집을 드나들며 뇌물을 바치고 인사문제를 청탁하는 일이

---

21) 三國史記 卷第三十九 雜志 第八, 직관(職官) 中 내사정전.
22) 이인철, 신라율령의 편목과 그 내용, 정신문화연구 17권 1호, 1994, 138.

많았다. 따라서 벼슬을 얻기 위하여 문벌귀족에게 줄을 대 불공정한 인사가 이루어지는 것을 금지함으로써 부정부패의 유발을 원초적으로 차단하려 하였다. 이러한 인사 폐해를 막기 위해 고려를 건국한 왕건은 943년 대광 박술희에게 후대 왕들이 나라를 다스리는 데 귀감으로 삼을 수 있는 열 가지 유훈, 즉 훈요십조를 남겼다. 이 훈요십조는 오백 년 고려왕조의 근본이 되었는데, 제9조에서 "모든 관료들의 녹봉은 공적에 따라 제정하고 관작은 사사로운 정으로 주지 말아야 한다."며 관료의 공정한 인사를 위해 노력할 필요가 있음을 강조했다.

훈요십조 중 제9조: 모든 제후와 백관의 녹은 국가재정 형편이 대소에 따라 제정한 것이나, 증감은 불가하다. 고전에 이르기를 "공적에 따라 녹을 제정하고 관작은 사사로이 주지 않는다."고 했으나, 만약 공이 없는 사람 및 친척들에게 사사로이 나라의 녹을 받게 하면 백성들이 원망하고 비방하게 된다. 그 사람 또한 복록을 길이 누리지 못할 것이니 반드시 경계해야 한다. 또한 강악한 나라(거란)를 이웃하였으니 평화 시에도 위태로움을 잊지 않도록 하라. 병졸들이 마땅히 돌보아 구휼하고 요역을 참작하여 면제해 줄 것이며, 매년 가을에는 용맹과 지혜가 출중한 사를 뽑아서 품계를 적당히 높여 주도록 하라.[23]

---

23) 其九曰, 百辟群僚之祿, 視國大小, 以爲定制, 不可增減. 且古典云 '以庸制祿, 官不以私.' 若以無功人, 及親戚私昵, 虛受天祿, 則不止下民怨謗, 其人亦不得長享福祿, 切宜戒之. 又以强惡之國爲隣, 安不可忘危. 兵卒宜加護恤, 量除徭役, 每年秋閱勇銳出衆者, 隨宜加授.

또한 인정(人情)에 따른 권력 집중을 막기 위해 상피제를 시행하였다. 상피제의 유래는 신라의 골품제(骨品制) 하의 귀족정치에서 재상급에 속하는 최고위 관직에서만 부자간의 상피가 행해졌었다.

고려 선종 9년(1092)에 상피제를 제정하여 오복친제(五服親制)에 바탕을 두고 실시되었다. 적용되는 친족 범위는 본족(本族)과 외족(外族)·처족(妻族)의 4촌 이내와 그 배우자로 규정하였다. 그러나 그 적용이 잘 지켜지지 않았던 경우도 있었다.

각 시대마다 독특한 관료 체계의 조직·운영·특성 또는 친족 관계의 법제와 밀접한 관련 아래 운영되었다. 따라서 조선의 상피제(相避制)는 고려의 전통을 이은 것으로 발전적인 형태를 갖게 된다. 조선시대는 관료제를 지향했던 사회였기 때문에 왕권의 집권화와 관료 체계의 질서확립 과정에서 권력 분산이 더욱 필요했기 때문에 신라나 고려에 비해 상피제의 적용범위가 더욱 확대되고 강화되었다.

## 조선, 종합적인 반부패 예방법 시행

조선은 유교 문화 속에서 정실주의와 연고주의를 방지하기 위해 국왕의 종친관리제도, 분경금지와 상피제도 및 풍문탄핵법과 같은 제도적 장치를 만들어 부정부패를 예방하는 데 중점을 두었으며, 아울러 부패관리를 처벌하고 재발을 방지하기 위한 장리처벌법(贓吏處罰法)을 운영하였다.

장리 본인의 처벌에 대해서는 「경국대전」의 형전(刑典)의 서두 용률(用律)에서 "대명률을 쓴다."고 천명하였다.

"무릇 관인이나 아전이 재물을 받으면 받은 양을 계산하여 죄를 판정한다(계장논죄; 計贓論罪). 녹봉이 없는 자는 각각 한 등급을 감하고, 관인은 공훈을 삭제하여 이름을 제거하며, 아전은 맡은 역할에서 파직시키고 모두 다시 임용하지 않는다. 공적인 일과 관련하여 돈을 수수한 경우에 녹봉인으로 돈 받은 자는 한 등급을 감하고 녹봉 없는 자는 두 등급을 감하며 죄는 곤장 100대 이내로 한다. 받은 재물을 가지고 있으면 그것을 계산하여 무겁게 처벌한다. 무릇 관인, 아전 등이 직무에 기인하지 않고서도 재물을 받으면 장률에 연좌하여 죄에 처한다. 각각 주동자는 전체를 반으로 깎아 계산하여 죄에 처하도록 하고 제공자는 5등급을 감하게 한다(大明律 刑律 受贓(官吏受財), 坐贓治罪)."[24]

간리로서 뇌물의 성격으로 재물을 수수하는 당사자들은 물론이요, 어떤 직무에 직접 관계되지 않는 것으로 보이는 경우, 예컨대 오늘날의 이른바 대가성으로 판명되지 않는 경우에도 절반의 형을 가하고 있다.[25] 심지어 장리연좌제(贓吏連坐制)라 하여 장리의 죄가 자식들에게까지 연좌되어 과거응시와 출사로 구분하여 엄격히 금지되었다.

결론적으로 말하자면, 삼국시대, 고려, 조선시대를 거치며 우리 전통사회에서 부자나 형제, 부부, 그리고 노비가 주인을 배반하여 아랫사람이 윗사람을 고발하는 것은 인륜과 예의도덕에 반하는 것으로 여겨졌다. 오히려 고려시대에는 고존장죄(告尊長罪)로, 조선시대에는 부민고소금지법(府民告訴禁止法)이라 하여 고발하거나 고발을 유도하는 것이 죄가 되었다. 따라서 엄격한 관료 부패에 대한 통제 차원에서 고발이 일상화될 수 없는 한계를 갖고 있었다.

---

24) 조남욱, 조선시대 부패방지책에 대한 철학적 검토와 그 현대적 수용, 국민윤리연구 제55호, 2002, p17.
25) 조남욱, 조선시대 부패방지책에 대한 철학적 검토와 그 현대적 수용, 국민윤리연구 제55호, 2002, p17.

# 02 고발 수레의 네 바퀴

 

한국인의 고발 감정은 복잡하고 미묘하다. 이렇게 남의 죄를 묻고 처벌을 요구하는 심리는 남을 원망하고 노여움을 잘 타는 부정적인 심리에서부터 공공의 이익을 위해 용기를 내고 나서는 긍정적인 심리까지 복합적으로 나타난다. 혹자는 한국에서 고발과 고소가 많은 것은 한국인이 자신의 탓이 아니라 남을 잘 원망하는 성향 때문이라고 지적하기도 한다. 또한 남의 탓에 대한 심리적 보상으로 고발을 이용하기도 한다는 것이다. 과연 그런 것인가?

우리는 시대적으로 고발이 민족적 감정과 사회풍속에 많은 영향을 받았다고 볼 수 있다. 따라서 고발 속에 투영된 시대상을 조명하고 당시의 사회적 부조리를 세세하게 살펴보는 것도 우리민족의 고발정신을 이해하는 데 도움이 될 것으로 보인다.

고발을 제도적으로 보장하지 않았던 시대인 삼국시대에도 국가의 존립을 위한 왕권의 유지는 가장 중대한 문제로 다루었다. 따라서 반역에 대한 형벌제도를 만들어 반역죄는 생명을 빼앗는 극형으로 다루었으며, 고발 역시 받아들였다. 고구려는 모반죄·모역죄에 대하여 많은 사람들이 햇불로 몸을 태워 참하였다. 실제로는 불로 태우다가 도중에 목을 베기도 하고, 불로 태워 죽인 후 그 목을 베기도 하는 등의 방법으로 벌하였다. 특히 참수된 죄인의 목을 여러 사람이 볼 수 있도록 긴 장대에 메달아 놓은 효시형이 시행되었다.

백제는 반역자를 참형에 처하고 그 시체는 강에 던져 버렸으며, 자살을 한 경우에는 그 시체의 허리를 베었다. 또한 그 처자는 주살하거나 참형에 처하고, 그 재산은 몰수하였다.[26]

신라는 고구려의 율을 모법으로 하여 반역죄에 대하여 참형과 사체유기형 등 극형주의를 취하였다. 반역에 가담한 사람을 포로로 잡아 노비가 되도록 하였다. 심지어 타인의 반역사실을 알면서도 이를 고발히지 않은 자를 처벌하는 '지역사불고언죄(知逆事不告言罪)'를 운영하였다.

통일신라 말기를 보면 고발의 필요성은 더욱 확연히 드러난다. 삼국시대부터 통일신라까지 제도화된 고발절차를 갖추지 못했다. 이러한 역모고발 메커니즘의 부재는 결국 신라가 3국을 통일한 후 고구려·백제의 유민들에 의한 수많은 모반과 신라말기에 왕위쟁탈을 도모하기 위해 벌인 수많은 모반사건을 통제할 수 있는 메커니즘이 없었기 때문에 속수무책으로 멸망하게 되는 중요 원인이 되었다.[27]

이러한 반역죄에 대힌 처빌은 고녀 왕소에도 계속 이어졌으며, 조선시대에는 공모한 자까지 주범과 종범을 구분하지 아니하고 모두 능지처사하였고, 범인의 부자는 16세 이상이면 모두 교형에 처하였으며, 15세 이하인 자와 모녀·처첩·조손·형제·자매 및 자의 처

---

26) 이동명, 삼국시대형벌제도연구, 법학연구 제34집, 2009 p.7.

27) 이동명, 삼국시대형벌제도연구, 법학연구 제34집, 2009 p.11.

첩은 공신의 집에 노비로 삼았다. 또한 재산은 모두 관아에서 몰수하였고 백숙부와 형제의 자는 모두 유(流) 3천리에 처하였다(대명률직해 권18 형율 도적 모반대역죄).

이렇게 국가존립을 해치는 역모에서 출발한 고발은 점차 그 대상이 백성들의 가장 중요한 민생문제로 확대되게 된다. 즉 도적이나 관료부패 및 각 시대적으로 중요한 현안 사항으로까지 그 범위가 넓어진다. 삼국시대부터 조선을 거치면서 고발이라는 수레가 굴러가기 위해서 필요한 네 개의 수레바퀴가 자연스럽게 형성되었다.

이 수레바퀴는 고발을 허용하는 제도적 장치로서 고발을 받아들이는 정부기관인 '고발관아(告發官衙)', 내부에서 불법을 알고 있으면서 관청에 고발하지 않으면 처벌받게 되므로 싫든 좋든 자연스럽게 관청에 고발하는 것을 유도하게 되는 '불고지죄(不告知罪)', 불법 행위를 한 자가 스스로 반성하여 관청에 신고하면 자수를 한 사람에게 책임을 묻지 않거나 죄를 감경해 주는 '자수의 예(自手之例)', 마지막으로 역모사건의 고발에서부터 각종의 도적이나 민란에 이르기까지 사건의 해결에 고발자의 협조는 결정적이었으므로 이들을 보호하는 '고발자 보호'의 수레바퀴이다.


# 1. 고발 수레의 첫 바퀴: 고발 관아

고발의 수레가 굴러가기 위해서는 네 개의 수레바퀴가 필요하다. 무엇보다 중요한 것은 고발을 허용하는 제도적 장치라고 할 수 있다. 그런데 고려사회에서 부자나 형제, 부부 그리고 노주(奴主) 간에는 고발하거나 고발을 유도하는 것은 참형에 처하는 대죄로 다스렸다. 이른바 '고존장죄(告尊長罪)'라고 불리었으며, 이러한 존장을 우대하는 풍토 속에서 고발은 바람직하지 않은 것으로 여겨졌다.

이러한 사회 풍습에도 불구하고 역모나 민란 등으로 조정이 중대한 위기에 직면했거나 사람을 죽였을 때는 '고존장죄(告尊長罪)'의 예외로 참작하였으며, 오히려 그 해결을 위해서는 내부의 정보를 쉽고 정확하게 얻을 수 있는 내부자로부터 얻는 길을 선택할 수밖에 없었다.

고려는 왕실이나 중앙 귀족간의 혼인으로 지배세력을 형성하며 자신들의 기득권을 유지하기 위해 노력하였다. 문벌귀족들은 대를 이어가며 왕의 외척이 되었으며 이러한 권세를 바탕으로 국정을 농단하였다. 따라서 이 당시 역모고발은 왕이나 관아보다는 유력한 문벌가문에 하게 되었다. 즉, 문벌 귀족들은 이 고발을 통해 그들의 기득권을 견고히 할 수 있는 기회를 가졌으며, 고발자에게는 자신의 미래를 귀족들로부터 보장받을 수 있었다.

이러한 고발 양상은 무신집권기에 집권자나 원의 지배하에서는 원의 후원을 받는 권문세족에게로 이어졌다. 심지어 원 조정에까지 고려의 왕과 관리들을 고발하는 사례가 빈발하여 고려 조정에서는 고려의 고발 사건은 고려조정에 맡아 조사하도록 요청하는 촌극도 연출되었다.

고려 말 역시 빈번한 왕의 교체로 인한 반란이 계속되었으며, 고발 또한 신돈 등 권세가에게로 집중적으로 일어났다. 특히 고려와 조선시대 모두 시대적으로 중요한 현안들에 대해 관아에서 신고를 받거나 고발할 수 있도록 하여 적극적으로 고발을 유도하는 제도적 장치를 갖추었다.

조선시대에 이르러 우리나라의 고발은 고려의 전통을 그대로 따르면서 더욱 다양한 형태로 발전하고 변화해 왔다. 그 변화의 중심에는 고려 말기의 폐단을 극복하기 위해 백성들의 억울함을 호소받고 불법행위를 고발받는 신문고(申聞鼓)를 설치한 것이었다. 이러한 신문고는 고발의 수레를 굴러가게 하는 데 중요한 '고발관아'의 바퀴 역할을 하였다.

비록 신문고가 역모나 도적을 잡는 데 제한적으로 이용되기는 하였으나, 고발절차나 고발관서 등이 정해지는 등 고발이 이루어질 수 있는 실질적인 기반이 마련된 것이다.

조선 세종 2년(1420)에는 신문고의 역할을 축소하는 부민고소금지법(府民告訴禁止法)을 제정하였다. 비록 이 법은 수령이 다스리는 관내의 백성들이 그 수령을 고발할 수 없게 한 법이었다. 따라서 이러한 법이 제정된 것은 조선 초기 중앙정부의 행정력을 지방까지 미치게 하려는 시대적 상황과 긴밀히 연관되어 있다. 중앙정부의 영향력은 바로 수령권의 강화였으며, 당시 이에 반발한 토착향리나 백성들이 수령의 비행을 이유로 고발하는 일이 빈번하여 이를 막으려 한 불가피한 것이었다.

따라서 신문고를 포함하여 어떠한 방법으로도 수령을 고소할 수 없게 한 것이었다. 수령이나 관리의 행동을 고소하는 것은 기본적으로 범죄행위이며 처벌을 받는 것이 원칙이었다. 따라서 부민고소금지법으로 억울한 사정이 있어도 백성들이 수령의 비행을 고발하기가 점차 어렵게 되었다. 그럼에도 불구하고 글을 아는 양반들의 문서에 의한 고발이 아닌 백성의 구두에 의한 고발로써 격쟁이 활발하게 전개되었다는 사실에서 우리만이 갖는 소통(疏通)의 구조를 읽을 수 있다.

고려와 조선의 조정에서 관아에 고(告)할 수 있도록 허용한 고발 사례들을 소개한다.

## 고리대 관아에 고(告)하지 않으면 처벌받다

고려 초기 토지국유원칙 아래 전시과체제였으나 차차 붕괴하여 토지 겸병이 보편화되었다. 문벌귀족에서 권문세족에 이르기까지 음서를 동해 사신늘의 지위를 세습하는 한편, 집안끼리 혼인하며 세력을 확대해 갔다. 권세가들은 고리대업으로 양민의 토지를 빼앗고 양민을 노비화하는 등 폐해가 심하였다. 이러한 현상은 바로 부역과 조세를 부담하는 양민의 수가 감소하는 것을 의미하였으며 고려왕실의 재정감소로 이어졌다.

고려조정에서는 이를 막기 위해 금령(禁令)을 제정하여 관아에 신고하지 않고 빌려준 돈 이상으로 남의 재물을 강제로 차압하는 경우 처벌하는 율문(律文)을 시행하였다.[28)]

---

28) 고려사 권85지, 권제 39, 형법2, 금령, 관청에 알리지 않고 빌려준 돈 이상과 남의 재물을 강제로 차압한 경우 처벌하는 율문.

# 노비 관아에 고(告)하면 면천되다

고려시대의 경제적 기반은 노비와 토지였다. 특히 노비는 생산력의 원천일 뿐만 아니라 귀족들의 사병으로서 역할을 하고 있었다. 그러므로 광종의 노비안검법의 시행으로 삼국시대부터 노비로 삼았던 사람을 제외하고 후삼국시대의 혼란으로 노비가 된 대다수 노비들이 양인이 되었다. 따라서 노비를 소유하고 있던 대호족들에게는 엄청난 타격이었으며 공신전을 경작하는 대가로 세금도 받을 수 없게 되었고 사병의 수도 줄었다.

반면, 국가는 세금이 늘어나고 병졸의 숫자가 증가하면서 결과적으로 왕권이 신장되어 중앙집권체제 확립의 기반이 마련되었다. 특히 노비는 호족들이 마음대로 동원할 수 있는 무력기반이었기 때문에 사노비를 줄이는 것은 반란의 가능성을 줄이는 것이기도 하였다.

노비안검법이 공포되자 통일과정에서 포로가 되어 노비로 전락한 사람들이 면천되었다. 이때 노비 스스로가 관아에 찾아가 자신이 과거에 양인이었음을 신고하기만 하면 바로 양인으로 복귀할 수 있었다. 이러한 간단한 노비해방은 부작용도 적지 않았는데, 노비로 있었던 자가 자신의 옛 주인을 헐뜯고 욕하는 일로 싸움이 벌어지는 사건도 잇따라 발생했고, 노비 신분질서가 문란해져 사회적 토대가 흔들리는 모습까지도 나타났다.

# 어린이 유괴범을 관아에 고발하다

고려 무신집권자인 최충헌은 권세를 이용한 권력남용과 부패가 심했다. 『고려사』[29)]에는 그 내용이 세세하게 기록되었는데, 최충헌은 민가 1백여 채를 허물고 자신의 집을 지었는데, 그 규모가 대궐과 맞먹을 정도였다. 이 저택의 북쪽에는 '십자각'이라는 별당을 지었는데, 이 공사를 위해 백성들을 강제로 동원하여 백성들의 원성이 자자하였다. 백성들 사이에는 최충헌이 남자아이 다섯 명과 여자아이 다섯 명을 잡아다가 오색 옷을 입혀서 집터의 네 귀퉁이에 묻었다는 소문이 돌았다. 이 때문에 건달들이 아이를 유괴하여 숨겨두고 이 소문을 인급하면서 아이들의 부모에게서 돈을 강탈해 가는 사건이 잇따랐다.

최충헌은 어사대를 시켜 다음과 같은 방문을 붙이도록 한 다음에야 이들의 유괴 사건은 진정되었다.

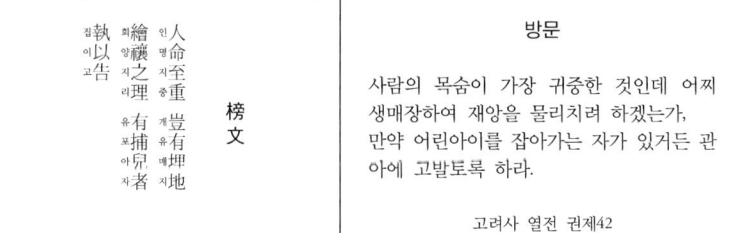

| 榜文 | 방문 |
|---|---|
| 人命至重 豈有埋地<br>繪禳之理 有捕告者<br>執以告 | 사람의 목숨이 가장 귀중한 것인데 어찌 생매장하여 재앙을 물리치려 하겠는가, 만약 어린아이를 잡아가는 자가 있거든 관아에 고발토록 하라.<br><br>고려사 열전 권제42 |

29) 고려사, 권129 열전 권제42, 최충헌을 제거하려던 희종이 도리어 폐위당하다.

# 양가 처녀의 결혼을 관아에 고(告)해야 한다

몽골은 고려의 항복을 받은 뒤 금·은 등 많은 조공을 요구하였다. 특히 고려 24대 원종 15년(1274) 3월에는 원나라에서 사신을 보내와 공녀(貢女)를 보낼 것을 요구하였다. 이때 고려에온 몽골 신하를 '만자매빙사(蠻子媒聘使)'라 칭하였는데, 그 이름은 원에 항복한 남송의 군인에게 고려 여인을 중매하는 사자라는 뜻이었다. 이 무렵 남송의 일부 군인들이 항복하였는데, 아내가 없는 자들이 많아 고려의 여인들을 아내로 삼도록 하려는 의도였다.

고려조정에서는 양가의 처녀는 제외하고 과부와 역적의 아내와 중의 딸을 보냈다. 그들에게는 한 여인당 12필씩을 주기는 하였으나 생이별로 인한 가족들의 통곡소리가 하늘에 울려 퍼졌다.[30]

이때부터 딸이 열두서너 살만 되면 혼인을 시키는 조혼(早婚)이 유행하였으며, 조정에서는 그 대책을 세웠다. 『고려사』에는 충렬왕 13년(1287) 12월에 "양가 처녀는 관에 신고하고 나서 혼인하게 한다."는 기록이 있는데, 처녀의 나이가 열여섯 살 이하 열세 살 이상에 해당하면 반드시 관아에 신고하여 허락을 받은 뒤 혼인을 해야 한다는 것이었다. 물론 이러한 규정을 어기고 고(告)하지 않으면 처벌받았다.[31]

---

30) 고려사 권27, 원종 15년(1274) 3월 25일, 원이 만자매방사를 보내 양양부 군인들의 처가 될 여자들을 강제로 뽑아가다.

31) 고려사, 권30, 충렬왕 13년(1288) 12월 13일, 양가 처녀는 관에 신고하고 나서 혼인하게 하다.

## 2. 고발 수레의 둘째 바퀴: 불고지죄(不告之罪)

고발의 수레가 굴러가는 데 자연스럽게 이용된 것은 불고지죄였다. '불고지(不告知)'란 불법 행위를 한 자를 알고 있으면서도 고의로 관청에 신고하지 않는 경우를 말하는 것으로 옛날부터 중대 범죄로 여겨 고발하지 않은 사람에게 책임을 물었다. 따라서 내부에서 불법을 알고 있으면서 관청에 고발하지 않으면 처벌받게 되므로 싫든 좋든 자연스럽게 관청에 고발하는 것을 유도하게 되는 것이었다.

사회의 안정을 위해 가장 중요한 것은 반역·모반을 막아 왕조를 유지하는 것이며, 도적을 막아 일반 백성들이 편안한 삶을 살게 하는 것이었다. 이렇게 시대상황에 따라 중대한 범죄에 대한 신고의 책임을 확대하는 것이 바람직한 것으로 여겨졌다. 이러한 불고지죄의 운영은 삼국시대, 고려, 조선으로 이어지는 고발을 막아 선량한 미풍양속을 유지한다는 전통과 배치되는 측면이 있었다. 따라서 자신의 주변에서 일어나는 불법행위들을 알면서도 관아에 고발하지 않으면 처벌한다는 것은 이율배반적인 사회의 모습이기도 하였다. 이러한 제도는 종국적으로 내부고발을 유도하고자 하는 측면이 강했던 것으로 해석할 수 있다.

우리 역사에서 불고지죄(不告知罪)가 형률에 규정된 것은 신라시대로 거슬러 올라간다. 신라 8대 신문왕 때 당시 '지역사불고언죄(知逆事不告言罪)'가 형률에 규정되었는데, 타인의 반역사실을 알면서도 이를 고발(고언; 告言)하지 아니한 자를 벌한다는 것이었다.[32]

---

32) 삼국사기 권제8 신라본기 제8 신문왕 원년조.

이러한 불고지(不告知)로 처벌받은 사례는 「삼국사기」에 실려 있다. 신라 신문왕 때 역모를 고발하지 않은 신하를 처벌한 이야기이다.

## 신라 신문왕, 역모사실을 불고지한 자 자결하다

신라 31대 신문왕은 선왕인 문무왕의 맏아들로 왕위에 올랐다. 신문왕 즉위년(681)에 소판 김흠돌, 파진찬 김흥원, 대아찬 진공 등이 반란을 도모하였으나 사전에 발각되어 처형당하였다.

김흠돌의 모반사건은 신라 중대에 있어서 최대의 정치적 사건 중의 하나로, 이 사건을 계기로 왕권의 전제화가 가속화되었다. 난의 원인은 삼국통일 과정에서 세력을 키운 일부 무장 세력을 통일 후에 정치적으로 억압하려 한 것에 대한 반발이었다.[33] 이 난으로 신문왕의 비 김씨는 김흠돌의 딸로 아버지가 난을 일으킨 데 연좌되어 궁에서 쫓겨났다.

신문왕이 난을 진압한 후 역모를 알면서도 고(告)하지 않은 이찬 군관에게 자결하라는 교서를 내렸는데, 교서에는 다음과 같은 내용의 글이 담겨 있다. "임금을 섬기는 규범은 충(忠)을 다하는 것을 근본으로 삼고, 관직에 있는 의리는 둘이 없음(不二)을 으뜸으로 여긴다. 병부령 이찬 군관은 반열 순서에 의해 마침내 높은 자리에 올랐다. 그런데도 자신의 부족한 부분을 보완하여 조정에 깨끗한 절개를 바친다거

---

33) 강성원, 신라시대 반역의 역사적 성격, 『한국사연구 43』, 1983, p.34~35.
　　그러나 반역의 원인을 다른 이유에서 찾는 학자도 있다. 1) 김흠돌의 딸인 神文王妃에게 아들이 없었다는 것과 관련된다는 견해(李丙燾, 韓國史·古代篇, 乙酉文化社, 1959, 645쪽), 2) 官僚制를 기반으로 하여 전제왕권을 지향하는 武烈王系의 정책에 대한 진골귀족들의 반발이었다는 견해(김수태, 신라 신문왕대 전제왕권의 확립과 김흠돌난, 『신라문화9』, 1992, 157~179쪽) 등이 있다.

나 목숨을 버리고 몸을 잊어 사직에 굳은 정성을 표현하지 못하고 적신(賊臣) 김흠돌 등과 교섭하여 반역도모를 미리 알았으면서도 일찍이 고하지 않았다. …… 마땅히 무리들과 함께 폐하여 후진에게 경계로 삼도록 하겠다. 군관과 그의 맏아들은 자결하라."

신문왕은 원년에 일어난 김흠돌의 난 진압과 국학(國學) 설치, 그리고 중앙 관부와 지방제도의 정비 및 오묘제(五廟制)의 제정 등을 통하여 전제왕권을 확립하였다.

고려시대에는 같은 5보 안에서 도죄(徒罪) 이상의 범죄가 발생했는데도 범죄자를 고발하지 않았을 경우 처벌하기 위한 율문(律文)을 시행했다. 범죄의 경중에 따라 도죄(徒罪)면 장(杖) 60, 유배죄(流配罪)면 장 100, 사형죄(死罪)면 도(徒) 1년으로 하였다.[34]

고려시대에도 불고지(不告知)한 자에게 죄(罪)를 묻는 이야기가 「고려사」에 실려 있다.

## 고려 원종, 불고지죄보다 우선한 효(孝)

고려 원종 때는 무인정권의 말기이자 원의 고려복속정책이 본격화되던 시기로서 고려조정은 왕실중심의 친몽파와 무신을 이끄는 반몽파로 갈라졌다. 이때 고려 조정을 쥐고 흔드는 권신은 무신인 김인준이었다. 김인준은 평소 국정을 전횡했는데 보다 못한 장군 원적(元勣)과 낭장 정수경이 김인준을 제거할 음모를 꾸미고 이 사실을 원적의 형인 대신 유천우에게 알렸다. 이 음모는 사전에 거사가 들

---

34) 고려사 권84, 형법1.

통 나 버려 옥사가 벌어졌다. 김인준이 유천우를 심문하였는데, 유천우는 동생의 거사계획을 사전에 알고 있었다고 말하였다. 이에 김인준은 "왜 고하지 않았느냐?"고 물으니 유천우는 이렇게 말했다. "고발하면 연루된 죄를 면한다는 것을 모르는 것은 아니나, 늙은 어머니의 마음이 상할까 염려하여 고하지 못했다."고 말했다. 원종은 사실대로 말한 유천우는 효심이 지극하니 불고지죄에서 형을 감경하여 파직에 그치고 동생은 사형하는 것으로 마무리하였다.[35]

조선시대에도 중대한 범죄행위에 대한 신고보상금을 규정하면서 함께 범죄행위를 알면서도 고발하지 않은 때에는 처벌하도록 하였다. 조선 세종 17년(1435)에 도적을 방지하는 법에 대해 논하면서 도적을 없애기 위해서는 알면서도 고발하지 않는 자를 벌해야 한다는 주장이 있었다.

여기서 전 형조판서 신개의 논리를 소개한다. "도적들도 들에서 사는 일이 없고 반드시 그 집이 있을 것인데, 이웃사람들이 그 악함을 알고 이(齒)를 갈지 않는 자가 없사오니, 다만 그 사람이 흉하고 해하는 마음을 품고 있어, 사람들이 조금이라도 그 뜻을 거스르며 해하기를 꾀하면 혹은 불을 지르거나 혹은 도둑질을 하여 반드시 보복하고자 하니, 보통사람들이 도적을 두려워하기를 호랑이를 두려워하는 것과 같아 관에 고발하기 어렵다. 따라서 고(告)하는 자를 절대 비밀로 하여 아전들과 잡인들이 알지 못하게 하고 사실을 고(告)하는 자에게 범인의 재산을 주고 만일 인보(隣保) 안에 도적놈이 있는데도 고(告)하

---

35) 고려사 권105, 열전 권18, 유천우가 김인준 제거 계획을 고변하지 않아 파직되다.

지 않고 뒤에 발견되는 자가 있으면 같은 당패로 의논하도록 한다."

이후 조선 세조 14년(1468)에는 강도와 도적을 신고하는 방문(榜文)을 저잣거리에 붙였는데, 방문에는 "……만약 알고서도 고발하지 않으면 군령(軍令)으로 벌한다."고 밝혔다.

## 조선 연산군, 홍길동을 불고지한 관리들을 처벌하다

홍길동(洪吉同)은 연산군 때 조정 관리들의 근심거리였던 도적이었다. 주로 충청도를 중심으로 경기도와 서울에서 활약하다가 연산 6년(1500) 음력 10월에 체포되었다. 홍길동은 평소에 정3품 당상관인 첨지중추부사가 입는 옷차림으로 관리 행사를 한 도적이었다. 따라서 홍길동은 보통 도적을 다스리는 포도청이 아니라 양반의 범죄나 반역죄를 다스리는 의금부에서 조사하였다.

의금부 조사결과, 홍길동이 옥정자(玉頂子)와 홍대(紅帶)[36] 차림으로 첨지(僉知)라 자칭하며 대낮에 떼를 지어 무기를 가지고 관아에 드나들면서 거리낌 없이 행동한 데는 관아의 권농(勸農)이나 이정(里正)들과 유향소의 품관들이 몰랐을 리 없었으며 그들의 묵인이 있었음을 밝혀냈다. 그런데도 도적이라는 사실을 알면서도 체포하여 고발하지 아니하였으니 이렇게 불고지한 관리들을 징계하여 변방으로 유배토록 하였다.[37] 이러한 사실의 이면에는 당시 홍길동의 무리들을 고을 수령들도 어쩔 수 없을 만큼 세력이 커서 두려워했던 것으

---

36) 관리들의 복장에 사용하는 것으로 옥정자는 모자에 다는 옥으로 만든 장식, 홍대는 붉은색 허리띠이다.

37) 연산 6년(1500) 12월 29일, 홍길동의 죄를 알고도 고발하지 않은 권농 이정들을 변방에 보내기로 하다.

로 보인다.

또한 의금부에서는 당상관 엄귀손의 연루사실을 보고하였는데, 엄귀손이 홍길동의 행동거지가 황당(荒唐)한 줄을 알면서도 고발하지 않았고, 홍길동의 음식을 받아서 먹기까지 하였으니, 법에 따라 마땅히 엄하게 다스리도록 하였다.

한편 연산군은 엄귀손의 벼슬이 당상관의 자리까지 올라간 것에 대해 부당한 인사 여부를 조사하게 하였으나, 군공(軍功)을 세워 공정하게 승진한 것으로 밝혀지기도 하였다.[38]

영조 4년(1728)에는 벽서가 사회의 불안 조성에 큰 영향을 미치므로 작성자를 고발한 자에게 은 1천 냥의 보상금을 걸고 심지어 관리가 자신의 업무로서 잡아도 포상하도록 하였다. 또한 벽서작성자를 알면서도 고발하지 않는 자를 처벌하기로 하였다. 각종 고발을 유도하는 보상방문에는 일상적으로 보상과 함께 불고지죄가 함께 발표되었다.

이러한 방식은 조선 후기까지 이어졌는데, 철종 13년(1862)에는 조정에 역모를 꾸민다고 고발된 김순성의 국문에서 역모사실을 알고서도 고발하지 않았다는 이유로 긍선을 처벌한 기록이 있다.

## 3. 고발 수레의 셋째 바퀴: 자수지예(自手之例)

고발 수레의 바퀴로서 불법 행위를 한 자가 스스로 반성하여 관청

---

38) 연산6년(1500)11월 28일, 정승들에게 홍길동의 무리인 엄귀손이 어찌 당상의 자리에 올랐는지 물어 보다.

에 신고하면 자수를 한 사람에게 책임을 묻지 않거나 죄를 감경해
주는 '자수의 예(自手之例)'가 있다. '자수(自首)'란 자발적으로 자기의
범죄 사실을 신고하고 그 처분을 구하는 것이며, 자수자(自首者)는
자신의 범죄 사실을 스스로 담당기관에 신고하고 처분을 바라는 사
람을 말한다.

자신의 잘못을 인정하고 용서를 구하는 자에게 관용을 베푸는 것
은 인간의 도덕적 정서상 당연한 것일 것이다. 따라서 자수지예가
활성화되면 자신의 죄는 물론 그와 관련된 타인에 대한 고발도 증가
하므로 결국 불고지죄와 더불어 고발을 유도하는 측면이 있었다.

## 세종, '자수(自首)는 성현 이외에 모두 탄로 날 것이 두려워서 하는 것'

大抵 自首, 聖賢之外, 皆恐其敗露而爲之也
대 저　자 수　성 현 지 외　개 공 기 패 노 이 위 지 야

조선 세종 31년(1449)에 인사비리가 발생했다. 환관 최읍이 궁을
지키는 갑사로 있는 자신의 형인 최순과 친척인 김자래를 승진시켜
줄 것을 병조 좌랑 윤배와 정랑 이현로에게 청탁하였다. 이들은 종
사한 날수(仕到; 사도)를 많게 하여 8품으로 승진시켰다. 승진시킬
때는 도목(都目)에 누락되어 추천이 안 되었다고 거짓으로 꾸몄다.

사헌부 조사에서는 오히려 근무일수가 많다고 기록한 서류(단자;
單子)까지 찢어버렸다. 이 죄상을 밝힌 사헌부에서 좌랑 윤배는 장1
백 대와 도(徒) 3년으로 처벌할 것을 청하였고, 정랑 이현로는 윤배
의 정상을 알면서도 고하지 않은 죄를 물어 장1백 대와 도(徒) 3년으

로 할 것을 청하였으며, 부정으로 승진한 최순과 김자래는 장1백 대와 유(流) 3천리로 처벌할 것을 요청하였다. 세종은 병조 좌랑 윤배는 한 등급 감형하여 장1백 대와 유(流) 3천리, 이현로는 벼슬을 파직하며, 부당승진한 최순과 김자려는 장1백 대와 도(徒) 3년에 처하였으며, 인사 청탁한 환관 최읍은 두 등급 감형하고 장1백 대와 도(徒) 3년으로 처벌하였다.

한편 병조 정랑 이현로는 전(前) 대부 이양무의 청탁을 받고 그를 대장(隊長)으로 승진시켰다고 자수하였다. 이때 조정에서는 자수로 볼 것인지, 아니면 선발지계(先發之計)로 보아 죄를 모면하려고 한 것인지에 대한 논란이 벌어졌다.

사헌부에서 이현로를 국문할 것을 청하자, 세종은 자수에 대해 "대저 자수(自首)라는 것은 성현(聖賢) 이외에는 모두 탄로 날 것이 두려워서 하는 것"이라며 이현로의 국문을 윤허하지 않았다. 이에 대해 사헌부는 재차 "현로의 자수는 다른 자수의 예와 달리 사간원의 서경(署經)이 행사되지 않았기 때문에 반드시 탄로 날 것이 두려워 자수를 한 것"이라며 거듭 국문을 청하였다.[39]

그러나 승정원은 이현로가 이양무로부터 골동품 구리 향로를 받은 사실을 확인하고 부패한 관리(장리; 贓吏)이기는 하나 자수하였음으로 국문은 하지 말 것을 보고하였다. 의금부에서는 현로의 죄는 참형에 처하여야 하나 자수의 예에 따라 1백 대와 도(徒) 3년으로 하고 청탁한 이양무는 1백 대와 유(流) 3천으로 처할 것을 보고하니, 세종은 이양무는 1등급 감하여 도(徒) 3년으로 하고 이현로는 이미 자수하였고 죄를 받았으니 처벌하지는 말되 장리(贓吏)로서 다시는

39) 세종 31년(1449) 4월 14일, 사헌부에서 이현로의 국문을 청하자 공문을 보내어 국문하게 하다.

관직에 임용하지 말라고 하였다.[40]

## 세조, '죄인 아비의 자수는 죄인의 자수와 같다'

세조 5년(1459) 4월 27일 밤 숭례문을 시작으로 흥인지문(동대문), 돈의문(서대문), 숙정문 등 한양의 도성문이 일제히 닫혔다. 이어 도성 안팎으로 치안을 담당한 순라군(巡邏軍)들이 이리저리 분주히 오가며 순찰을 하며 수색하였다. 다음 날 새벽 저자(市)에 방문(榜文)이 걸려서야 비로소 그 이유를 알 수 있었다.

| 榜文 | 방문 |
| --- | --- |
| 有能捕告者、良人超三資授職、賤口免賤、願受綿布者官給六十疋。若不能捕獲、罪五部管領。 | 도적을 잡도록 고발하는 자가 양인이면 3자급 뛰어 올려서 관직을 제수하고, 노비는 면천하며, 면포를 받기를 원하는 사람이면 60필을 준다. 만약 도적을 잡지 못하면 오부관령을 죄준다.<br><br>조선세조실록, 5년(1459) 4월 27일 |

방문에는 "저자에 사람들이 한데 쌓아 둔 미곡(米穀)을 어젯밤에 도둑질한 자가 있으므로 도적을 잡도록 고발(告)하는 자가 양인(良人)이면 3자급을 뛰어 올려서 관직을 제수(除授)하고, 노비는 면천(免賤)하고, 면포(綿布)를 받기를 원하는 사람은 관에서 60필을 준다. 만약

---

40) 세종 31년(1449) 1월 26일, 의금부에서 최읍, 윤배, 이현로, 김세민, 김조, 정이한, 조준생 등을 죄주기를 청하다.

도적을 잡지 못하면 오부관령(五部管領)⁴¹⁾을 죄(罪)준다." 했다.

방문이 걸린 얼마 후에 한 노인의 고발이 들어왔는데 자식이 도적질을 했다는 내용이었다. 형조가 수사를 하여 범인들을 모두를 잡아들였다. 세조는 "아비와 자식은 한 몸이니 아비의 자수(自首)는 자식이 한 것과 같다. 그 자식은 죄주지 말고, 다만 그 도당(徒黨)만 국문(鞫問)하도록 하라."⁴²⁾며 고발한 사람의 자식의 죄를 면해 주었다.

## 중종, 수사 중에 발각될 고발은 '자수지예'로 인정하지 않다

중종은 연산군 때 화를 입은 사람들의 원한을 풀어 주고 조정에 사림을 등용하여 새로운 정치를 펴려고 하였다. 중종 25년(1530)에 전대미문의 횡령사건이 발생했는데 「중종실록」⁴³⁾ 기사에 그 내용이 잘 소개되어 있다.

호조의 서리 지서학과 군수품의 저장과 출납을 담당하는 군자감의 서리 홍양생 등이 공모하여 위조한 호조의 공문서(관자; 關子)로 왕실 재정을 맡아보는 내수사에서 쌀 50석(1석; 144kg)을 창고에서 반출했다. 그들은 쌀의 양이 많아 발각될 것이 두려워 다시 공문서를 위조하여 쌀이 나쁘다는 이유로 창고에 입고시켰다.

의금부에서 이 사실을 문초하니 서리들은 모두 횡령사실을 시인하였으나, 범죄가 공문서를 위조할 정도로 대담하여 여죄를 심문하였다. 왜냐하면 '공문서 위조 범죄'는 조선 전기부터 신고보상법에

---

41) 오부 관령(五部管領): 조선조 때 서울의 동부(東部) · 서부(西部) · 남부(南部) · 북부(北部) · 중부(中部), 즉 오부(五部)에 속해 있던 각방(各坊)의 우두머리
42) 세조 16권, 5년(1459, 기묘) 4월 27일, 저자의 미곡을 겁탈한 도적을 잡는 방문을 내걸다.
43) 중종 67권, 25년(1530, 경인) 1월 21일~4월 18일.

적용될 정도로 고발자에게 보상금을 주는 중대 범죄였다. 중종은 "국고의 물품을 마음대로 출납한 것은 국적(國賊)이며 공문서는 왕명을 사칭한 것"이라며 반드시 진상을 철저히 조사하라고 명하였다.

십여 일이 지나자, 병기를 제조하는 군기시의 서리 김문순이 호조 서리 지서학과 공모하여 군기시의 동철 1백50근, 납척 50근을 횡령한 사실을 자수(고수; 告首)하였다. 의금부는 자수한 고발 사실에 대해 "고발사실이 진실을 말하였다면 제일 먼저 고발한 공으로 죄를 전부 용서할 수 있지만, 고발하면서도 자신에게 불리한 한 가지 사실을 숨겼다가 드러났으니 그 죄가 장 1백, 유(流)삼천리입니다."며 보고하였다.

중종은 "율(律)대로 한다면 앞으로 고발할 사람이 없을 것이니, 자수한 공을 참작해 장 1백에 죄명을 왼팔에 검은 먹으로 새겨 넣는 형벌(자자; 刺字)로 감형한다."고 전교하였다.

그러나 며칠 뒤 사헌부에서 고발자의 고발경위를 자세히 조사하여 다시 보고했다. 이미 고발 당시에는 호조서리 등의 횡령범죄에 대한 의금부의 추국이 있어 스스로 끝내 속일 수 없음을 알고 고발했으니 '자수(自首)한 예(例)'가 적용될 수 없다는 내용이었다.

다시 보름이 지난 뒤 조정에서는 고발자 김문손의 처리문제를 논의하였으나, 갑론을박으로 결론을 내리지 못했다. 대신 심성은 "발각될까 두려워 신고했다면 '자수(自首)한 예(例)'에 해당되므로 처벌해서는 안 됩니다. 그들을 벌한다면 후일 자수하는 사람들에게 좋지 않은 영향을 미칠까 두렵습니다."고 했고, 지사 이항은 "죄를 다 감해줄 수는 없으나 왕께서 가벼운 형을 주는 것은 무방합니다."라고 했으며, 대신 극성 역시 "자수하는 길에 방해됨이 있을까 두렵습니다. 율(律)대로 처벌하는 것은 온당치 않다."고 밝혔다.

그러나 예조판서, 병조판서, 대사간, 장령 등 중신들이 일제히 "이 사람은 처음에 고발할 뜻이 없었으나 이미 공모한 호조서리를 심문할 때 자신의 죄가 드러날까 두려워 고발한 것이니 고발한 것이 솔직하지 않아 자수의 예로 다루어서는 안 된다."고 청하였다.

드디어 사건 발생 85일 만에 중종은 사형수에 대한 삼심재판 중 마지막 삼복(三覆)을 하여 고발 내용이 진실하지 못하기 때문에 나머지 죄인들과 동등하게 참대시(斬待時)[44]하라고 결정하였다.

또한 조선 중종 20년(1525)에 유세창 형제가 "왕이 행행(行幸)할 때를 기다려 재상들을 제거하고 왕을 시해할 것을 모의했다."고 고변(告變)하여 의금부에서 관련자들을 모조리 붙잡아 왔다. 사헌부에서는 아무리 자수 고발이라도 유세창 형제의 죄는 역모라는 천하의 대악이므로 '자수(自首)한 예'에 따라 그의 죄를 경감할 수는 없다고 간하였다.

중종은 "고변(告變)한 사람인데도 벌을 받게 된다면 시비가 일정하지 못해 뒷날의 먼저 고변하는 길에도 방해가 될 것"이라며 해당 죄에 대한 벌을 주되 고변한 공로를 참작하여 연좌(連坐)의 벌은 주지 않는 형벌로 감하였다.[45]

이번 사건에서 당시 중종과 당시 조정 중신들의 고발자에 대한 인식에서 차이가 있었음을 엿볼 수 있다. 중종은 자신의 죄를 먼저 고발한 자에게는 자수한 예에 따라 그 형벌을 감해 주어야 한다고 생

---

44) 참대시(斬待時): 사형수의 처형을 춘분전과 추분후의 사이에 집행하는 것(부대시참; 不待時斬): 특별히 극악한 죄인은 시기를 기다리지 않고 형이 확정된 뒤 바로 집행)

45) 중종 53권 20년(1525) 3월 19일, 유세창 형제의 고변한 공로를 참작하여 형벌을 감하다.

각하였으나, 관리들은 자수의 정상보다는 죄의 중함을 먼저 생각하여 다루어야 한다고 주장하였다. 이러한 사건의 처리결과가 후일의 고발을 위축시켜서는 안 된다는 것을 우려하면서도 수사 중일 때는 자수의 예에 따르는 것은 신중해야 하다는 입장이었다.

## 선조, '정여립의 죄상을 실토한 자를 고수(告首)로 삼아 벼슬을 주다'

선조 때 정여립의 역모사건은 1백여 년 전부터 민간에서 유행한 정감록이라는 도참이 배경이 되었다. 「왕조실록」에는 정여립이 관직에서 물러났지만 복종하며 따르는 자가 문을 메웠고 선물이 많아 마치 그의 집은 관가 같았다고 전하고 있으며 이렇게 모인 재산이 몰래 무리를 기를 수 있는 바탕이 되었다. 정여립의 "전주에 왕기가 있다."는 요언이 세간에 퍼지자 정여립의 형 정여복이 난을 일으키려는 조짐을 살피고 조정에 고발하기 위해 "문하에 무뢰한 자제들을 거절하면 반드시 후환을 끼치게 될 것이다."라는 편지를 보내고 답장을 증거로 삼으려 하였다. 정여립은 의도를 눈치채고 답장 대신 직접 형의 집으로 가서 다른 뜻이 없음을 스스로 변명하니 여립의 형은 고발하지 못했다. 그의 사위 진사 김경일도 고부에 있으면서 민간에 전파된 말을 편지로 여립에게 물으니 여립은 답장을 보내 "나를 원수로 여기는 자가 이러한 말들을 지어낸 것이니 절대로 입에 담지 말고 또 문자에 드러내지도 말라."고 하였다.

이때 황해도 구월산의 중 가운데 호응하는 자가 있었는데 중 의엄이었다. 그는 정상을 염탐하여 재령군수 박충간에게 밀고(密告)하였다. 한편 황해도 안악군수는 민간에 전하는 말을 확인하기 위해 남절을 시켜 실상을 살피게 하였는데, 평소 정여립의 제자라고 하고 다니는 조구가 여러 사람들을 모아 술을 마시고 종적이 평소와 달랐음을 안악군수에게 보고하였다. 안악군수가 비밀리에 조구를 잡아다가 그의 집 안에서 여립의 서간이 발견되고 부채를 1백 인에게 나누어 준 것을 심문하니 조구는 더 이상 속일 수 없음을 알고 모든 역상(逆狀)을 고발하였다.

조정에서는 조구는 자기 스스로 고발한 것은 아니지만 여립의 죄상을 밝히기 어려운 상황에서 고하였으므로 그를 고수(告首)로 삼았다. 그래서 모든 역당들이 죽었으나 조구만은 죽음을 면하였으며 오히려 녹훈(錄勳)을 받기까지 하였다. 이어 조구는 벼슬이 제수되어 벼슬길에 나섰으나 그를 시기하는 관료들이 끊임없이 논박하여 오래가지 못하고 파직되었다.[46)]

조선 후기 가장 큰 골칫거리였던 벽서사건에도 자수는 벽서를 해소하는 중요한 방법으로 이용하고 있다. 영조는 그 계획을 알면서도 즉시 고하지 않았던 자가 그 허물을 뉘우치고 잡아 고발한다면 마땅히 그 죄를 용서하여 상을 줄 것이며, 이 기회를 이용하여 무고(誣告)한다면 반좌의 율에 따라 벌한다고 밝힌 바 있다. 또한 벽서 작성자를 잡아서 발고(發告)하는 자는 숙종 때의 전례에 의하여 천금(千金)의 상을 내리고 2품의 계급을 올려 줄 것임을 발표하였다.

---

46) 선조 22년(1589) 10월 1일 수정본. 한준, 박충간, 이축, 한응인 등이 정여립의 모반에 대해 변서를 올리다.

## 4. 고발 수레의 넷째 바퀴: 고발자 보호

삼국시대부터 조선시대까지 끊임없이 발생한 역모사건의 고발에서부터 각종의 도적이나 민란에 이르기까지 시대의 굽이굽이마다 내부고발자의 협조는 결정적이었다. 이렇게 고발 수레가 앞으로 나가게 하는 바퀴 중의 하나로서 고발자의 보호를 들 수 있다.

고발이 오늘날까지 부정적으로 인식되는 것은 역사적으로 나타난 중요한 내부고발 사건들이 모두 백성들 입장에서가 아니라 통치자(統治者) 입장에서 이용되어 왔기 때문이다. 삼국시대 이래로 고려와 조선에까지 유교적인 가치관에 따라 장유유서(長幼有序)나 존장(尊長)을 우대한 풍속으로 아랫사람이 윗사람을, 자식이 아버지를, 노비가 주인을 고발하는 것은 공동체 의식을 파괴하는 것으로 여겼던 전통적인 의식도 고발을 부정적으로 보는 데 크게 이바지하였다.

특히 고발제도가 정착하기까지 국왕들이 언로(言路)를 넓히기 위해 받아들였던 참소나 왕만이 알 수 있었던 밀봉상서 그리고 풍문탄핵이나 신문고의 운영상황을 살펴보는 것은 의미가 있다. 이러한 장치는 오늘날 내부고발로 이어졌으며, 고발정신의 뿌리가 되었다고 보아도 크게 벗어나는 것은 아니리라 생각된다.

일반적으로 고발자에 대한 보호는 보복행위자를 처벌하는 직접적인 보호방법이었는데, 이것은 고발자를 보호하는 최소한의 조치로서 낮은 수준의 보호방법인 보호의 '낮은 길(low road)'이라고 할 수 있다. 고발자를 보호하는 궁극적인 방법은 소극적인 보호에서 나아가 적극적으로 고발자에게 '평생을 먹고 살 수 있도록 해준다.'는 높은 수준의 보호방법인 보호의 '높은 길(high road)'로 나아가야 한다.

이러한 맥락에서 볼 때, 고려와 조선시대의 보호는 후자의 보호방법으로 접근하고 있다. 고발자가 노비일 경우 종속된 노비의 삶에서 해방되도록 면천시키거나 양인이면 관직을 주고, 관리이면 승진시키는 방법으로서 오늘날의 시각에서도 보호를 한 단계 발전시킨 획기적인 방식이었다.

즉 당시의 가장 귀중한 가치는 노비는 양인이 되는 것이며, 양민은 벼슬길에 오르는 것이었으므로 고발자에게 이러한 가치들을 부여하였다.

『고려사』에는 고려 의종 21년(1167) 1월 역적을 고발하는 자에 대해 벼슬과 상을 내린다는 기록이 있다. 의종은 무신정변을 당한 왕으로서 무신난이 발생하기 전에 역모의 기운을 감지하고 저잣거리에 역모를 고발한 자는 동방전랑과 서방장군 중에서 본인이 원하는 벼슬을 주고 노비에게도 관직을 허가한다는 방을 붙이도록 했다.

| 榜文 | 방문 |
|---|---|
| 有能告賊者、物論有無職、<br>東班正郞、西班將軍、<br>隨自願除授、公私賤隷、<br>亦許參職、並給銀二百斤。 | 역적을 고발하는 자는 동방전랑과 서방장군 중에서 본인이 원하는 벼슬을 주고, 공·사노비에게도 관직을 허가하며 아울러 은 2백 근을 준다.<br><br>고려사 권18세가, 의종 21년(1167) 1월 15일 |

## 고려 신종, 만적의 난 내부고발자를 면천하다

무신정변 이후 이의방, 정중부, 경대승, 이의민, 최충헌으로 이어지는 정치적 소용돌이 속에서 사회는 혼탁해지고 전국 각지에는 크고 작은 반란이 끊일 날이 없었다. 더욱이 천민 출신의 인물들이 관직에 오르고 출세하는 사례가 있었으므로 신분에 대한 전통적인 권위의식이 무너져 갔다. 신분해방을 외친 대표적인 난이 만적의 난이었다.

고려 20대 신종원년(1197) 5월 최충헌의 사노비 만적 등 6명이 개경북산에서 나무를 하다가 노비들을 불러 모아 "무신난 이후에 고관이 천한 노예에서 많이 나왔으니 장상(將相)이 어찌 종자가 있겠는가, 때가 오면 누구나 할 수 있는 것이냐."라고 선동하면서 반란을 계획했다. 이들은 갑인일에 흥국사에 모여 궁궐로 몰려가 난을 일으키고, 환관과 궁노들의 호응을 받아 최충헌을 죽인 다음 각기 자기 주인을 죽이고 천적(賤籍)을 불사르기로 하였다. 그러나 약속한 날에 수백 명밖에 모이지 않았으므로 4일 후에 다시 보제사에서 모여 거사하기로 하였다.

그러나 가담한 노비 중 한 사람이 자신의 주인에게 비밀을 털어놓음으로써 거사는 발각되었다. 노비의 주인인 율학박사 한충유는 바로 최충헌을 찾아와 개경에 반란 모의가 진행되고 있으며 주모자는 최충헌의 사노비 만적이라는 사실을 전했다. 최충헌은 군사를 풀어 거사에 가담한 만적을 비롯한 노비들을 잡아들여 100여 명의 노비들을 강물에 던져 죽였으며, 단순 가담자는 그 죄를 묻지 않았다.

만적의 난을 진압하는 데 기여한 한충유는 함문지후의 벼슬을 제수받았으며, 처음 이 사실을 밀고한 순정(順貞)에게는 백금 80냥과 함께 노비에서 해방시켜 주었다.

조선시대에는 역모, 도적, 민란 등 국가의 안위와 관련된 중대한 불법행위에 대해서는 보상금과 더불어 노비를 양인으로 면천하거나, 양인을 관리로 채용하거나 관리는 승진시킨다는 보호책이 함께 따랐다.

## 조선 명종, 임꺽정의 내부고발자를 관리로 임명하다

조선 명종 때 조정 대신들은 권력투쟁과 사리사욕을 채우기 위해 혈안이 되었고, 거듭된 가뭄으로 백성들은 굶주려 죽어갈 무렵 의적 임꺽정이 전국을 누비며 토호와 부자들을 습격하며 재물을 백성들에게 나누어 주어 백성들의 호응을 얻고 있었다. 조정에서는 도적무리를 토벌하기 위해 관군을 동원하였으나 잡는 데 실패하였다. 이때 임꺽정의 참모 서임이 관군에 투항하여 도적 소탕에 적극 협력하였다. 도적에 대한 관군의 토벌 과정에서 임꺽정이란 자를 잡아다가 서임과 대질시켰으나, 서임은 "임꺽정이 아니고 꺽정의 형인 가도치이며 그 또한 큰 도적이다."라고 밝혔다.

관군에 쫓기던 임꺽정은 산속을 헤매다가 초라한 오두막을 발견하고 그곳에 숨어들었다. 그 집에는 한 노파가 살고 있었는데 임꺽정은 노파를 볼모로 잡고 협박하여 임꺽정이 달아났다고 외치게 했다. 협박에 못이긴 노파는 "임꺽정이 이곳에서 달아났다."라고 외쳤다. 그러자 관군은 노파의 말을 믿고 임꺽정을 찾아 분주히 뛰어다녔다. 임꺽정이 이 틈을 타 관군으로 변장하고 도망쳤다. 서임을 앞세워 임꺽정을 쫓던 관군은 마침내 그를 발견하였다. 이때 서임이 손가락으로 임꺽정을 가리키면서 "저놈이 바로 임꺽정이다."라고 소리치자 관군은 그를 에워싸고 생포하였다. 며칠 뒤 임꺽정의 처형으로 횡행했던 도적 무리들도 차차 진정되었다.

『명종실록』에는 서임에 대한 처리문제를 논의한 기록이 있다. 조정 대신들은 "서임은 도적이니 극형에 처해야 한다."고 주장하였으나, 명종은 "극형을 처하지 않는다고 약속했으니 조정의 신의를 저버릴 수 없다. 서임이 도둑을 잡는 데 이바지했으므로 포도청에 속하게 하여 포도대장의 지시를 받도록 하라."고 조치하였다.[47] 명종이 서임을 포도청의 관리로 일하도록 한 데는 이유가 있었다. 그냥 놓아줄 경우 다시 도둑이 될 수 있으며, 포도청의 관리로 삼으면 전국에 산재해 있는 도둑들에게 귀순을 유도할 수 있고 포도대장의 명령을 받아 움직이게 되므로 마음대로 도적들과 내통하지 못하도록 하기 위한 의도였다.

이러한 보호정책은 조선 후기까지 이어졌는데, 『철종실록』에는 철종 13년(1862)에 조정에 역모를 밀고(密告)한 고발자 이재두에 대한 포상을 논의한 후 동충주관리로 제수하여 밀고에 대한 보상을 준 기록이 있다.[48]

특히 조선시대에는 오늘날과 같이 내부고발자에 대한 보복행위를 처벌한 예가 있다. 지방수령의 비행을 고발한 관노와 백성을 보복하려 한 자들을 조정에서 처벌한 사실도 놀라운 일이 아닐 수 없는데, 「조선왕조실록」의 기사를 소개한다.

---

47) 명종 28권, 17년(1562, 임술) 1월 13일, 상진, 이준경, 심통원 등이 서임을 처리하는 일을 의논하다.

48) 철종 14권, 13년(1862, 임술) 7월 27일, 밀고한 이재두에게 동중추를 제수하다.

# 조선 세조, 내부고발자를 보복한 자를 참형하다

조선 초기 왕들은 백성을 통치하기 위해 수령을 보내면서도 항시 수령들의 폭정으로 백성들의 삶을 힘들게 하지 않은지 못내 미덥지 않았다. 누군가를 보내 그들을 감찰할 필요를 느꼈고 사헌부감찰(정6품)을 행대감찰(行臺監察)이라는 이름으로 보내기 시작하였다. 행대감찰은 경기도, 황해도 일부 제한된 지역에만 보내졌다. 이후 세조 때에는 전국 8도에 분대어사(分臺御使)를 보내 수령의 폭정과 비리, 이로 인한 백성의 고통을 살펴보도록 했다. 그런데 분대어사는 암행어사와 업무는 유사했으나, 직무수행은 공개적이어서 암행어사와 달랐다. 특히 분대어사에게는 부정과 비리를 적발하고 조사할 수 있는 권한만이 주어졌을 뿐 범죄자를 직접 처리할 수 있는 처분권은 없었다. 따라서 지방감찰을 마친 어사는 자신이 조사하고 적발한 사항을 왕에게 직접 복명하거나 사헌부에 보고해야 했다.

백성의 민원을 조사하고 억울함을 풀어주기 위해서는 그 지방에 일어나는 일에 대한 사정을 소상히 알 수 있어야 한다. 따라서 분대어사는 해당 지역의 민심을 알기 위해 노력하였다.

세조 2년(1456) 실록에는 분대어사에게 공주수령의 비행을 고발한 관노가 파직당한 수령의 부하들로부터 보복을 받은 사실이 실려 있는데, 분대어사가 공주지역을 순회할 때, 관노 득만이 공주판관 송맹연의 비행을 분대어사에게 거리낌 없이 말하였다. 이후 사헌부 조사에 따라 송맹연은 파직되었으나, 공주품관 이득신, 우성, 김비, 이정근이 득만을 보복하기 위해 벌을 주려하였다.

세조는 의금부에 이러한 사실을 조사하도록 지시하였다. 의금부에서는 공주품관 이득신이 득만이 어사에게 말한 사실을 논죄하려 한 사실을 밝혀냈다. 이어 사헌부에서는 죄에 맞는 법조문은 없으나 '조당진언(阻當 陳言)의 율(律)'을 준용하여 보복을 주도한 이득신은 참형하고, 우성·김비·이정근 등 품관들은 각각 장 1백 대에, 3천 리로 유배해야 한다고 보고하였다. 세조는 우성은 공신의 손자이므로 파직만 하고 나머지는 각각 한 등급 낮게 벌하였다.[49]

그러나 실록에는 '조당진언의 율'에 따른 신고자의 보호사건이 이후 보이지 않아 신고자를 보호하는 것이 제도화되지는 않았으나 그 이후에도 신고자를 보호하려는 노력들은 있었다.

## 조선 중종, 내부고발자에 대한 보복 여부를 감찰하라

조선 중종 4년(1509) 1월 15일 실록에는 황해도 해주사람이 신무문(경복궁 북문) 밖에서 억울함을 호소하며 격쟁한 사실이 실려 있다. 해주사람이 수령의 불법 사실을 사헌부 감찰로 출장 중인 행대감찰(行臺監察)에게 말하였으나 이 사실을 안 수령이 보복하려 한다며 억울함을 호소하였다. 신문고가 없어진 조선 중기에는 백성들이 억울한 일을 당하면 왕이 들을 만한 곳에서 꽹과리를 치는 격쟁이 자주 이용되었다. 그러니 격쟁 역시 마음대로 칠 수 있는 것이 아니었다. 자손이 조상을 위해, 처가 남편을 위해, 동생이 형을 위해, 종이 주인을 위한 것 등 네 가지에만 원칙적으로 허용되었다.

따라서 조정에서 신하들은 격쟁사안에 해당되지 않는다며 오히려

---

49) 세조실록, 2년(1456, 병자), 3월 8일.

해주사람에게 죄를 주려고 하였다. 이에 대해 중종은 해주인의 격쟁은 정당한 것이니 죄를 묻지 말고, 오히려 수령의 불법사실이 있는지를 행대감찰로 하여금 조사하도록 조치하였다.

중종은 관리들의 불법행위가 백성들에게 미치는 가장 큰 폐단이라고 여기고 있었다.

세조와 중종의 고발자 보호는 두 가지 측면에서 의미를 가지고 있는데, 첫째는 당시 고발을 금지하는 부민고소금지법(府民告訴禁止法)에 따라 백성이 수령을 고발할 수 없다는 규정이 적용되지 않았으며, 둘째는 내부사정을 몰래 고발한 자를 보호하여야 만 진실한 내용이 전달돼 언로가 확대될 수 있다고 생각했던 것으로 보인다.

이러한 조선시대의 밀고는 오늘날 공익신고와 같이 조직 구성원이거나 구성원이었던 사람이 내부에서 저질러져 은폐되기 쉬운 부패를 알림으로써 사전적이며 예방적인 부패 억제기능을 하는 목적과도 맥락을 같이하고 있다.

고려시대의 만적의 난, 조선시대 임꺽정의 난 및 조선 후기 민란들에서 보듯이 난을 진압하는 데 내부자의 협조는 결정적이었다. 당시 백성들은 힘없는 자신들을 함부로 멸시하면서 권세와 탐욕에 눈먼 관리들에게 실망을 느끼고 있었다. 그래서 관리들을 공격하며 재물을 빼앗는 도적들을 보면서 한편으로는 무서우면서도 다른 한편으로는 통쾌함을 느끼고 있었다.

따라서 백성들 입장에서 내부고발자의 행태는 '의리를 저버린 배신자'로 비난을 받을 수밖에는 없는 것이고, 더욱이 일제 강점기를 거치면서는 독립군이나 애국지사를 내부고발하는 것으로 나타나 우리 역사에서 내부고발자들은 부정적인 인식으로 자리 잡고 있다.

# 03 고발 수레의 짐

고발은 사안에 따라서는 역사를 앞으로 끌고 가는 힘이 있었다. 고발이 긍정저으로 작동하여 부정과 물법행위를 한 사람을 고발하여 처벌함으로써 역사를 발전시키는 것이었다. 고발은 정의를 추구하는 인간 본연의 심성과 궤(軌)를 같이하여 진실을 찾는 것이기도 하다. 반면 고발은 자칫 남에 대한 시기나 반감 및 원한이 작동하여 역사흐름에 부정적으로 영향을 미칠 수도 있다.

당초에는 공동체의 정의를 위한 심리적 동기에서 출발하였더라도 그 정도가 심하거나 방법이 온당치 않은 경우에는 오히려 공동체에 악영향을 미쳐 역사를 왜곡시키는 좋지 않은 결과를 낳기도 하였다. 이러한 고발의 부정저인 양테기 '고빌 수레의 심'이며 무고(誣告)에서부터 고발을 이용해 자기의 죄를 덮으려는 현상들까지 다양하게 나타났다.

이 장에서는 무고죄(誣告罪)와 신고보상금의 남발 그리고 '선발지계(先發之計)'라는 다양한 무게의 고발 수레의 짐을 살펴본다.

# 1. 무고(誣告)의 남발

고발제도는 백성들의 참여를 통한 불법행위를 막고자 하는 것이었지만 무고로 남을 해치는 일이 생기는 부작용도 아울러 발생하였다. 앞서 언급한 바와 같이, 고발행동 심리의 한쪽의 극단은 남의 불법행위를 처벌하는 공명심에서부터 다른 극단은 남에 대한 원한과 시기심 및 복수의 심성의 프리즘을 이루고 있다.

한편 무고는 직접 고발하는 방법 이외에도 직접 자신을 드러내지 않고 고발하는 내용을 글에 담아 익명서로 관청이나 권력자의 집에 던져 넣거나 익명의 벽서의 형식으로 사람이 많이 다니는 대로변에 붙이기도 하였다.

우리 역사 속에 무고가 등장하는 것은 아주 오랜 시간으로 거슬러 올라간다. 삼국사기 기록에 따르면 고구려의 호동왕자의 설화에서부터 시작된다.

서기 32년 고구려 대무신왕 때 호동왕자가 낙랑공주를 이용하여 낙랑을 멸망시키는 데 기여하였으나, 첫째 왕비가 자신의 자식이 왕위를 있도록 하기 위해 호동왕자를 참소하여 호동왕자는 자결하고 왕비는 무고로 밝혀져 사형되었다는 기록이 역사에 나타난 무고의 첫 사례로 꼽힌다. 서기 201년 고구려 중천왕도 관내부인이 왕후를 무고한 죄로 사형시켰으며, 또한 서기 300년 15대 미천왕 때 무고로 인한 절도죄의 혐의를 받고 태형을 받았다는 기록[50]으로 볼 때 무고(誣告)에 대해서는 고대국가부터 엄하게 다스렸음을 알 수 있다.

---

50) 삼국사기 권제17 고구려본기 제5 미천왕 원년조.

고려 형법[51])에는 서울이나 지방에서 소송을 제기한 자가 요행수를 바라고 거짓으로 무고하는 경우에는 즉시 감찰관원으로 하여금 절도죄[52])에 준하여 처벌하도록 하였다.

그러나 고려 4대 광종 때는 오히려 호족들을 제압하기 위해 고발을 부추겼으며 이 과정에서 수많은 무고가 일어나는 폐단도 발생하였다. 뒤를 이은 경종은 무고한 죄로 억울한 누명을 쓰고 죽은 호족들을 달래기 위해 복수법을 제정하였다.

고려 역사를 보면 혼란한 시기에 많은 고발들이 발생하였는데 무고도 더불어 성행하게 된다. 특히 고려 조정의 힘이 미약하여 원의 영향력 아래 있을 때 각종 무고가 원에까지 접수되어 고려 조정에서는 해명하기 위해 많은 노력을 기울여야 했다. 충렬왕 2년(1278) 7월에 왕이 원의 중서성에 고려에 대한 참소를 믿지 말고 사건의 진위 여부를 조사할 수 있는 수사 권한을 고려에 줄 것을 요청하기까지 하였다.

고려 충렬왕 24년(1298)에 원의 고려 여인 공출과 관련하여 큰 소동이 벌어졌다. 왕이 순마소에 양가의 딸을 뽑아 원의 궁궐로 보내라고 지시하였다. 이어 왕은 원의 사신이 개경에 이르자 한술 더 떠서 관리들에게 딸이 있는 양갓집을 은밀히 순마소에 알리라고 지시하였다. 벼슬아치나 귀족들은 딸이 있다는 사실을 숨겼으며 사람들 간에는 고발이 난무하였다.

---

51) 고려 형법은 총 제71조로 구성: △옥관령 2조 △명례 12조 △위금 4조 △직제 14조 △호혼 4조 그 외 금령으로 △ 구고 3조 △투송7조 △시위 2조 △잡률 2조 △포망 8조 △단옥 4조

52) 절도를 범한 액수가 5관이면 사형, 5관 미만 척장 20대·3년 귀양, 3관 미만 척장 20대·2년 귀양, 2만 미만 척장 8대·1년 귀양, 한 관 이하면 죄에 따라 처벌하되 여자는 귀양 보내지 않는다.

이번 기회를 이용하여 평소 원한이 있는 자들은 딸이 없는 집에 대해 거짓으로 딸을 감추어 두었다고 무고하였다. 집집마다 처녀를 수색하느라 시끄러웠고 밤중에 순군(巡軍)과 홀치(궁중 경호원)들이 집집마다 수색하고 다녔으며 처녀가 없는 집은 종을 결박하고 추궁하였다. 온 나라가 공녀문제로 시달리자 양가에서는 공녀를 면하기 위해 열두세 살만 되면 몰래 혼인을 시켜 사위를 두었다.

이러한 무고에 대한 혼란함이 정리된 것은 조선시대였다. 조선 태종은 신문고 설치교서에서 북을 쳐서 원통하고 억울한 일을 명확하게 밝혀야 하지만, 다른 한편으로는 남을 무고(誣告)하는 것은 풍속을 해치는 것이므로 엄하게 다루어야 한다고 밝혔다. 이 교서에서는 무고(誣告)한 자에게 '반좌(反坐)의 율(律)'로서 벌할 것을 천명하였다. 이 반좌의 율은 남을 무고한 사람에게 그 무고한 죄와 같게 처벌하는 것이었다.

그 후 조선 태종 10년에는 조정에서는 신문고 설치를 계기로 "고자질하는 풍속이 성행하여 사람을 해치고 분풀이로 신문고를 치는 자가 벌 떼처럼 많으니, 아랫사람이 윗사람을 해치는 풍속이 일어날까 우려된다."는 주장이 설득력 있게 받아들여져 원한을 가지고 남을 무고한 자를 처벌하는 무고금지법(誣告禁止法)이 논의되었다.[53]

따라서 무고금지는 고려, 조선시대 사회풍속을 유지하는 근간으로서 역할을 하였으며 그에 따라 처벌 받은 사례는 무수히 많았으나 특이한 사례를 중심으로 살펴본다.

---

53) 태종 19권, 10년(1410, 경인) 4월 8일. 무고금지법, 과정제수법, 교육진흥, 매장법, 왜노혁파 등 사간원의 8가지 시무책

# 고려 의종, 반복된 무고로 귀양 보내다

고려 인종의 맏아들인 의종이 고려 17대 왕으로 즉위하였다. 그러나 그의 어머니 공예왕후는 둘째 아들인 대령 후 왕경을 편애하여 왕태자로 삼고자 하였으나 인종이 이를 허락하지 않아 뜻을 이루지는 못했다. 이러한 사실은 의종의 마음속에 형제간 불신의 불씨를 자리 잡게 하는 계기가 되었으며, 장차 불어닥칠 풍파를 예고하는 것이었다.

왕경은 내관 정함이 무고하면서 처음으로 역모혐의를 받는다. 대간들과 대립하고 있던 정함은 은밀히 산원 정수개를 유인하여 거짓으로 역모를 고발하였다. 정수개는 대성과 대리 이분 등이 왕을 원망하여 왕경을 추대하고 역모를 꾀하고 있다고 고발하게 되는데, 의종은 이 말을 믿고 역모자들을 처벌하려 하였으나, 간관 김존중이 고발 내용을 심문하도록 요청하여 심문하게 되었다. 이들을 잡아다 심문하였으나 별다른 증거가 나오지 않아 간신히 왕경과 간관들은 혐의를 벗을 수 있었다. 대신 이 사건을 무고한 정수개가 흑산도로 유배됨으로써 일단락되었다.

정함은 자신의 거짓 행동들이 탄로 날 것이 두려워 이번에는 외척들과 대신들이 왕경의 집에 자주 드나들어 틀림없이 역모를 꾸미고 있다고 참소하였다. 이번에도 역모의 중심에 왕경이 있게 되자, 의종은 동생 왕경을 더욱 의심하게 되었다.

그러던 어느 날 의종을 죽이려는 화살 하나가 날아들었는데 범인을 잡지 못했다. 의종은 문책조서를 내리니 안절부절못하던 대신들이 왕경의 종 나언과 유성을 지목하고 고문하여 거짓으로 자백을 받아 참형에 처했다. 마침내 의종은 1157년 왕경을 천안부로 귀양을 보냈다.[54]

# 조선 초기, 사적인 원한으로 무고자가 급증

조선 태종 1년(1401) 5월 1일 실록기사에는 역적 모의를 했다고 거짓으로 고발하여 '반좌(反坐)의 율(律)'에 따라 오히려 남을 무고한 죄와 동등하게 처벌받은 이야기가 있다. 평소 노비문제로 다투어 틈이 벌어졌는데 이에 앙심을 품고 낭장과 사수감의 노비들을 꾀어 권근과 검교정승 권희 부자가 역적모의를 했다고 고발하였다. 의금부에서 조사를 하니 모두 무고로 밝혀졌으며 고발자들은 무고의 죄로서 고발한 역적의 죄에 상응하는 사형에 처하였다.[55]

또한 세조 7년(1461) 7월 3일 대궐에서 일하는 종 효생이 평소 원한관계에 있는 이함형이 무리를 모아 난을 꾀한다고 고발하였다. 의금부에서 조사하여 무고(誣告)임을 밝혔다. 세조는 이들을 무고죄로 '반좌의 율'에 의하여 처참(處斬)하였다.[56]

성종 8년(1477) 7월 17일 실록에는 일상생활 속에서 나타난 무고죄에 대한 기사가 실려 있다. 前칠원 현감 김주는 이웃에 있는 과부 조씨를 마음에 두고 슬그머니 사람을 시켜 중매하게 하여 성혼하였다. 그런데 조씨 부인의 동생 조식과 조식의 매부 솔호 등이 누이의 재산에 욕심을 부려 노비를 우선 빼앗고 김주가 조씨 부인의 집에 머무른 것을 빌미로 김주가 조씨부인을 강간하였음을 고발하였다. 의금부에서 조사하여 무고임을 밝혀냈으며 배후에서 사주한 조건을 '수범(首犯)'으로 장 1백 대에 3천 리 밖으로 유배를 보냈으며, 조식과

---

54) 고려사, 권90 열전 권제3, 인종 왕자 대경후 왕경.

55) 태종 1권, 1년(1401) 5월 1일, 권희·권근 부자를 무고한 권식을 사형하다.

56) 세조 25권, 7년(1461, 신사) 7월 3일, 무고죄를 범한 종 효생을 처참하고 연좌는 하지 않도록 의금부에 이르다.

송호는 종범(從犯)으로 장 1백 대에 도(徒) 3년을 처하도록 하였다.

한편 前칠원현감 김주와 과부 조씨에게도 혼인의 율에 따라 예(禮)를 갖추지 않고 장가든 죄를 물어 대명률(大明律)에 따라 '화간한 자는 장 80대에 처한다'는 율(律)을 적용하고 이혼시켰다.[57]

## 조선 중종, 수령의 기강 해이를 무고하다

중종 12년(1517, 정축) 1월 2일에는 어떤 고을 사람이 수령의 과실을 무고한 것이 드러나 처벌받은 사례가 있다. 전라도 곡성현에서 남추라는 고을 사람이 곡성 현감 나안세가 매사에 업무처리를 소홀히 하고 과실을 저질렀다는 사실을 낱낱이 적어 전라도 감사에게 고발하였다. 전라감사가 형관을 보내 조사하니 모두 사실이 아닌 무고로 드러나 고발자는 장 1백 대에 3천 리 유배형을 받았다.[58]

## 2. 보상금의 폐해

삼국시대는 여러 소국들 중 기원전 1세기부터 중앙집권적으로 발전한 고구려, 백제, 신라의 삼국과 그 판도에 영향을 끼친 가야연맹을 포함한 4개 국가가 한반도와 만주일대에 활동한 7세기까지의 시대를 말한다. 이 시기는 한국사에 있어 가장 많은 영토전쟁을 치른

---

57) 성종 82권, 8년(1477, 정유) 7월 8일, 동부승지 홍귀달이 조식 등의 무고죄에 대해 아뢰다.

58) 중종 27권, 12년(1517, 정축) 1월 2일, 전라도 곡성현의 전 학유 남추가 본도감사를 무고한 죄로 벌을 받다.

시기이기도 하다. 전쟁에서 승리한 국가는 막대한 영토와 노동력으로 포로들을 차지할 수 있기 때문에 싸움에 전공을 세운 자에게 많은 포상을 지급하였다.

「삼국사기」에는 서기 562년 진흥왕이 가야의 반란을 토벌하는 데 전공을 세운 사다함에게 좋은 토지와 포로 2백 명을 상으로 주었다는 기록이 전한다. 특히 기록에는 사다함이 상을 세 번이나 사양하였으나 왕이 줌으로 포로들은 풀어 양인이 되게 하고, 토지는 군사에게 나누어주었다고 기록되어 있다.

이렇게 삼국시대에 시행된 보상금제는 신하나 백성들에게 국가에 공을 세우는 행동을 유도하기 위해 그에 상응하는 보상책으로 토지나 노비를 상으로 주었다.

이러한 보상금 유도책이 고려시대에는 전쟁의 공적에서 점차 역모 등 불법행위에 대한 고발로까지 확대되었다. 『고려사』에는 고려 의종 21년(1167) 1월 역모 고발자에 대해 벼슬과 상을 내린다는 기록이 있다. 기록에는 "역모를 고변한 자는 동방전랑과 서방장군 중에서 본인이 원하는 벼슬을 주고 노비에게도 직을 허가하며 아울러 은(銀) 이백 근을 주도록 한다."는 내용이었다. 그러나 아무런 고발이 없자, 보상금을 황금 15근과 은병 2백 개로 높이는 조치를 취했다.

요즘도 그렇거니와 옛날에도 고발에 따른 보상금을 주게 되었기 때문에 보상금을 노린 오늘날로 말하면 일명 '보상금 파파라치'가 있었다. 따라서 고발이 남발되었으며 보상을 목적으로 한 사람들도 생겨났다.

조선 초기 노비는 국가나 개인이나 재정적으로 중요한 의미를 갖고 있었다. 왜냐하면 노비 수의 감소는 군역이나 세수의 감소를 의미하는 것이기 때문이었다. 반면 노비를 확보한 양반들은 노동력의 증가로 부가 증가하게 되었다. 도망 노비나 양인이 불법으로 노비가 되는 것을 막는 것이 중요하였다. 따라서 이들을 신고하면 보상하는 제도를 시행하였으며, 이러한 사실이 세간에 퍼지자 보상금을 노리고 심지어 양인이나 주인이 있는 노비들까지 고발하는 사례가 빈번하였다.

「태종실록」에는 이렇게 고발이 남발되는 폐해를 막기 위해 양인을 신고한 경우에는 '양인을 억압하고 천인을 만든 율'에 의하여 오히려 처벌하도록 하였다.[59] 또한 지나치게 고발이 남발되자, 성종 12년에는 보상금으로 지급되는 노비의 수가 증가하게 되므로 경국대전에서 규정된 신고자에게 4명외 도밍노비를 신고하면 1명을 상으로 준다고 규정을 개정해야 한다는 주장이 제기되었다. 즉 노비의 관리를 담당하는 장예원에서는 노비 대신 면포로 지급하거나 고발자가 죽을 때까지 노비를 소유하다가 죽은 후에는 국가에 반환하는 방안을 제시하였다. 그러나 성종은 이러한 청을 뿌리쳤으며, 보상금을 줄이면 고발자들이 신고하기를 꺼리게 되고, 경국대전의 법을 위반하는 것이므로 보상금정책은 계속 유지하였다.

연산군 10년(1504)에는 신고 보상금의 폐해를 지적하며 함부로 고발하지 말고 명확한 증거를 갖춘 자만이 고빌하노록 하였다. 『연산군 일기』에 기록된 내용을 상세히 소개한다.

"나라에서 높은 벼슬과 후한 상을 아끼지 아니하고 죄인을 잡아 나라 법을 바로잡으려 하는데, 소민(小民)들이 어리석고 완악하여 이

---

59) 태종실록 30 13년 10월 을미.

득만 중히 여기고 법을 경하게 여겨, 한갓 고하는 자의 상 받는 것만 알고 무고(誣告)자가 도리어 죄받는 것은 헤아리지 아니하여 고자질이 서로 잇따르므로 분요(紛擾)가 그치지 않으며, 조정에서도 조사하여 심문하지 않을 수 없어 관련자를 체포 구금하였는데, 거개 모두 사실이 아니고, 심지어 사사로운 원한 때문에 모함하기를 도모하는 자까지 있다. 대저 중한 상을 마련함은 죄인을 잡아 악을 징계하려는 것인데, 도리어 고자질하는 길을 열어 어리석고 야박한 풍습을 조장하게 되었으니, 어찌 나의 완악한 자를 교화하여 풍속을 고치려는 뜻이겠는가. 이에 무고한 자를 중한 벌에 처하여 그 죄를 바로잡아 여러 사람들로 하여금 모두 상을 억지로 얻을 수 없고 형을 억지로 면할 수 없다는 것을 알아, 모두 그 몸을 자중하여 부실한 말을 고발하지 아니할 것을 생각하도록 하여, 간사가 방지되고 형벌이 감소되기를 바라노니, 백성들에게 알리어 현저한 증거가 있는 일이 아니면 망령되이 고발하지 못하도록 하라."(연산군 실록, 10년 8월 26)[60]

예종 1년 6월 29일 실록에도 공조판서의 상소문의 내용에는 "양민을 꿰어 내거나 공사의 천민을 유혹하여 감로사의 노비로 삼았는데 그들은 고발하여 상을 받는 것을 생업으로 하는 자가 많습니다." 라고 실려 있어 보상금이 당시 과도하게 지급하고 있다는 논란이 제기되었음을 나타내고 있다.[61]

---

60) 연산 55권, 10년(1504, 갑자) 8월 26일, 현저한 증거가 아니면 고발하지 못하도록 하다.
61) 예종 6권, 1년(1469, 기축) 6월 29일, 국정전반에 관한 공조판서 양성지의 상소.

## 조선 세종, 보상금을 노린 무고자

세종 25년(1443) 9월 24일 실록에는 상을 노리고 당시의 권세가인 예조판서 김종서와 찬성 황보인을 죽이는 음모가 있다는 이야기를 거짓으로 꾸며 고발한 사건이 있었다. 함길도 종성에 살고 있는 김귀생이 예조판서인 김종서를 찾아와 회령 사람인 노겸·정헌·김상보라는 사람들이 김종서와 황보인의 살해를 모의하고 있다고 고발하였다. 그들의 살해 동기는 4진을 설치하여 백성들이 척박한 땅으로 이주해야 하는데 이주를 가지 않기 위해서는 4진을 개척한 김종서와 황보인을 없애야 한다는 이유 때문이었다. 살해 계획까지 소상히 전했는데, 마천령과 철령의 계곡에 숨어 있다가 김종서와 황보인이 지나갈 때 활로 쏘아서 죽이거나, 서울에 올라가 김종서의 집 옆 나무사이에 숨어 있다가 관청에서 귀가하는 김종서를 활로 쏘아 죽일 것이라는 계획이었다.

고발을 접한 김종서는 고발내용이 허무맹랑하고 앞뒤가 맞지 않아 즉시 포박하여 형조에서 조사하니, 김귀생이 상을 노리고 남을 무고(誣告)한 것으로 드러났다. 김귀생은 무고죄(誣告罪)로 장 1백 대를 맞고 3천 리 밖 여연부로 귀양 보내졌다.[62]

---

62) 세종 101권, 25년(1443, 계해) 9월 24일, 상을 받으려 화령사람 노경 등이 김종서와 황보인을 죽이려 한다고 무고한 김귀생을 장을 때려 귀양 보내다.

## 3. 불법을 모면하려는 묘수, 선발지계(先發之計)

고발의 폐해로 나타난 무고는 평소에 좋지 않은 감정을 갖고 있는 사람, 원한이 있는 사람들을 대상으로 거짓을 꾸며 위험에 빠뜨리는 경우로 앞서 설명한 바 있다. 고발이 활발해지면서 이제는 고발을 먼저 함으로써 자기의 죄를 모면하려는 데 이용되기까지 하였다.

자수를 하면 죄를 면할 수 있기 때문에 고발을 언제 했느냐는 대단히 중요하였다. 또한 남의 부정을 먼저 고발함으로써 자신과 연루된 죄도 덮을 수 있게 된다.

이렇게 남의 죄를 묻고 고발을 이용하여 자신의 죄를 덮으려는 시도는 조선왕조실록에는 이른바 '선발지계(先發之計)'로 불리었으며, 고발제도가 발달함에 따라 이 제도를 악용하는 사례도 늘었다.

### 최씨 무신정권에 이용된 선발지계

최충헌의 첫째 아들 최이는 무신 집권자가 되기 위해 동생 최향과 경쟁을 벌였다. 최충헌은 자신이 동생 최충수를 죽이고 무신집권자가 되었다는 사실로 심적 부담을 안고 살고 있었기 때문에 자식들이 형제간의 골육상잔을 막기 위해 오히려 최이를 만나지 않는 등 여러 방책을 썼으나 효과가 없었다. 최충헌의 병이 깊어지고 있을 때, 최이는 아버지 최충헌이 위독하다는 전갈을 받았으나 석연치 않은 점이 있어 가지 않았다. 그러던 어느날 최향의 측근인 김덕명이 최이에게 달려와 최충헌이 만나자고 했던 것은 동생 최향이 최이를 살해하려던 음모였다고 고발하였다. 최이는 오히려 이 기회를 놓치지 않고 최충헌의 집으로 수행하기 위해 찾아온 최향의 수하들을 모조리 죽이고 최향을 제압하였다. 이제 권력의 향배는 최이에게로 넘어갔다. 최충헌이 죽자 교정별감에 오른 최이는 무신의 실권을 잡았고 결국 최향과 그의 측근들이 홍주로 유배되었다.

최이는 이제 백성들의 민심을 얻기 위해 최씨 가문의 불법노비와 전답을 원주인들에게 돌려주었다. 그러나 유배지에서 최향은 와신상담 재기의 기회를 노리며 자신의 측근인 유송절, 김수영, 박문자 등을 불러들였다. 그리고 근방의 수령들에게 격문을 보내 군사를 내어 자신을 지원할 것을 요청하였다. 이러한 상황에서 최향의 수하들과 관원들과 싸움이 벌어져 중앙에서는 반란으로 간주하여 토벌대를 홍주로 보냈다. 토벌대에 쫓기다 붙잡힌 최향은 옥에서 비참하게 죽고 말았다.

이때 안찰사 전의는 최이가 최향의 잔당들을 모조리 토벌할 것을 희망하므로 큰 공을 세워 출세하기 위해 일곱 고을의 수령들과 최향과 관계가 있는 사람들을 모조리 죽였다. 이 과정에서 예산, 결성, 여양, 대흥 등 일곱 고을의 현감들이 선발지계의 꾀를 내어 처음에는 최향과 공모했다가 일이 틀어지니 자신들의 죄를 면하기 위해 오히려 격문을 전달한 자를 체포했다는 거짓 사실을 최이에게 보고하여 일곱 고을 현감들을 사형시켰다.[63]

---

63) 고려사, 권129 열전 권제42, 반역, 최충, 최이가 최충헌의 사망 후에 권력을 장악하다.

## 조선 숙종, 벽서를 이용한 선발지계

조선 숙종 41년(1715) 12월 24일 궐문에까지 벽서가 붙었는데, 범인을 잡지 못하였다. 숙종은 포도대장을 파직 한 후 포도청에 기한을 정하여 재조사를 명하였다. 그런데 과천에 사는 이세경이라는 사람이 평소 행실이 좋지 않아 마을 사람들은 모두 이세경이 벽서를 붙인 소행이라고 의심하고 있었다. 이 상황을 간파한 이세경은 꾀를 내어 형조에 "아무아무 등이 나를 벽서의 작성자로 모함하려고 하고 있습니다."라고 먼저 고발하였다. 자신이 먼저 죄를 고발함으로써 죄를 모면하려 꾸민 선발지계(先發之計)였다. 형조에서 고발의 정상이 의심스러워 포도청에 압송하였는데, 포도청에서는 다시 죄가 중하여 역모나 관리 부패를 다루는 의금부로 이첩하여 국청이 시작되었다. 조사결과 이세경과 이기정이 벽서의 작성자라는 증거가 나왔으나 모진고문으로 죽고 말았다.

또한 벽서 사건에 연루된 이희등은 그 사실을 알면서도 관아에 고하지 않은 죄(불고지죄; 不告知罪)를 물어 장 1백에 유 3천 리의 형을 받았으며, 처음에는 알면서도 숨기고 말하지 않다가 재차 추문한 뒤에야 비로소 고한 이중명은 형을 감경하여 형장은 치지 않고 바로 변방 외딴지역에 보내는 형벌인 변원정배(邊遠定配)에 처하기로 하였다. 64)

---

64) 숙종 56권, 41년(1715) 12월 24일, 괘서 사건 혐의자 이세경, 이기정의 졸기.

# 04 내부고발의 수레

삼국시대부터 조선에 이르기까지 대부분의 내부고발은 반역 사건에 대한 고발을 중심으로 이루어졌다. 이러한 고발은 역모에서 출발하여 민란이나 도적의 무리들의 소탕으로까지 확대되었다. 즉 사전에 반역을 모의한 사실을 고발하도록 유도하고 고발한 사람에게는 보상금을 주는 제도적 장치로까지 발전하였다.

내부고발은 조직의 구성원이거나 평소 관계를 맺고 있던 사람으로부터 불법사실을 고발받아 처벌할 것을 요구하는 행위이므로 단순한 외부의 고발과는 성격이 다르다. 즉 고발당한 사람 입장에서 고발자가 평소 자신을 잘 알고 있는 사람이라면 커다란 인간적 배신감을 경험하게 된다. 평소 좋았던 감정도 분노와 증오로 바뀐다. 심지어 그들의 마음속에는 평소에 주고받은 관계까지 마음속에서 되뇌는 상처가 된다. 이러한 상황에서 자연스럽게 보복의 감정은 나오게 된다.

오늘날의 내부고발의 의미는 어떤 사람이 다른 사람의 부정한 사실을 남몰래 넌지시 전달하는 것을 의미하는데, 이러한 맥락에서 보면 고려시대에는 '참소(讒訴)'나 '고변(告變)' 또는 봉사(封事)제도가 넓은 의미의 내부고발 정신을 갖고 있었다고 할 수 있다. 조선시대에는 '밀봉(密封)'이나 '밀고(密告)', '발고(發告)' 또는 '고변(告變)'이라는 말로 사용되었는데, 고변(告變)과 밀고(密告)가 대표적인 용어로 주로 사용되었다.

고려시대와 조선시대 조정에서는 각각 봉사(封事)와 밀봉(密封)과 같이 상소를 비밀히 할 수 있는 제도를 운영했다. 이것은 상소하는 문서를 단단히 봉하여 왕에게 올리는 것이었으며, 왕이 상소자의 신분비밀을 유지하여야 진실한 말을 들을 수 있다고 판단하였기 때문이다. 즉 상소자를 어느 누구도 알 수 없게 비밀을 보장하였는데, 이러한 제도의 이면에는 말하는 자의 신분을 보장해야만 진실된 말을 들을 수 있다는 의미를 내포하고 있다.

이 제도는 사실 고려·조선에서 일반적으로 이용되었는데, 왕실 종친의 비위부터 일반 백성들의 곤궁한 삶의 모습까지 신하들로부터 진정한 목소리를 듣기 위한 것이었기 때문에 고(告)하는 자의 비밀을 보장할 필요성 역시 이미 봉사나 밀봉제도에서 싹텄다고 볼 수 있다.

일반적으로 불법 행위나 금지된 행위를 하는 자를 찾기 위해서는 같은 공간에서 함께 생활하는 사람이 가장 잘 알 수 있기 때문에 그들의 협조가 필수적이었다.

고려시대 만적의 난이나 조선시대 임꺽정의 난 및 조선 후기 민란들에서 보듯이 난을 진압하는 데 내부고발자의 협조는 결정적이었다. 백성들 입장에서는 그들의 편에서 고단한 삶을 제거하고 문제를 드러내는 의적이나 민란을 통쾌하게 생각하고 있었는데 이들을 고

발하는 내부고발자의 행태는 부정적으로 인식될 수밖에는 없는 것
이었다.


## 1. 고려시대의 내부고발

고려시대에도 예외는 아니었는데 조정에서는 사회의 기강을 세우
기 위해 모반 죄, 도적질 등에 한정하여 고발을 받았으며, 고발유인
을 위하여 벼슬을 주거나 금전적인 보상금을 지급하였다. 고려시대
에는 고발은 특수한 정치상황에서 발생하는 것이었으므로 고발할
수 있는 분야는 조선 시대와 달리 역모나 모반 신고에 국한되었다.

고발의 일반적 특성은 권한 있는 기관이나 사람에게 다른 사람이
금지된 행위를 하는 것을 알리고 그 위반자를 처벌하는 것이다. 고
려 시대의 특징은 국왕이나 관아에 고발하는 것이 아니고 당대의 권
세가에게 고발하였다는 사실이다. 고려는 문벌귀족 사회로서 그들
중 왕을 능가하는 권세를 누리는 자가 나타났으므로 관아가 아니라
권세가들에게 잘 보이기 위해 고발함으로써 권력층에 기대고자 하
는 사람들이 나타났다.

대표적인 사람으로 고려 중기 문벌귀족을 상징하는 경원이씨의
이자겸과 무신정권 시대의 최충헌 그리고 공민왕이 개혁정치를 위
해 등용한 신돈을 둘러싸고 발생한 고발사건이었다.

이렇게 고려 시대에는 고발이 권력실세에게 접수되는 현상은 왕
권이 강하지 못하고 문벌귀족들이 소수의 지배층으로 있었던 시대

적 특징이 반영된 것이라고 볼 수 있다. 고려 중기 이후 이자겸의 난을 시작으로 묘청의 난, 무신의 난 그리고 원의 지배를 겪으면서 지배층의 혼란이 가중되었던 것이다. 따라서 왕권이 안정된 시기와 달리 이러한 변화의 시기는 고발이나 참소가 빈발할 수밖에 없는 사회 풍토가 조성되었던 것이다.

## 고려 인종 때 이자겸에게 밀고하다

고려 중기 대표적인 문벌귀족으로 경원이씨는 문종 때부터 7대 80여 년 동안 권세를 누렸던 가문이었다. 이자겸은 경원 이씨로서 왕실과 중첩혼으로 예종과 인종의 장인이 되어 큰 세력을 형성하였다. 인종 2년(1124)에 이자겸은 인종의 외조부이자 국구로 국정을 좌지우지하였으며 심지어 왕과 동등한 예를 받으려하였으나 김부식의 반대로 뜻을 이루지 못했다. 이렇듯 이자겸이 권세는 높았으나 신망은 얻지 못하였으므로 항상 누군가가 자신을 해치지나 않을까 하고 노심초사하였다.

권인이라는 자가 어느 날 이자겸을 찾아와 "최홍재가 장군 정정숙·이신의와 음모를 꾸미고 있으니, 이것은 장차 상공께 이롭지 못할 것입니다."라고 밀고하였다.[65] 이자겸은 군권을 가진 최홍재를 경계하고 있었으므로, 즉시 그 사실을 인종에게 보고한 뒤 최홍재를 승주욕지도로 귀양 보내고, 정정숙과 이신의를 비롯해 최홍재의 아들과 친인척들은 먼 지방으로 귀양 보냈다. 이후 이자겸의 과욕은

---

65) 송은명, 인물로 보는 고려사, 2012. p.165.

왕위까지 넘보게 되어 멸문지화의 비극을 불러왔다.

## 고려 명종 때 최충헌에게 밀고하다

고려 중기 조정은 지나친 문신 우대정책과 그로 인한 무신 멸시풍조로 인해 무신들의 반발을 불러왔고 무신시대의 문을 열게 되었다. 무인정권의 우두머리는 바뀌었지만 무인집권자들은 의종·명종·희종·강종·고종 등 자신의 권력유지에 방해가 되면 왕조차도 밥 먹듯이 갈아치웠다. 그뿐만 아니라 자신과 동고동락했던 동지나 형제까지도 죽음으로 내몰거나 유배를 보내는 등 권력을 지키기 위해 무슨 짓이든 서슴지 않았다.

최충헌은 단기간에 권력을 장악한 무신들과는 달리 장기간 동안 집권하는 데 성공했다. 특히 도방을 설치하여 자신에 대한 철저한 신변안전을 기했다. 최충헌이 이의민을 숙청한 후 최씨 형제에 반감을 갖고 있는 세력을 제압하기 위해 절치부심할 때였다.

이때 한 사람이 찾아와 "평장사 권절평과 손석, 상장군 길인 등이 군사를 일으킬 준비를 서두르고 있습니다. 또한 이경유 등도 딴마음을 품고 있습니다."라고 밀고했다.[66] 최충헌은 이경유와 권절평의 아들 권준과 손석의 아들 송홍윤을 불러 술을 마시다가 목을 베었다. 이어 군사를 풀어 권절평과 손석을 비롯한 거론인물들을 목을 베었다.

---

66) 송은명, 인물로 보는 고려사, 2012. p.226.

## 고려 공민왕 때 신돈에게 밀고하다

고려 공민왕이 즉위하자마자 강력한 배원정책을 표방하며 권문세족을 억누르고 개혁정치를 추진했다. 그러나 원의 후원을 받고 그들과 결탁한 권문세족들은 국왕마저 위협하며 국정을 전횡하였다. 이러한 정치적 배경은 왕의 개혁정치를 추진해 나갈 신진세력을 필요로 했는데, 유약한 유생보다는 신분이 미천한 승려인 신돈을 발탁하였다. 그는 권문세족이 갖고 있는 기득권을 누르기에는 안성맞춤이었다.

신돈은 권문세족이 부당하게 겸병한 토지를 소유자에게 반환시키고, 불법으로 노비가 된 사람을 해방시키는 등 여러 가지 개혁을 단행함으로써 백성들의 호응을 얻었으나 권문세족들의 반발이 만만치 않았다.

이렇게 개혁이 무르익을 무렵 홍건적을 무찌르는 데 공을 세운 판소부사 강원보는 지도첨의 오인택과 함께 신돈을 제거하려고 모의하면서 친구인 판서 신귀에게 모의사실을 누설하였다. 이때 신귀가 이 사실을 신돈에게 고변(告變)함으로써 발각되었고 신돈의 제거음모에 가담한 인물들은 모두 처형되었다.[67]

한편 고려사회는 존장(尊長)을 우대한 풍속으로 아랫사람이 윗사람을, 자식이 아버지를, 노비가 주인을 고발하는 것은 공동체 의식을 파괴하는 것으로 여겼다. 이러한 사회 풍습에도 불구하고 역모나

---

67) 고려사, 권132 열전, 권제45, 신귀의 고변으로 신돈제거 모의가 탄로나 가담한 인물들이 처형되다.

민란 등 조정이 중대한 위기에 직면했을 때 정보를 쉽고 정확하게 얻기 위해서는 내부자로부터 얻는 길을 선택할 수밖에 없었다.

내부고발은 필요 최소한에 그쳤으나 고발자에 대해서는 그에 상응하는 보상을 주어야 했다. 고려시대 만적의 난이나 역모 고발자들에서 보듯이 난이나 역모를 진압하는 데 내부자의 협조는 결정적이었다.


## 2. 조선시대의 내부고발

조선시대에는 '밀봉(密封)'이나 '밀고(密告)', '발고(發告)' 또는 '고변(告變)'이라는 말로 사용되었다. 조선시대의 밀봉은 같은 뜻으로 단단히 봉하여 올린 문서라는 의미이며 고(告)하는 자를 누구도 알 수 없게 하여 말하고자 하는 바를 왕에게만 충실히 전할 수 있게 한 것이다. 이러한 제도의 이면에는 말하고자 한 자의 신분을 보장해야만 진실된 발언을 얻을 수 있다는 의미를 내포하고 있다. 일반적으로 불법 행위나 금지된 행위를 하는 자를 찾기 위해서는 같은 공간에서 함께 생활하는 사람이 가장 잘 알 수 있기 때문에 그들의 협조가 필수적이다.

조선시대 조정에서는 사회의 기강을 세우기 위해 모반 죄, 도적질 등에 한정하여 고발을 받았으며, 고발유인을 위하여 벼슬을 주거나 금전적인 보상금을 지급하였다.

조선 초기부터 조정에서 이렇게 내부 신고를 인정한 것은 왕권 안정과 사회풍속을 바로잡고자 한 목적이 컸기 때문이었다. 신고가 공개적으로 방문(榜文)을 내걸고 백성들에게 알리면서 받는 것이라면 내부고발은 남몰래 비밀스럽게 부정을 알리도록 함으로써 조정의 정책에 동참하게 하는 유인장치로 활용한 측면이 있었다.

사실 폐쇄사회였던 조선에서 어느 누구도 고관대작의 비행에 관한 구체적인 증거를 제시할 만큼 정확한 정보를 얻기는 어려웠다. 또 그러한 증거를 가지고 있다 하더라도 자신의 신분을 밝혀가면서까지 대간에 자료를 제시하지 않았다.

조선 고위관료들은 도덕적 원칙을 중요시하였기 때문에 자연스럽게 비위에 대한 시정을 최우선시하였다. 어사를 보내 지방의 부정을 적발하고 부정한 수령에 대해 사헌부에서 풍문만으로도 탄핵할 수 있는 제도를 만들었다. 이른바 '풍문탄핵법(風聞彈劾法)'이 바로 그것이었다. 조선 초 도입된 풍문탄핵은 말 그대로 풍문이었기 때문에 정확한 근거는 없었다.

> 풍문의 말의 근거를 물으면 누가 후환을 염려하지 않고, 남의 착하지 못한 일을 말하려 하겠습니까?
>
> 風聞彈藪, …… 或問其言根, 孰肯不慮後患, 而言人之不善乎?
> 풍 문 탄 핵          혹 문 기 언 근   숙 긍 부 려 후 환    이 언 인 지 부 선 호

성종 21년 정언 이적의 상소에서 선발언자를 밝히기 어려운 점을 언급하면서 풍문을 통해서만 여론에 의한 공론으로 탄핵할 수 있음을 강조한 구절이다. 조선시대에도 원칙적으로 증거에 의해서 탄핵되어야 했으나, 풍문만으로 탄핵될 수 있었던 것은 풍문이 바로 여론을 통한 공론화(公論化)의 과정을 거쳤기 때문이었다. 이렇게 풍문

을 바탕으로 형성된 대간들의 공론은 왕도 거부하기 어렵게 여론을 만들었다.

따라서 왕이나 탄핵받은 대신은 풍문의 근거를 명확히 제시할 것을 요구하였으며 그 풍문을 처음 제기한 선발언자(先發言者)가 누구인지를 밝힐 것을 대간들에게 요구하였다. 대간에 고변한 선발언자는 오늘날로 보면 일종의 '내부고발자'로 볼 수 있었다. 한때 우여곡절을 겪으며 선발언자가 드러나 곤욕을 치르기도 하였지만 조선시대 내내 대간이 구체적인 증거를 제시하거나 풍문의 진원지인 선발언자를 공개하지 않는 것이 관례로 정착되었다. 또한 이렇게 언로(言路)를 넓히고자 하는 노력은 신하들의 상소에서도 잘 나타났다. 실봉상서(實封上書)는 '실봉신문(實封申聞)'이라고도 불리는데 신하가 임금에게 백성들의 이해와 사직의 안위에 관한 중대사를 비밀스럽게 보고(밀계, 密啓)할 때 다른 사람이 소장의 내용을 보지 못하도록 봉하여 올리는 상서이다. 상소자가 누구인지 알게 되면 말하고자 하는 바가 진실로 감추어져 나타나지 않기 때문에 상소자가 알 수 없도록 밀봉하여 왕만이 볼 수 있게 한 것이다. 「조선왕조실록」에는 왕이 적나라한 실상을 알 수 있도록 언로(言路)를 넓히고 상소자의 비밀을 보장한 실봉상서를 허용하는 전교를 내린 사례들이 빈번하게 기록되어 있다.

> 종사의 계책을 위하는 자가 있으면 혹은 직접 와서 친히 고하고, 혹은 실봉(實封)하여 아뢰어 언로(言路)를 넓히고 종사를 다행하게 하라

**其有爲宗社計者, 或直來親告, 或實封以聞,**
<sub>기 유 위 종 사 계 자　혹 직 래 친 고　혹 실 봉 이 간</sub>

**以廣言路, 以幸宗社。**
<sub>이 광 언 로　이 행 종 사</sub>

- 조선태종 9년(1409) 8월 27일

종사에 관한 실봉(實封)으로 언로(言路)를 넓힌다는 교지


성종 13년(1482)에 성균관 유생들에게 밀봉상서를 받고, 연산군 6년(1500)에는 신민들의 상소를 밀봉하여 올리게 하였으며, 명종 12년(1557)에는 대신들이 3일 동안 생각해서 각자의 의견을 밀봉상서하도록 하는 등 여러 대에 걸쳐 빈번하게 시행되었다.

그러나 연산군 11년(1505)에 이르러 "근래 진고하는 자들이 모두 다 허망하여 인민이 소요하니 아름다운 일이 아니다."며 "이제부터는 남을 고발하되 어지러운 말로 하는 자가 있거든 모두 청리(聽理)하지 말고 중형에 처하라. 또 남의 익명서를 본 자는 곧 불살라 자취를 없애야 하며, 아비와 아들 사이일지라도 말을 전하지 못한다. 어긴 자는 모두 율에 따라 처벌하다."[68]라며 고발하는 자들의 죄를 논하게 하여 고발이 위축되게 된다. 물론 이러한 배경에는 연산군의 폭정에 저항하는 형태로 벽서나 익명신고가 빈발하게 발생된 것이 원인으로 작용하였다.

유교적인 가치관이 정착된 조선 중기 이후 아랫사람이 윗사람을 고발하는 것은 공동체 의식을 파괴하는 것으로 여겨졌다. 이러한 사회 풍습에도 불구하고 역모나 민란 등 조정이 중대한 위기에 직면했을 때 정보를 쉽고 정확하게 얻기 위해서는 내부자로부터 얻을 수밖

---

68) 연산 57권, 11년(1505, 을축) 1월 4일, 진고하는 자들의 말이 허망하다하여 다 수리하지 말고 죄를 논하게 하라.

에 없었다.

조선의 왕들은 역모를 가장 두려워했다. 왜냐하면 역모의 발생은 왕의 자리를 내놓아야 할 뿐만 아니라 역성혁명으로까지 번질 수 있기 때문이었다.

따라서 일찍이 태종은 역모에 대한 내부고발자에게 보상할 것을 공표하였으며, 이러한 배경에서 나온 것이 신문고를 이용해 모반에 대한 고발을 받는 것이었다. 특히 이 경우에는 지방관서와 중앙관서를 거치는 신문고처리절차를 지키지 않아도 신문고를 치도록 허용하였다. 조선 초기 왕조의 안정을 가장 중요시하였기 때문에 사직(社稷)을 위협하는 말이나 행동들을 가장 경계하였음을 나타내는 것이기도 하다.

태종 2년(1402) 1월 26일 신문고 설치교서에는 역모를 고발한 자에게 포상하라고 명하였는데, 신고자가 관료인 경우 승진시키고 양민인 경우 관리로 등용하며 노비인 경우 양민으로 면천하는 파격적인 유인책이 들어 있었다.

이러한 태종의 고발자에 대한 우대책은 교서에 나타나 있듯이 "범죄가 없기를 기약하고 대소 신료와 군민들은 더욱 조심하여 함께 태평한 즐거움을 누리게 한다."는 범죄 예방을 목적으로 하였음을 시사하고 있다.

신문고 설치로 백성들은 자신의 억울한 사정을 스스로 고소할 수
있는 제도가 생겼으나 상대적으로 남을 모함할 수 있는 가능성도 커
졌다. 이러한 내부 신고가 순수한 동기가 아니라 개인의 사적인 원
한을 갚는 것으로 남용되지 않도록 무고(誣告)에 대한 엄격한 처벌이
뒤따랐다. 따라서 조정에서는 고자질 풍속이 만연하여 아랫사람이
윗사람을 해치는 풍속이 자리 잡는 것을 우려했다.

역모와 같은 정치적 영역을 벗어나 일반 백성들의 생활안정을 위
해 가장 중요한 것은 도적을 막아 백성의 삶을 편안하게 하는 것이
었다. 앞서 언급한 것처럼 조선시대 민생의 가장 큰 위협요인은 도
적이었다. 세종 17년(1435) 6월 14일 『세종실록』에는 전 형조판서
신개가 세종에게 백성들로부터 도둑에 대한 원망이 심하다며 밀고

---

69) 태종 3권, 2년[1402, 임오 / 명 건문(建文) 4년] 1월 26일, 신문고를 설치 교서.
　　或有陰謀不軌, 將危社稷, 謀害宗親勳舊, 以階禍亂者, 許諸人直來擊鼓。 言之有實, 賞田二百
　　結、奴婢二十口, 有職者超三等錄用, 無職者直拜六品, 公私賤口, 許通爲良, 直拜七品, 仍給犯人
　　家舍財物奴婢牛馬, 不拘多少, 其有誣告者, 抵罪反坐。 於戲 下情欲其上達, 設期期於無犯。 惟
　　爾中外大小臣僚軍民人等, 尙其敬愼, 共享隆平之樂。

자(密告者)를 보상해야 근절할 수 있다는 상소가 제시되었다.

또한 이 당시 도적의 횡포가 잘 묘사되어 있는데, "도둑이 전국에서 돌아다니며 부잣집을 엿보아 도성 안에 날마다 도둑이 없는 날이 없고, 혹은 대낮에도 횡행하니 크고 작은 집이 담을 높이고 문을 단단히 하지 않는 집이 없습니다. 전국 각도에는 그 무리들이 더욱 심하여 시골 동리의 남녀노소가 서로 모이어 말하기를, '국가에서 도적놈이 무엇이 아까워서 죽이지 못하고 우리 집을 파산시키느냐.'고 하오니, 미워하고 원망하고 비통하여 하는 말입니다. 도적을 방지하는 방책은 옛날부터 어려운 것입니다. 잘 다스리는 사람은 비록 형벌을 숭상하지는 않으나, 도적에게는 엄중하게 다스립니다."며 도적들이 엄중히 다스릴 것을 요구하는 민심을 전하고 있다.[70] 따라서 이러한 도적을 막기 위해 밀고가 가장 효과적인 방법으로 활용되었다.

세종 17년 형조와 정부의 각 조(曹)에서 도둑의 밀고 방안에 대해 의논하였는데, 도둑의 무리를 자세히 아는 사람이 있으면 관청에 밀고하는 것을 허용하고, 관청에서는 밀고장을 숨겨서 아전들(이속; 吏屬)조차 알지 못하도록 하며, 도둑을 고발하거나 체포한 사람에게는 최대 50필까지 포상한다. 또한 그 자수하는 사람은 면죄한다.[71]

---

70) 세종 68권, 17년(1435, 을묘) 6월 14일, 전 형조 판서 신개가 도적을 방지하는 법에 대해 상언하다. 도적놈은 자수를 하면 면죄해 주고, 1～5명을 신고한 자는 면포 50필, 6～10명을 신고한 자는 80필, 11～20명을 신고한 자는 1백 필, 30～40명을 신고한 자는 1백50필, 50～60명을 신고한 자는 면포 2백 필을 상으로 줄 것을, 100명 이상의 도적을 잡게 한 자는 양인은 관직을 주고, 천인은 양인으로 하고 도둑의 가산(家産)을 주도록 한다.

71) 세종 69권, 17년(1435, 을묘) 7월 29일, 절도 방지에 관해 형조와 정부에서 의논하여 아뢰다. 如有細知賊黨者, 許密告於官, 官秘告狀, 勿使吏知, 獲賊之後, 求賞者, 依上項條例. 詳定所議曰: '宜依上言施行, 但賞多不過五十匹'

세조 14년 3월 27일에 도적을 잡기 위해 사람들이 많이 다니는 대로와 관청의 문에 공함(空函)을 설치하여, 사람들로부터 익명의 투서로 밀고(密告)을 받게 하였다. 서울은 의금부와 도성 4문의 지키는 5원(員)이 관장하고 승정원에 보고하도록 하였다. 이어서 방(榜)을 내걸어 백성들에게 보상책을 알리었다.72)

밀고나 밀봉의 신고방법을 가장 잘 활용한 왕은 성종이었다. 성종 2년(1471)에는 전라도 관찰사가 도둑을 근절하기 위한 방안을 다음과 같이 건의 하니, "만약 밀봉(密封)73)으로 도적을 수사하여 잡는다면 간사한 무리들이 사사로운 원수를 갚고자 하여 도적으로 무고하여 지목할 것입니다.

그러나 지금 흉년을 당하여 무뢰(無賴)한 자들이 떼를 지어 훔쳐가니, 사람들이 비록 그 도적을 알고 있지만 그 보복할 것을 두려워하여 나타나 고발하지 않으므로, 도적들이 더욱 마음대로 도둑질을 자행하니 그 조짐이 염려스럽습니다. 청컨대 지금부터 3인 이상 밀고(密告)하는 것은 청리(聽理)하도록 허락하소서."라고 하니, 성종은 밀고는 남을 모함할 수 있는 폐해가 발생함으로 형조로 하여금 밀고하게 하는 법이 남용되는 일이 없도록 전지하였다.74)

---

72) 세조 45권, 14년(1468, 무자) 3월 27일, 공함을 설치하여, 밀고하는 것을 받게 하고 밀고한 자를 포상한다는 방을 내리다.

73) 밀봉(密封): 비밀히 도적을 신고하는 것을 말한다.

74) 성종 9권, 2년(1471, 신묘) 2월 11일, 형조에서 3인 이상이 밀고하는 것은 청리할 것을 청하다.

## 성종, 살인사건에 대해 '밀봉(密封)하는 법'에 따라 밀봉자 (密封者)에게 보상하다

**방문**

근일에 강도가 도처에서 나타나는데, 고발 (告)하는 것이 없는 까닭으로 공함(空函)에 익명서(匿名書)로 투서거나, 직접 고발(告) 하여 도적을 잡게 한 자가 있으면, 논상하기 를 대전과 같이 하되, 세 차례가 아니라 하 더라도 3인 이상이면 갑절로 한다. 또 강도 로서 우두머리가 되는 자를 잡으면 『경국대 전』과 같이 하되, 향리와 천인은 두 차례가 아니라 하더라도 면포를 『대전(大典)』의 갑 절을 상(賞)으로 내려 주며, 절도는 강도보다 한 등급 낮은 보상을 준다. 비록 도둑으로 스스로 고발(告)하여 잡게 한 자는 면죄하고 상은 한 가지로 받으며, 만약 알고서도 고발 하지 않으면 군령으로 벌한다

조선세조실록, 14년(1468) 3월 27일

**榜文**

近日强盜到處刦掠、而無人告之者、故置空函於諸街使人人投匿名書。如有因而得盜者、及顯告而得盜者論賞如大典、而不須三度、三人以上倍之、又捕强盜爲首者如大典而鄕吏賤人、不須二度、賞賜綿布倍大典、竊盜差一等雖大黨自中捕告者免罪、受賞同、若知而不告、則以軍令施行

조선 성종은 밀고(密告)의 필요성을 인정하여 "살인하여 시체를 버리는 것은 밀고가 아니면 적발할 수 없다. 신고할 사람으로 하여금 살해당한 사람과 살해된 결정적인 원인을 갖추어 기록하도록 하여 이것을 근거로 상세하게 추궁한다면 무함하는 폐단이 거의 없을 것이다."[75] 며 살인하여 시체를 유기하는 범죄에 대해 밀고를 받도록 하였다.

성종 9년(1478)의 일이었다. 한밤중에 돈의문 앞에 얼굴과 목 사

---

75) 성종 216권, 19년(1488, 무신) 5월 24일(정해) 네 번째 기사. 시체를 유기한 옥사를 추국함에 있어 밀고하게 하는 법이 잘못 남용되는 일이 없도록 전교하다.

이에 칼자국이 있는 여인의 사체가 버려졌다. 성종은 범인을 잡기 위해 '밀봉(密封)하는 법'을 시행하도록 했다. 신고자가 양인인 경우는 관직을 제수하고 노비인 경우는 면천하며 노비가 살인자 집안 소속이면 면천하고 4촌 이상 친족도 관노비로 하며, 모두 면포 2백 필을 주도록 전지하였다. 다음 날 조정에서는 밀봉(密封)을 허용하여 노비가 상전을 고발하는 것은 강상(綱常)을 허무는 것이라며 밀봉(密封)을 철회할 것을 요청하였다. 그러나 우부승지 김승경과 동부승지 이경동만이 정부가 이미 반포하였으니 철회하는 것은 어렵다며 성종의 입장을 옹호하였다.

한편 이 사건은 성종이 밀봉(密封)의 상격을 세운 지 7일 만에 도승지 신준의 집에 최첨지의 편지라며 전달된 무명장(無名牀)에서 사건의 실마리가 풀렸다. 도승지는 익명서는 불태워야 하나 밀봉하는 법에 따라서 왕에게 밀봉의 내용을 아뢰었다. "살해된 여인은 거평군 부인이 투기하여 한 짓이니, 가와라는 사람에게 물으라" 익명서 내용에 따라 낭청들이 가와를 붙들어 신문하니 "연인은 창원군의 관노비이며 창원군과 간통한다는 말이 있었다."고 진술하였다. 그러나 창원군이 혐의를 부인하니 종친의 비위를 규찰하는 종부시(宗簿侍)에 이첩하여 조사한 결과 창원군이 종들을 시켜 살해한 것으로 드러났다.

주목할 것은 성종은 은밀한 범죄행위를 밝히기 위해서는 노비라도 고발할 수 있도록 고발자의 비밀을 보장하고 그 고발에 대해 보상하는 밀봉(密封)보상제가 반드시 필요하다는 입장이었다. 이러한 전통은 유교적인 전통 속에서 자연스럽게 내부의 은밀한 부정을 고발하는 자를 보호해야 하는 당위성을 인식하는 풍토로 자리 잡아 갔으나 제도화되지는 못하였다.

# 조선 광해군, '역모 고발을 외면하여 왕위에서 쫓겨나다'

1623년 3월 12일 광해군을 폐위시킨 인조반정이 일어나던 밤에 조정엔 이미 역모와 관련된 고발이 접수되었다. 왕이 여러 여인들과 어수당(魚水堂)에서 연회를 즐기며 술에 취하여 오랜 뒤에야 그 상소를 보았는데, 역시 대수롭지 않은 일로 여겼다. 왕이 이렇게 역모의 고변을 물리친 데는 한 여인이 개입돼 있었다. 김개시라는 상궁이 바로 그 여인이었는데, 그녀는 '성지는 지극히 충성스러운 사람이니. 다른 모의를 할 사람이 아니다.'며 왕을 안심시켰다. 김개시는 이미 뇌물에 매수되어 역모의 움직임을 고발한 것을 대수롭지 않은 것으로 여겼던 것이었다.

김개시가 이러한 역할을 할 수 있었던 배경에는 김개시와 광해군과의 특별한 인연 때문이었다. 김개시는 천민의 딸로, 동궁소속의 나인으로 입궐해 광해군을 보필했다. 이후 광해군이 즉위한 15년간 광해군의 최측근으로 활약하며 무소불위의 권력을 휘둘렀다. 실록에 의하면 그녀는 나이도 많고 외모도 출중하지 않다고 하는데, 천민출신에 미색도 아니었던 그녀가 광해군의 마음을 얻게 된 것은 선조의 궁녀였던 그녀가 광해군이 왕위에 오르는 데 크게 기여했기 때문이다.

장자도, 적자도 아닌 광해군은 왕세자에 오를 수 있는 위치가 아니었다. 임진왜란으로 세자에 책봉되어 분조를 이끌며 전쟁터를 누비고 다녔던 광해는 전란을 수습하여 백성들의 지지를 받았다. 이후 영창대군의 출생으로 왕위를 계승하는 데 있어서 위기를 맞기도 했으나, 선조의 궁녀로 있던 김개시와 대북파의 도움으로 1608년 왕위에 오르게 되었던 것이다.

『광해군일기』에는 인조반정 당시의 상황이 잘 묘사되어 있다.

"유희분·박승종이 두세 번 비밀리에 아뢰어 속히 조사하게 할 것을 청하였으므로 도승지 이덕형, 병조 판서 권진을 입직하게 하였다. 대신 이하 관원들이 대궐에 나갔으나 대궐문이 벌써 닫혔으므로 비변사에 모였는데, 비변사 당상들도 와서 모였다. 도감 대장 이흥립은 군사를 거느리고 궁성을 호위하게 하고 흥립은 박승종의 사돈으로서 그의 추천으로 직임을 제수 받았는데 이때 은밀히 반정군과 합세하였다. ……《중략》…… 반정 군사는 모두 1천여 명이었다. 밤 3경에 창의문으로 들어가 전날부터 바람이 불고 운애가 끼어 성안이 낮에도 어두웠는데 반정군이 문 안으로 들어오자 갑자기 바람이 멈추고 구름이 걷혀 달빛이 대낮처럼 밝았다. 창덕궁 문 밖에 도착했을 때 이흥립이 지팡이를 버리고 와서 맞이했고 이확은 군사를 이끌고 후퇴하였다. 그리고 대신 및 재신(宰臣)들은 군대의 함성소리를 듣고 모두 흩어져 도망갔다. ……《중략》…… 왕이 북쪽 후원의 소나무숲 속으로 나아가 사다리를 놓고 궁성을 넘어갔는데, 평상시에 궁인들이 후원에 긴 사다리를 설치하여, 밤에 출입하기에 편리하도록 하였는데 왕이 이 사다리를 사용하여 궁성을 넘어갔다. 젊은 내시가 업고 가고 궁인 한 사람이 앞에서 인도하여 사복시 개천가에 있는 의관 안국신(安國信)의 집에 숨었다."(광해군일기 15년 3월 12일)[76]

다음 날 이렇게 허겁지겁 도망했던 광해는 체포되었고, 김개시 상궁은 정업원(淨業院)에서 불공을 드리고 있다가 반정이 일어난 것을

---

76) 광해 187권, 15년(1623, 계해) 3월 12일, 반정이 일어나자 도망하여 의관 안국신의 집에 숨다.

듣고 민가에 숨었으나 붙잡혀 참수되었다.[77]

임진왜란에서 분조를 이끌며 전쟁 속에서 백성들의 상처와 밑바닥 민심을 몸소 체험한 광해는 민본개혁을 강행하였다. 대내적으로는 대동법으로 민생을 살피고, 대외적으로는 실리를 챙기는 중립적인 외교정책을 펼친 것이다.

이러한 광해도 역모 고발을 대수롭지 않게 여겨 무너지고 말았다. 고발을 신속히 대처하여 인조반정이 실패하였더라면 중립적인 외교정책으로 후금과의 전쟁인 병자호란 또한 다른 모습으로 전개되었을지 모를 일이다.


## 3. 일제 강점기의 내부고발

19세기 세도정치의 모순이 극대화되어 지배층의 수탈이 심화되고 서양 세력의 침략적 접근으로 위기의식이 고조되는 가운데 조선은 일본을 비롯한 서양 열강들과 개항을 하게 된다. 이러한 역사의 소용돌이 속에서 조선 정부는 혼란한 사회 질서를 안정시키기 위해 전래의 고발 보상제를 실시하였다.

이후 일본의 식민지 지배가 본격화 되어 일본인들이 감시의 눈으로 집회·결사·언론·출판 등의 자유를 탄압함으로써 조선인이 밑에서부터 저항하는 것을 철저하게 억압하였다. 그런 바탕에서 일본은 조선인들 간 갈등의 틈을 이용하여 상호 감시하는 내부고발제도를 운영하였다.

---

77) 광해 187권, 15년(1623, 계해) 3월 13일, 상궁 김개시(金介屎)를 베었다.

일제는 우리나라를 식민지로 만드는 데 가장 큰 걸림돌이 의병이라고 판단하였으므로 의병말살에서부터 적극적으로 내부고발을 식민지 지배전략으로 이용하였다. 이러한 일본의 식민지 통치는 일본인들이 조선에서 내부고발이 많다는 사실을 자연스럽게 알게 되었고 이를 적극적으로 식민지 통치에 이용한 것이었다.

따라서 일본의 조선 지배를 위해 수많은 밀고자가 이용되었는데 이러한 밀고는 결국 근대사에서 내부고발이 한국사회에서 바람직하지 않은 모습으로 자리 잡는데 크게 기여하였다.

구한말에 조선은 동학농민운동에서 제기된 양반 중심의 사회 질서에 대한 개혁요구를 반영하여 갑오경장(1894년)을 추진하였다. 특히 갑오경장에는 정부 조직을 6조에서 8아문으로 개편하고, 경무청을 설치하여 경찰 제도를 도입하였다. 우선 사회 질서를 안정시키기 위해 내부고발제도를 이용하는데, 1895년 5월 10일 칙령(勅令) 제112호 경무상여령(警務賞與令)을 반포하였다. 칙령에는 치안이나 안전과 관련이 있는 밀고(密告)을 한 인민들에게 상금(상여: 賞與)를 주도록 하였다. 상금은 공로에 따라 특별상(特別賞) · 갑종상(甲種賞) · 을종상(乙種賞)의 세 가지로 하였으며, 특별상은 사건이 중대하여 그 공로가 특별히 현저한 자에게 15元 이상 100元 이하를 상금으로 주었다.

갑종상과 을종상은 범인을 현장에서 붙잡거나 혹은 그 범죄 상황을 분명히 밀고(密告)하여 붙잡을 수 있는 때에는 그 범죄의 종별에 따라 상금을 차등을 두어 지급하였다. 갑종상금은 국사(國事)에 관한 중범죄, 흉도취집(凶徒聚集)에 관한 중범죄, 화폐위조 · 변조에 관한 중범죄, 인명에 관한 중범죄, 방화에 관한 중범죄, 강도에 관한 중범죄 등을 고발 혹은 붙잡은 자에게 2元 이상 15元 이하로 상금을 주었다. 을종상금은 화폐위조·변조에 관한 경범죄, 절도에 관한 범죄 등을 고발 혹은 붙잡은 자에게 30錢 이상 5元 이하로 상금을 주었다. 또한 공로가 있더라도 아직 과소한 자와 금전을 상여하기에는 곤란한 사정이 있는 자는 상장(賞狀)을 주도록 하였다.[78]

여기서 주목할 만한 사실은 갑오경장 정부가 동학혁명과 외세의 침략을 겪는 극도의 혼란 속에서 사회질서를 바로잡아 안정을 되찾기 위해 전래의 고발보상 제도를 대대적으로 시행하였다는 점이다. 이 시기는 동학 농민군들이 을미의병에 가담했다가 해산 후 일부가 화적(火賊)의 상태로 있으면서 1899년부터는 여러 이름의 농민군으로 일제에 저항운동을 전개하던 상황이었다. 이 중 대표적인 집단이 활빈당으로 남부지방의 각지에 출몰하면서 관청을 습격하거나 부호의 재물을 탈취하여 빈민에게 나누어 주는 투쟁을 벌였다. 따라서 조선 정부는 내부고발정책을 확대하게 되는데, 1899년 6월 20일에 경무청(警務廳)에서 민중을 상대로 한 테러를 막기 위한 훈령을 제정하여 인민들이 알 수 있도록 방목(榜目)으로 게시하였다.

"폭팔약(爆發藥)을 던지거나 혹 비밀리에 휴대하고 있는 적도(賊徒)를 잡는 자는 내외국인을 물론하고 상금 1,000元을 주고 주모자를 잡으면 2,000元을 주고 만일 경찰관에게 밀고하는 자는 원상금의 반액 500元을 주고, 폭도(暴徒)가 자수하여 주모자나 동료를 붙잡거나 밀고하는 자는 사면하고 상금도 그대로 지급할 것이다." 이 훈령에 따라 일본인 蟻生十郎이 임병길(林炳吉) 등을 참정 신기선(申箕善)에게 밀고하여 상금을 받았다.[79]

---

78) 고종시대사 3집, 1895년 5月 10日, 勅令 第112號 警務 賞與令을 裁可하여, http://db.history.go.kr
79) 고종시대사 4집, 1899년 6月 21日, 독립신문 光武 3年 6月, http://db.history.go.kr

# 일본, 1905년 밀고보상 군령 발동

일본은 한반도의 철도와 통신망[80]을 안정적으로 확보하는 것이 조선의 식민지화와 일본의 대륙 진출 발판으로 중요하다고 판단하여 1904년 7월 13일『군용전신 및 철도의 보호에 관한 군령』을 발동하였다. 이 군령에는 "군용 전신선, 군용철도에 해를 끼친 자를 밀고하여 나포한 자에게는 금 10원을 상금으로 준다."고 고시하였다.[81] 이어 일본은 즉각 조선정부가 시행할 것을 강요하였는데, 일본영사의 요청으로 한성판윤 김규희(金奎熙)는 '철도와 전신선 보호에 관한 고시(告示)'를 발표하였다.[82] 이러한 배경에는 당시 조선에서 일제에 저항하는 활동들이 전개되었는데, 그 대표적인 행동이 일제 침략의 상징인 철도와 통신을 방해하는 것이었다. 철도 선로위에 돌덩어리를 올려놓아 야간 군용열차의 운행을 방해하였으며, 군용전선을 끊음으로써 조선 내에서의 자유로운 통신을 어렵게 하였다.

일본이 이러한 내부고발 군령을 발동한 것은 조선철도가 일본 군대의 이동을 신속하고 편리하게 하고 조선에서 수탈한 자원을 일본으로 실어 나르는 중요한 역할을 할 수 있기 때문이었다. 이러한 철도의 군사적 성격은 철도 부설과 운영과정에서 그대로 드러났다. 철도가 통과되는 지역에는 일본의 군령이 적용 되었으며 철도 공사나 운행을 방해하는 자들은 혹독한 처벌을 하였다. 『한성부래거문』[83]

---

80) 1899년 8월 20일 - 경인철도, 인천~노량진 개통, 1902년 10월 1일 - 경부철도, 영등포~명학동 개통, 1903년 11월 1일 - 경부철도, 경인철도를 매수

81) 일본 영사관 공고, 영사관 고시제2호 군령제4조(1904.7.13)

82) 皇城新聞 光武 8年 7月 28日, http://db.history.go.kr

83) 1896(고종 33)년 9월 1일부터 1907(순종원년)년 12월 24일까지 한성부 공문을 집대성

에는 1904년 9월 21일 용산에서 시행된 총살형에 대해 다음과 같이 기록하고 있다. "오전 10시 용산 부근에서 일본 군용철도에 방해를 가한 한국인 김성삼·이춘근·안순서 등 3명을 총살하였다. 한성부에서 이 소식을 접하고 소윤을 급파하였으나 이미 사형이 집행되었고 후일의 폐단을 생각해서 병참 사령관에게 따진 결과, 군용철도 취체 (取締)에 관한 군령에 따라 사형에 처하였다는 공식문서를 오후 4시에 보내 왔다."[84]

출처: 인천광역시 역사자료관

1899년 최초의 경인 철도 개통식, 일장기와 성조기만 있고 태극기는 없다.

---

84) 서울특별시사편찬위원회 옮김, 國譯漢城府來去文, 서울특별시, 1996, p243.

이듬해 일본은 경성과 그 외곽의 치안업무를 조선경찰에서 일본군으로 대체하는 군령을 발동하면서 밀고보상을 일본에게 유익한 정보를 제공하는 자로 확대하게 되었다. 1905년 1월 9일 한국주차 군참모장 落合豊三郎 명의로 군사경찰 및 군령 시행을 위한 내훈에는 "일본에게 유익한 밀고를 한 자나 범인을 체포한 자에게는 범인의 처분을 언도한 뒤 그 공로의 다소에 따라 상당한 상금을 수여한다."[85]고 발표하였다. 이로써 일제 강점기에 일본이 내부고발제를 식민지 지배수단으로 활용하기 위한 기반이 만들어지고 있었다.

1905년 일본이 대한제국의 외교권을 빼앗고 지배야욕을 드러내고 있을 즈음, 일본 공사는 조선에서의 반란 음모에 대한 밀고를 받는 등 조선에서 일어나는 반일정보를 본격적으로 수집하였다. 그 하나의 예가 1905년 11월 24일 총영사 永瀧久吉이 본국 외무대신 백작 桂太郎에게 밀고 보상금을 요청하는 것이었다. 전문 내용에는 "지금부터 2개월 전 일본에서 온 프랑스인 마티가 밀고한 것이다. 마티는 이곳에 있던 러시아 육군대위 로스소프가 신문기자인 베델 등과 조선인을 선동하여 일본의 시정에 대한 반란을 꾀하고 있다는 정보를 러시아의 고데시노장군 곁에서 알아냈다. 또한 마티에게 줄 밀고 보상금 500원을 여러모로 교섭하여 금 200원으로써 하였으니 그 금액을 빨리 부쳐 주시도록 조치하여 주시기 바란다."는 내용이었다.[86]

일본은 대한제국과 을사늑약을 체결하여 외교권을 강탈하고 통감부를 설치하여 외교는 물론 내정을 비롯한 모든 권한을 장악하는 체

---

85) 주한일본공문서, 군사경찰 및 軍令 시행에 대한 內訓 및 군령 발송의 건, 문서번호 韓駐參第11號, 발송일 1905년 1월 4일, http://db.history.go.kr

86) 일본공사관문서, 在上海 總領事 永瀧久吉, 外務大臣 伯爵 桂太郎 殿 1905년 11월 24일,

제를 만들었다. 1907년 이토오히로부미 초대통감에게 강원도지방 자위단원호회(自衛團援護會)에서 강원도 지역의 의병들의 활동에 대한 조사내용을 보고한 대목에서 당시 일본이 조선의 의병문제를 내부고발를 통해 해결하고자하는 의도를 내비치고 있다.

보고내용에는 "한국에서 참된 의병이라는 것은 그림자도 찾아 볼 수 없고, 떼도둑들과 같이 겁탈을 자행하는 자들뿐이다. 이 군도들이 가장 두려워하는 것이 우리 군대 헌병이다. 또 그들이 가장 괴로워하는 바는 그들의 행동을 우리 군대 헌병에게 밀고당하는 데에 있다. 지금은 우리 군대 헌병의 증설과 자위단의 조직이 더불어 그들의 행동을 긴박하게 얽어 묶고, 거기에다 추운 날씨이기 때문에 2~3회의 대 토벌을 당하게 되면 한 때 그들의 자취가 끊어지게 되는 것은 필연지사이다."[87]라고 기록되어 있다.

또한 일본 통감부는 조선 8도 각지에서 익명의 고발들을 접수 받았는데, 고발 내용을 각도에 전파한 문서를 통해 당시의 상황을 짐작할 수 있어 소개한다. 1908년 1월 29일 통감부에서 함경도 방면 폭도상황에 대한 익명의 밀고를 각도에 보낸 문서에는 "와언무고(訛言誣告)가 많은 이 나라 사람의 밀고(密告)이므로 본래 쉽게 믿을 수 없지만 주의하기 위해 참고로 보내 드린다."고 기록되어 있다.

이러한 사실들에서 주목할 만한 사실은 일본인들이 소선은 일본과 달리 내부고발이 많다고 인식하고 있다는 사실이다. 1909년 강원도 경찰부장이 경무부장에게 밀고장려방(密告獎勵方) 계획을 보고 하였는데, 의병의 본거지가 될 만한 촌락이나 의병의 우두머리를 알려주는 자에게 보상금을 주는 계획이었다.[88] 이러한 사실은 일본이 완

---

87) 주한일본공문서, 1907년 12월 21일, 內田良平 再拜, 統監 伊藤 公爵 閣下

전한 조선침략을 위한 식민지 정책 수행을 위해 내부고발을 적극적으로 이용할 수 있음을 암시하는 것이었다.

## 13도 창의대장·군대장 내부고발로 일본경찰에 체포되다

일제는 우리나라를 식민지로 만드는 데 가장 큰 걸림돌이 의병이라고 판단하였다. 고종 황제가 강제로 퇴위 당하고 군대가 해산되자 의병의 항전은 더욱 강렬하게 불붙었다. 1908년의 경우 전투 횟수가 1,452회에 이르고 참여의병도 69,000여명이나 되었다. 의병 전쟁이 확산되자 의병 간에 연합전선이 모색되었다. 이에 유생 의병장들이 중심이 되어 13도 연합 의병부대(13도 창의군)를 1907년 창설하였다. 이인영은 원주 지방에 있는 해산병 500여 명을 모으고 또 전국에 격문(檄文)을 발하여 경기도 양주에서 1만 여명을 규합하여 자신을 총대장으로 허위를 군사장으로 추대하고 서울 진공작전에 나서 일본군과 약 38회 교전을 치렀다.

의병의 끈질긴 저항이 계속되자 일제는 대대적인 공세에 나섰으며, 통감부는 의병장들을 체포하기 위해 밀고제도를 적극 활용하였다. 1909년 6월 7일 13도 창의대장(倡義大將) 이인영(李麟榮)이 첩자의 밀고(密告)로 전북 무주군 도동에서 대전헌병대 소속 헌병들에게 체포되었다.[89]

한편 13도 창의군 군사장을 맡고 있는 허위 역시 1908년 통감부에 밀고 되어 체포되었다. 매천야록에는 밀고 된 경위가 다음과 같이 기술되어 있다. "여영조와 박대원은 허위(許蔿)와 어렸을 때부터

88) 한국독립운동사 자료 15(의병편Ⅷ), 一九○九년 十월, 江原道九月分暴徒狀況月報
89) 고종시대사 6집, 1909년 6月 7日(月), 13道倡義大將 李麟榮이 諜者의 密告로,

사귄 친구였다. 하루는 그들이 허위를 미행하여 외진 곳에서 그를 만났다. 허위는 의아해 하면서 '그대들이 나를 결박하려고 하는가?' 라고 말했다. 이때 두 사람은 눈물을 흘리며 마음속에 있는 이야기를 하고 있는데, 갑자기 일병들이 들어와 그를 체포하였다. 그것은 그 두 사람이 일본인의 많은 현상금을 탐내어 이와 같은 사기극을 벌인 것이다. 허위를 체포한 후에 그들에게는 겨우 25원이 지급되었다."[90]

일본은 농촌부터 산간 마을까지 조선 사람들의 생활을 샅샅이 감시하고 간섭하였다. 이러한 감시와 지배의 방법으로 이용 된 것이 바로 내부고발이었다. 당시 일본이 나라를 지키려는 몸부림을 자국민들의 고발을 이용하여 어떻게 철저하게 감시하였는지를 짐작할 수 있게 된다.

일제 강점기의 암울한 역사적 질곡에서 내부고발이 독립운동을 탄압하는 수단으로 이용되었음은 이미 앞서 언급한 바와 같다. 많은 의병, 독립군이나 애국지사가 밀고로 희생당하였으며 그 중 몇 가지 사례를 소개한다.

1915년 7월 평안도와 황해도 지역에서 활약하던 의병대장 채응언(蔡應彦)이 의병투쟁 자금 마련을 위해 부하들과 성천군 염천면 처인리에 사는 부자 한정렬에게 돈 1만원을 강청하다가 한정렬의 처남의 밀고(密告)로 일본 헌병이 출동하여 30분간 대치하다가 격투 끝에 모두 체포 되었다.[91]

1925년 4월 평북 개천군 용당리에 무장 독립단 5명이 구장의 밀고

---

90) 매천야록(梅泉野錄) 제6권, 隆熙 2년(1908년), 34. 呂永祖와 朴大遠의 許蔿 密告.

91) 일제침략하 한국36년사, 매일신보 1915. 7. 19.

로 출동한 일본 경찰들과 교전 끝에 2명이 피살되었다.[92] 1925년 5월 대한통의부 제6중대장 문학빈의 부하 5명이 평부 초산으로부터 군자금을 모집하다가 향교직이의 밀고로 출동한 일본경찰 15명과 교전하다가 3명이 전사하고 1명이 체포되었다.[93] 1927년 3월 참의부 제2중대장 이관하가 김동하의 밀고를 받고 체포되었다.[94] 1928년 7월에 이수흥(李壽興)은 독립군 주만참의부(駐滿參議部)의 특명으로 국내로 잠입하여 동소문 파출소를 습격하여 일본 순사를 사살한 후 이천 주재소와 면소를 습격하여 경찰 헌병대원의 간담을 서늘하게 한 장호원(長湖院)사건을 일으킨 애국지사였다. 그런데 이수흥의 육촌형이 일본의 보상금에 눈이 멀어 이 의사의 거처를 이천 경찰서장에게 밀고하여 이수흥을 비롯하여 유택수(柳澤秀), 유남수(柳南秀)의사가 일본 경찰에 체포되었다. 이수흥·유택수는 곧 사형이 집행되었으며, 가족을 밀고한 대가로 일본인 경찰서장으로부터 금일봉을 받았다.[95]

## 일본의 토지조사 사업에 이용된 내부고발

일본인들이 한국인이 갖고 있는 내부고발에 대한 인식을 식민지 통치를 위한 감시 수단으로 의병이나 독립군 탄압에서부터 여러 식민지정책에 확대하여 이용하였다. 이렇게 식민지정책에 이용된 대표적인 예가 조선의 토지조사 사업에 밀고제도를 도입한 일이었다.

---

92) 일제침략하 한국36년사, 동아일보 1925. 4. 26.

93) 일제침략하 한국36년사, 동아일보 1925. 5. 17.

94) 일제침략하 한국36년사, 동아일보 1927. 3. 5.

95) 反民者罪狀記, 五寸兄을 체포케 한 密告者 李俊聖 (慶南 蔚山 出身 43歲), http://db.history.go.kr

일본은 토지조사사업을 1910년부터 1918년까지 실시했는데 이것은 일본이 한국의 식민지적 토지소유관계를 확립하기 위해 시행한 것이었다. 종래 조선의 토지제도는 원칙적으로 국유제로서 각 관청이나 관리에게 준 사전도 토지의 수조권을 이양한데 불과하며 경작권도 농민이 가지고 있었다. 공식적으로 드러난 토지를 대상으로 국유화하는 것은 무리 없이 이루어졌다. 그러나 이러한 토지조사 가운데 가장 측량이 어려운 것은 은토(隱土)였다. 은토는 대개 아전들이 사적으로 운영하던 것으로 사복(私腹)을 채우는 수단이었다. 은토를 찾아내는 것조차 어려웠으며, 찾았더라도 은토라는 사실을 사용하고 있는 사람에게서 스스로 인정받아야 만 했으므로 토지조사의 어려움은 더하였다.

따라서 조선총독부가 취한 조치는 바로 내부고발을 이용한 것이었다. 조선총독부는 1912년 5월 3일 "일반인민에 대해 훈령을 발하며 은토밀고(隱土密告)에 대한 시상(施賞)방침을 고시하고 이를 장려할 것"이라고 발표했다.[96]

## 독립신문에 실린 독립운동의 내부고발 이야기

1943년(임시정부수립 25년) 독립신문에는 "한국 독립운동의 비장한 이야기"라는 기사로 독립군을 모집하다가 자신이 운영한 가게 직원의 밀고로 체포된 이야기가 실려 있다.

"우리들은 본지 지상에 또다시 한국 독립운동의 비장한 한 토막

---

96) 일제침략하 한국36년사, 조선총독부관보 1912.5.3. http://db.history.go.kr

이야기를 소개할까 한다. 유구한 역사를 지닌 데다 풍요롭고 아름다운 회양성이 왜놈들에게 유린당한지 이미 6년여가 되었다. 왜놈들이 주둔하는 곳에는 어김없이 왜놈장사꾼이 있기 마련이다. 예컨대, 일용품상이며 식료품 사진관·종표 수리상들이 바로 그것들이다.

회양(淮陽)지방에는 왜군에게 채소를 공급하는 목촌(木村)이라는 한 상인이 있었다. 나이는 겨우 25·6세 정도의 청년인데, 그는 종종 인근의 부락들을 찾아다니며 채소를 열심히 사들였다. 이 청년은 왜놈들의 강요로 비록 일본성을 쓰고 있었으나, 그의 원래 성명은 박해근(朴海根)으로, 한국 경상남도 진주(晋州)가 고향이었다. 박군은 일본 광도(廣島)중학교를 졸업한 지식청년이었다. 그러나 그는 세인들이 천시하는 적구(敵區)의 또 한인 상인이 돼 있는 바, 한 마디로 말해서 왜놈의 앞잡이 노릇을 하고 있는 것이나 다름이 없었다. 이 때문에 사람들은 그를 경멸하고 있었지만, 마음속으로 품은 뜻이 있었기에 그는 이런 멸시쯤은 아랑곳 하지 않았다.

대한민국 25년(1943년) 3월, 회양(淮陽)의 산하는 여전히 왜적들의 말발굽 아래 있었다. 그러나 속절없이 봄은 또 찾아와, 꽃은 피고 나비는 꽃 사이를 날아다니고, 녹음방초 속에서 새는 울어 바야흐로 봄은 무르익고 있었다. 이때쯤이면 회양지방의 기후는 특색이 있었는데, 몽고지방에서 불어오는 모래 바람은 마치 대지를 휘덮을 듯 하늘을 덮는 것이었다. 그리고 춘한(春寒)이 밀어닥친다. 바로 이 무렵, 회양성에서 조금 떨어진 한 마을 초옥 안에는 두 영웅이 상면하고 있었다. 그들은 뜨거운 악수를 교환한 다음 오랜 포옹을 나누었는데, 흉중의 수많은 이야기는 억제하고 있는 듯 별말이 없었다. 이윽고 두 사람은 무릎을 맞대고 앉아 밀담을 나누기 시작했다. 하지만 그들의 음성은 지극히 나지막하였고, 그나마도 새어나갈 새라 조심하는 눈치가 역력했다. 때문에 그들이 무슨 일로 만나고 있는지 무슨 말을 주고받는지 아는 사람은 아무도 없었다.

얼마 후, 그 중 한 사람은 일어나서 성쪽을 향하여 걸어 나갔고, 남아있던 사람은 그 반대방향으로 사라져 갔다. 성쪽으로 간 사람은 바로 박해근이었으며, 그 반대편으로 간 사람은 현임 대한민국 임시정부 ○○특파원겸 한국광복군 제3지대장 김학규(金學奎)장군이었다. 같은 해 5월 21일 새벽 회양에 주둔하고 있던 왜군들은 갑자기 그들이 평소 신임하던 목촌(木村)군의 집을 포위하고 그를 체포하였다. 그리고 한인 두 사람도 체포해 가지고 그들의 병영으로 돌아갔다. 이 사건의 발단인즉, 박동지가 김학규장군과 밀회를 나눈 후로부터, 왜군 점령구역 내에서 암암리에 100여 명의 한국 청년들을 규합했던 데에서 야기된 것이다. 박동지가 청년들을 규합한 목적은, 귀덕(歸德)의 왜군 병영을 급습하여 그들을 섬멸한 후, 무기를 탈취하여 김학규장군이 영도하고 있는 한국 혁명진영으로 넘어 오는데 있었다. 그러나 불행히도 성사가 되기 전에 기밀이 누설되어 체포된 것이다.

밀고자는 배은망덕하게도 박동지 가게의 직원이었다. 이자의 성명은 잠시 묻어 두겠다(지금 이미 이 세상에 없을지도 모른다).

그 후 귀덕에서 지하공작에 종사한 여동지 ○○○의 보고에 의하면, 동년 6월 왜놈 헌병들은 회양에서 한국 독립당 몇 명을(체포된 동지들) 자동차에 실어 귀덕으로 압송하였다는 것이다. 차가 귀덕 왜놈 헌병대 문전에 도착했을 때, 돌연 남루한 차림의 한 거한(巨漢)이 비호처럼 차에서 뛰어내려 일본 헌병과 격투를 벌인 끝에 세 놈을 쓰러뜨렸으나 중과부적으로 왜놈들에게 결박되었다. 그 다음 갖은 악형을 다 당하다가 얼마 후 북평(北平)에 있는 왜놈 헌병대 사령부로 압송되어 총살을 당했다.

이 참극이 발생된 지 반년이 못되어 고군분투하던, 김학규 동지 진영에는 한국 광복을 염원하며 귀순한 열혈 청년들이 날로 증가하였다. 그리하여 1년이 채 못 되어 이미 1개 지대가 편성되었으며, 날로 그 세력이 확대되어가고 있다. 이는 박동지의 두려움 없는 정신의 열매가 맺어진 것 아니고 무엇이겠는가. 하늘에 있는 박동지의 영혼이 이제 안식을 얻고 미소를 짓고 있으리라. 슬프도다 ! 장하도다 ! 죽었으나 살아있는 듯 그의 열렬한 희생정신, 뜨거운 애국정신은 길이 한민족의 혈맥 깊숙이 흐르리라 ! "97)

---

97) 국사편찬위원회 한국사데이터베이스 http://db.history.go.kr

출처: 대한민국임시정부 자료집

독립신문, 대한민국임시정부 27년 7월 20일자 1면기사

# 05 요언(妖言)과 요서(妖書)의 빈 수레

요언(妖言)과 요서(妖書)는 괴상한 말이나 글로써 백성들을 현혹시키는 것으로 사회의 풍속을 해치는 것으로 간주하였다. 삼국시대부터 조선시대에 이르기까지 '요언과 요서의 율'에 의하여 참형으로 다스렸는데, 신라에서는 '요언혹중의 죄(妖言惑衆의 罪)'를 적용하였으며, 조선에서는 익명의 글은 불사르고 불문에 부치는 것이 원칙이었다.

마치 아무 짐을 싣지 않은 빈 수레가 요란하듯, 요언과 요서는 겉으로는 그럴듯한 것처럼 들리지만 실상은 진실되지 않은 경우가 대부분이었다. 장래에 일어날 일을 예언하는 도참설로부터 타인의 불법행위를 고발하는 익명의 글을 관청에 던져 넣거나, 저잣거리에 많은 사람들에게 널리 알리고 공감을 얻기 위해서 벽서(壁書)를 붙이는 방법으로 유언비어를 유포하였다.

유언비어는 단지 소문에 불과할 수도 있지만 그 영향은 '발 없는 말이 천 리 간다.'라는 속담처럼 시공간을 초월하는 파장을 몰고 왔다. 유언비어는 개인에 대한 모함에서부터 불특정다수를 대상으로 왕을 비롯한 지배층을 비난하거나 체제를 부정하는 내용을 퍼뜨리는 데까지 이르고 있다. 유언비어는 일종의 저항을 표현하는 수단으로써 주로 요언(妖言)의 형태로 나타난다.

또한 요서(妖書)는 익명서나 벽서로 나타났는데, 모두 작성자가 글을 아는 사람이었으므로 유교적 소양을 갖추고 정치권력에서 탈락하거나 체제를 비판하는 층이 주류를 이루었다.

역사에서는 민심이 흉흉할 때면 어김없이 요언과 요서가 등장했다. 이러한 데는 발언자나 작성자의 이름을 숨길 수 있으며 표현하기 어려운 속마음을 담을 수 있으므로 겉으로는 진실한 것처럼 보이기 마련이었다.

따라서 국정의 혼란상을 꼬집거나 수령이나 관리들의 비행을 고발하는 경우가 많았다. 조정에서는 이를 쓴 범인을 잡으면 벼슬과 보상금까지 준다고 한 것으로 보아 당시 요언과 요서가 얼마만큼 사회적 파장을 불러일으켰는지를 짐작할 수 있다.

요언과 요서는 두 가지 측면에서 볼 수 있는데, 첫째, 대단히 비밀스럽고 효과적이었기 때문에 일단 퍼진 말이나 글은 들불처럼 번져나가 사실 여부에 관계없이 사람들에게 전파되었다는 사실이다. 특히 남에게 누명을 씌우는 무고자가 많았으며 조정의 당쟁에서 밀려난 양반들에 의해 악용되는 폐단도 발생했다.

둘째, 이러한 부작용에도 불구하고 백성들의 여론형성에 커다란 공헌을 한 측면도 있었다. 백성들의 목소리가 조정에 전달 될 수 있는 하나의 언로(言路)로서 역할을 하였다는 점이다. 특히 17세기 이후 사회경제적 변화로 인해 백성들 스스로 자신의 의사를 표현하고자 하는 의식이 크게 발전하고 있음을 알 수 있다. 이런 맥락에서 조선 중기 이후 신분질서의 모순과 사회적 부조리 요인이 깊어가면서 자신들의 사회적 요구를 펼치는 수단으로 각종 벽서가 자주 이용되었다.

이렇게 개인의 무고나 정치적 음모의 소재로 활용된 흐름은 오늘날 익명성을 바탕으로 한 SNS의 활용과도 일맥상통한다고 볼 수 있다.

## 1. 유언비어(流言蜚語)

일반 백성들에게 '요언(妖言)', '요설(妖說)'과 '유언(流言)'들이 떠도는 것은 이를 이용하거나 조작하여 자기에게 유리하게 이끌거나 불확실한 미래의 길흉화복을 미리 알고자 하는 희망에서 나타난다. 대부분의 유언(流言)은 종종 신비적인 말에 의하여 민심을 자극하여 실생활에 많은 영향을 미쳤다. 왕조 변혁의 혼란기나 국내외 정세가 흉흉해지자 도참설98) 등으로 민심을 혼란스럽게 하였다.

자신의 이름을 숨긴 채 말로써 전파시킨 이야기는 무왕과 선화공주의 설화로 거슬러 올라간다. 삼국시대나 고려시대에도 유언비어는 조정의 골칫거리 중의 하나였다. 유언비어는 요언(妖言)으로 불리는데 최초의 기록에 의하면 『삼국사기』 백제본기에 의하면, 의자왕 20년(660)에 귀신이 하나 대궐 안에 들어와서 "백제가 망한다. 백제가

---

98) 도참(圖讖)이란 도(圖)와 참(讖)을 합친 개념이지만, '도(圖)'는 앞으로 일어날 사건의 상징·표징·신호·징후·전조·암시를 뜻한다. 일정한 문자나 기호 또는 구체적 대상물이 앞으로 일어날 미래의 어떤 일과 깊이 연관되어 있다는 사고방식의 표현이다. '참(讖)'은 참언(讖言)·참기(讖記)·참위(讖緯) 등의 용례에서도 알 수 있듯이, 은어와 밀어의 상징적 언어로 역시 장래에 일어날 일을 예언하는 것이다

망한다."고 크게 외치다가 곧 땅으로 들어갔다. 왕이 이상하게 생각하여 사람을 시켜 땅을 파게 하였다. 석 자 가량 파내려 가니 거북이 한 마리가 발견되었다. 그 등에 "백제는 보름달과 같고 신라는 초승달과 같다(百濟同月 輪新羅如新月)."라는 글이 있었다. 왕이 무당에게 물으니 무당이 말하기를 "둥근 달 같다는 것은 가득 찬 것이니 가득 차면 기울며, 초승달 같다는 것은 가득차지 못한 것이니, 가득 차지 못하면 점점 차게 된다."고 하니 왕이 노하여 그를 죽여 버렸다.[99] 시중에는 백제는 달이 차서 장차 기울 것이고 신라는 초승달과 같아 번성하여 나갈 것이라는 이야기가 세간에 퍼져나갔는데, 그 뒤 왕조의 흥망을 예언하는 도참이 효시가 되었다.

이어 삼국사기에는 신라 흥덕왕 3년(828)에 요언으로 백성들을 현혹한 죄로 처벌한 예가 실려 있다. 한산주의 요망한 자가 부자가 되는 방법이 있다는 속부지술(速富之術)을 퍼뜨려 많은 사람들이 이 말에 현혹되자, 민중을 현혹하다가 '거짓된 도를 가지고 사람을 혹하게 하는 자'로서 '요언혹중죄(妖言惑衆罪)'라는 신라 율령에 따라 멀리 귀양을 보내 유형(流刑)을 내린 적이 있다.[100]

왕건의 고려 건국에 관련된 도참이 이른바 '고경참(古鏡讖)'이다. 어떤 사람이 왕창근에게 거울을 팔았는데 그가 거울을 자세히 들여다보니 가는 글자가 새겨져 있어 그것을 궁예에게 바쳤다. 궁예는 글귀를 유심히 살폈지만, 쉽게 그 뜻이 이해가 되지 않았다. 그래서 왕창근에게 물었다. "너는 어디서 이 거울을 얻었느냐?" 왕창근이 웬 노인이 팔고 갔다고 설명하자, 궁예는 그에게 병사를 붙여주고

---

99) 삼국사기 백제본기 제6 의자왕, 20년(660) 하8월 백제 멸망의 여러 징후가 나타나다.
100) 이인철, 신라율령의 편목과 그 내용, 정신문화연구 17권 1호, 1994, 140.

찾아오라고 하였다. 그러나 찾지 못하였다. 달포 만에 한 거지로부터 노인의 소식을 들을 수 있었는데 노인은 쌀을 주면서 발삼사의 여래불이 보냈다는 말을 들었다고 하였다. 왕창근이 발삼사에 도착하니 여래불 옆에 있는 토성신상이 바로 그 노인의 모습이었다. 신상의 왼손에는 세 개의 도마가 들려 있고, 오른손에는 거울이 들려 있었다.

왕창근의 보고를 듣고 궁예는 이 참문을 문인들에게 풀게 하였는데 문인들은 그 글 중 축(丑)이 멸하고 유(酉)가 일어난다고 했으니, 이는 정축년에 태어난 궁예가 멸하고, 정유년에 태어난 왕건이 일어난다는 뜻임을 알아챘다. 그러나 문인들은 왕건의 등극과 삼국통일을 알았지만 짐짓 궁예에게는 궁예가 삼국통일을 할 것이라고 둘러댔다.[101]

이 참언이 작성된 때는 아마 왕건의 즉위 이전이라고 추정된다. 혁명을 이끈 네 거두가 왕건의 즉위를 권고하면서 아마 경문은 이 네 사람이 만들어 유포한 것으로 추정된다.[102]

고려에 들어와서는 이러한 유언은 문벌귀족간의 권력다툼으로 정세가 흉흉해지자 십팔자위왕설(十八子爲王)이 자주 입에 오르내리게 되었다. '십팔자' 이름을 가진 사람은 왕이 된다는 뜻으로, 十八子(십팔자)를 합치면 李(이)가 되니 결국 이씨 가문에서 왕이 나온다는 이야기였다. 고려 왕들은 이 소문을 두려워해 오얏나무(李)를 대량 벌채하는 등 기를 꺾기 위해 노력했지만 효과는 없었다.

고려 시대의 권신 이자겸은 왕실의 외척으로 한때 왕을 능가하는

101) 박영규, 한 권으로 읽는 고려왕조실록, 웅진지식하우스 p.33.

102) 민족문화대백과사전, http://encykorea.aks.ac.kr

권세를 누렸으나, 욕심이 지나친 나머지 역모를 꿈꾸다 붙잡혀 죽은 인물이다. 그의 지나친 전횡으로 인종이 자신을 제거하려 하자, 오히려 척준경과 함께 궁궐을 불태우고 자신의 반대파를 제거했다. 이 때부터 국권을 좌지우지하며 권세를 부리다가 반역을 도모하여 저잣거리에 십팔자위왕설(十八子爲王)을 퍼뜨리고 자신의 딸인 왕비를 시켜 인종을 독살하려 하였으나 실패했다. 그 뒤 인종의 밀명을 받은 척준경과 김향 등에게 붙잡혀 영광으로 귀양 갔다가 사사되었다.

이자겸의 난 이후 묘청의 서경천도가 국정의 중요 이슈가 되었을 때 각종의 유언비어가 난무하였다. 묘청은 개경이 이미 운이 쇠진하여 이자겸의 난으로 궁궐이 다 탄 것이라며 왕기가 서려 있는 서경으로 국도를 옮겨야 한다고 주장했다. 정지상을 비롯한 서경 세력은 서경천도론이 현실화될 경우 자신들이 조정의 중심이 될 것이라고 판단하고 정치의 활로를 모색하고 있던 인종에게 묘청을 천거하는 상소를 올린다. 인종 6년(1128) 8월에 인종은 묘청 등의 건의에 따라 서경으로 행차했으며 궁궐을 지었다. 인종은 국정을 장악해 온 외척 세력과 문벌귀족에 대한 반감이 자리 잡고 있었다. 그러나 서경천도를 지지했던 인종이 정치적 상황으로 마음을 바꾸어 서경천도를 포기하자 상황은 급변했다.

이러한 상황에서 개경에는 유언비어(와언; 訛言)가 돌았다. "서경 반군이 금교역까지 왔다"는 소문이었다. 이 유언비어로 개경서쪽에 거주하는 사람들이 놀라 모두가 집을 버리고 도성 안으로 들어갔다.[103] 인종 13년(1135) 1월 15일 묘청 등 서경파는 무력시위를 벌이기로

---

103) 고려사, 卷十六 世家 卷第十六, 仁宗 13年(1135) 1월 8일, 서경 반군이 금교역까지 왔다는 유언비어가 돈다.

하였으나 김부식에 의해 반란은 진압되었다.

고려 무인 정권 시대의 이의민 또한 십팔자위왕설의 소문을 믿고 권력을 전횡하고 왕이 되려는 음모를 꾸몄지만 실패해 죽임을 당했다. 고려 말 정도전은 남양부사로 있으면서 심복들을 시켜 개경 일대에 건목득자(建木得子)라는 유언을 널리 유포시켰다. 조선 건국의 명분을 끌어내기 위해 치밀한 선전이었으며, 결국 이성계가 고려를 멸망시키고 조선의 왕이 됨으로써 소문은 맞아떨어졌다.

또한 고려 무신집권기에는 유언비어가 유포되었는데, 명종 9년 (1179) 12월 '변란이 일어난다'는 유언비어가 돌았으며, 고종 10년 (1223) 3월에는 개경에서 '8일에 문 밖을 나선 사람은 죽는다.'는 말이 나돌았다.

이처럼 유언이 백성들에 미치는 영향이 크자, 고려를 침탈하는 왜구들마저 유언을 시중에 퍼트려 노략질에 유리하게 이용하였다. 고려 말의 가장 큰 골칫거리는 왜구였는데 이들은 항상 먹고 살 식량이 부족하여 식량을 구하기 위해 수십 척, 수백 척의 배를 타고 건너와 노략질을 했다. 처음에는 남해안 인근 해안지역에 나타났지만 차차 대담해져 지리산 근처까지 내륙 깊숙이 쳐들어 왔다. 왜구들이 잦은 노략질로 점차 고려의 지리나 사정에 밝아지자 이제는 수도 개경을 노리고 강화도를 공격하는 등 개경이 위협 받게 되자, 고려 우왕은 개경 수도를 천도하려는 계획을 발표하였다.

비록 최영 등 권신들의 반대로 천도는 이루어지지는 못했지만 당시 왜구로부터 고려의 피해가 어느 정도였는지를 짐작할 수 있는 대목이다.

이러한 가운데 왜구들이 소문을 퍼뜨리는데, 「고려사」에는 이때의 상황이 잘 기술되어 있다. 우왕 4년(1378) 왜구의 배들이 착량에 크게 모여 승천부로 들어왔다. 왜구들이 "장차 개경을 칠 것"(聲言將 寇京城)이라는 소문을 내 고려를 혼란스럽게 하였는데 이에 놀란 고려 조정은 계엄을 선포하고 군사를 동·서강으로 나누어 배치하였다. 호위병들을 궐문에 배치하여 적의 침입에 대비하였다.[104]

최영은 이러한 왜구를 토벌하기 위해 혜풍에 진을 쳤으며, 이를 안 왜구는 "최영의 군사만 깨뜨리면 개경은 저절로 무너진다."며 해풍을 공격하였다. 이때 이성계의 정예 기병들이 합세하여 왜구를 크게 토벌하였다. 도망을 준비하던 우왕은 왜구 토벌소식을 듣고서야 계엄을 해제하였다.

조선 태종 17년(1417)에는 유언의 근원은 도참설이라며 도참의 유포와 소장을 금지하는 영을 내리고 다시 서운관에 보관되어 있던 음양·도참 관계서적 중 가장 황망한 것을 골라 소각시켰다. 그 후 조선 중기에도 다시 도참 유언이 성행하였는데 중종 때 도참으로 화를 당한 가장 대표적인 예는 기묘사화로 죽은 조광조의 "주초위왕 (走肖爲王)설"이다. 즉 민심이 조광조에 돌아간다는 유언비어가 궐내에 퍼지고, 대궐동산에 주초위왕에서 주초(走肖)의 파자로 조(趙)라는 글자가 새겨진 나뭇잎이 중종의 손에 들어갔는데 조(趙)씨가 왕이 된다는 것을 의미하므로 조광조는 사사되고 말았다.

조선시대 가장 큰 도참설은 정감록이었다. 선조 때 정여립은 관직에서 물러나 전라도로 내려와 학문을 강론하면서 죽도선생이라는 칭호를 받았다. 그때 사람들을 모으고 황해도에 가서는 불만세력들

---

104) 고려사 卷一百十三 列傳 卷第 二十六, 최영이 왜구를 피해 천도하려는 것에 반대하다

을 규합하기까지 하였다. 그는 당대에 떠돌던 "목자망 전읍흥(木子亡奠邑興: 이씨가 망하고 정씨가 흥한다)"이라는 참언을 옥판에 새겨 승려 의연을 시켜 지리산의 석굴 속에 감추어 두게 한 다음 자신이 우연하게 이 옥판을 얻은 것처럼 꾸몄다. 이 참언에서 목자는 곧 조선왕조를 세운 이씨이며 전읍은 정씨를 말함인데, 정씨 성을 가진 사람이 나라를 세운다는 내용이었다.

정여립은 중 의연에게 각 지방을 떠돌아다니면서 "왕기는 전라도에 있고 전주의 남문 밖에 있다."라고 떠들고 다니게 하였다. 이때 황해도지방에서 떠도는 정여립의 요언(妖言)은 "호남 전주 지방에 성인이 일어나서 우리 백성을 구제할 것이다. 그때에는 수륙의 조례와 일족·이웃의 요역과 추쇄 등의 일을 모두 감면할 것이고 공·사천과 서얼을 금고(禁錮)하는 법을 모두 혁제할 것이니 이로부터 국가가 태평하고 무사할 것이다."이었다. 백성들이 그 말에 현혹되어 급속하게 퍼지고 있었다.

전주 남원은 정여립이 태어난 곳으로 그는 선조 22년(1589)에 역모를 꾸몄다. 마침내 정여립은 사람들의 말이 점차 널리 퍼져 일이 발각될 것을 두려워하여 반란을 결심하고 황해도와 전라도에서 모인 사람들을 선동하여 한양으로 쳐들어가려 하였다. 그러나 이러한 사실은 승려 의암의 밀고와 정여립의 제자인 조구의 자백으로 드러났다. 안악군수와 황해감사로부터 보고 받은 조정에서는 의금부 도사들을 파견하여 추적에 나섰다. 관군의 추격으로 진안의 죽도에 숨어든 정여립은 스스로 목숨을 끊었다.[105]

---

105) 한국민족문화대백과사전, 한국정신문화연구원, 1989년.
　　선조 22년(1589) 10. 17. 선전관 이용준 등이 정여립이 숨은 죽도를 포위하자 정여립이 자결

조선 후기에 들어와서는 이러한 유언은 잇따른 사화·임진·병자 양난으로 국내외의 정세가 흉흉해지자 더욱 성행하였다.

임진왜란과 병자호란을 겪은 후 전란에 대한 백성들의 근심이 심하여 전란이 발발했다는 유언비어가 돌아 민심의 동요를 불러오곤 했다. 전란의 유언비어가 나오면 '자라 보고 노란 가슴 솥뚜껑 보고 놀란다.'는 속담처럼 전국의 민심이 동요하므로 조선조정에서는 요언과 요서를 퍼뜨린 자는 참형한다며 강경하게 대처하기도 하였으나 실효는 없었다.

「숙종실록」에는 즉위년(1674) 9월 4일 밤에 "왜선이 이미 해안에 정박하여 황해도의 여러 고을에서 사골짜기로 도망하여 숨은 것이 며칠이 되었다."는 유언비어가 서울에 퍼졌다. 이 소식에 놀란 서울 사람들이 집집마다 짐을 싸고 피난 갈 준비에 부산하였다. 다음 날 아침이 돼서야 소요가 진정되었다고 전하고 있다.[106]

「정조실록」에도 전란과 관련된 유언이 전하는데, 정조 11년(1787) 4월 19일 경기도와 충청도 여덟 고을에 '오랑캐의 기병이 갑자기 이르렀다.'는 말과 '해적이 가까운 곳에 정박하였다.'라는 유언이 퍼져 노인들을 부축하고 어린애는 끌고 피난하여 마을이 텅텅 비었다. 그런데 평택현감 이형필이 유언에 겁을 먹고 아전들과 노비들을 소집하여 부대를 편성하기까지 하였다. 이튿날이 돼서야 유언비어로 밝혀져 진정되었는데, 충청도 관찰사가 백성들의 동요를 진정시켜야 할 수령의 직책을 망각하고 경솔한 행동을 한 평택현감을 탄핵하는 일까지 벌어졌다.[107]

---

106) 숙종 즉위년(1674) 9월 4일, 왜선이 들어왔다는 뜬소문으로 서울 안팎이 경동하다가 이튿날 진정되다.
107) 정조 11년(1787) 4월 19일, 충청도관찰사 김광묵이 와언을 듣고 경솔하게 처리한 평택현감을 탄핵하다.

특히 조정과 시대를 비난하는 내용을 해학적으로 표현한 한글 노랫말까지 세간에 퍼졌으며 주로 기녀들의 노래로 불리어졌다.[108] 조선말 순조 4년(1804)에는 상민인 재영, 성서 등이 결탁하여 관서비기를 퍼트려 민심을 크게 선동한 일이 있었다.

유언비어는 사실이 아니었으므로 민심을 크게 동요시키는 부작용이 컸으나, 다른 한편으로는 당시 백성들의 억눌린 감정에 카타르시스를 주는 작용도 하였다. 따라서 백성들의 의식의 형성에 적지 않은 영향을 미쳤다.[109]


## 2. 익명의 고발서

유언비어의 내용을 글에 담는 것이 바로 익명서(匿名書)인데, 익명서는 글자 그대로 자신의 이름을 숨기고 쓴 글을 말한다. 익명서는 작성자와 전달 경로를 알 수 없어야만 비밀을 유지할 수 있기 때문에 익명의 글을 적어 관청에 던져 넣었다. 이러한 연유로 익명서를 투서(投書)라고도 불리었다.

일반 백성들은 신문고나 격쟁 및 상언의 방법으로 관아에 고(告)할 수 있었으므로 익명서는 사회풍속을 해치는 것으로 여겨졌다.

'백성의 뜻이 하늘의 뜻'이라는 유교정치의 이념에 따라 법의 테

---

정조는 충청도관찰사의 파직요청에 평택현감은 평소에 잘 다스렸으므로 파직은 하지 말고 잡아다 죄를 주도록 하였다.

108) 숙종 18년(1692) 11월 16일, 조정을 기롱한 노래를 지은 정황에 대해 사간원에서 아뢰다.

109) 고성훈, 조선 후기 유언비어사건의 추이와 성격, 정신문화연구 제35권 제4호.

두리 내에서 신문고, 격쟁, 상언 등 자신의 의견을 개진하였으나 그 것만으로는 민의(民意)가 드러나기에는 한계가 있었다. 이때 등장한 것이 '익명서(匿名書)'로서 글자 그대로 자신의 이름을 숨기고 쓴 글이다. 은밀한 방법으로 자신의 의사를 표출하기 때문에 때로는 진솔하게 나타날 수 있지만 거꾸로 책임을 지지 않아 남을 무고(誣告)하거나 사회 혼란을 부추기는 측면도 있었다.

이러한 익명서는 글로써 의사를 표명하기 때문에 일반백성보다는 선비, 관리 등 지배층에서 주로 사용하였으며, 그 형태도 문서로 관청에 던져 넣는 투서(投書)였다

## 부마국이 된 고려, 원의 공주를 위로하는 익명서

원종의 뒤를 이어 맏아들인 충렬왕이 제25대 고려의 왕이 되었다. 충렬왕은 이미 정화궁주와 살고 있었으나, 고려 조정에서는 친원 관계유지를 위해 원 세조의 딸인 제국대장 공주와 결혼하도록 하였다. 제국대장공주는 지배국의 공주 신분을 내세워 왕보다 더 정치적 위세를 과시하였으며, 이 때문에 왕은 때때로 그녀의 강압에 못 이겨 정사를 처리하는 일이 잦았다. 심지어 원래 부인인 정화궁주를 감금하여 왕을 만나지 못하게 하였다.

이러한 가운데 1276년 12월의 어느 날에 어떤 사람이 다루가치 석말천구의 집에 익명의 고발 문서를 던져 넣었다. 익명서에는 "정화궁주가 공주를 저주하고 있으며, 제안공 왕숙과 김방경 등 43인이 반역을 도모하고 있다."는 내용이었다. 이 고발로 인해 정화궁주 및 왕숙, 김방경 등이 하옥되었다. 하지만 재상 유경이 제국대장공주

장목왕후를 찾아가 울면서 이들의 무죄를 주장하여 가까스로 풀려났다.[110] 고려 조정은 원에 익명의 투서 내용을 믿지 말라는 내용의 표문을 올리기까지 하였다.

이렇듯 충렬왕과 왕후의 갈등이 깊어져 왕은 사냥과 궁인 무비만을 찾는 등 주색에 빠져 소일하였다. 제국대장공주 장목왕후가 죽자, 원에 머물던 세자는 원의 후원 아래 개경에 입국하여 궁인 무비와 그 주변 무리들을 죽이거나 유배시켰으며 충선왕이 되었다.

제국대장공주가 죽자 부마국인 고려의 충렬왕도 힘을 잃었다. 이제 세자인 충선왕이 원의 계국대장공주와 혼인을 하여 원 왕실의 부마가 된 입장이었으므로 원의 후원으로 힘이 강대해졌다. 충선왕은 즉위 교서에서 30여 가지 개혁정치를 천명하며 개혁을 추진하고자 하였다. 국가 위상을 새롭게 하고자 한 그의 노력은 원의 입장에서는 달가울 리 없었다. 이러던 차에 충선왕과 계국대장공주 간의 불화를 가져오는 익명서 사건이 발생한다. 충선왕도 충렬왕처럼 세자 시절부터 조인규의 딸 조비와 살고 있었다. 계국공주는 조비를 질투하여 익명서를 이용해 음모를 꾸민다.

익명서에는 "조인규의 처가 무당을 불러 굿을 하여 왕이 공주를 사랑하지 않고 자기 딸만 사랑하도록 해달라고 빌었다."는 내용이었다. 이 사건으로 조인규와 그의 처는 원으로 압송되고 허위 자백으로 조비도 원으로 끌려갔다. 이 사건을 계기로 원은 충선왕의 왕위를 빼앗아 충렬왕에게 다시 넘기고 충선왕을 원으로 호출하였다.

조선 『경국대전』에는 국사(國事)에 관련된 중대한 익명서라도 부

---

110) 고려사, 권28 세가권제28 충렬왕 2년, 12월, 정화궁주가 공주를 저주하고 왕숙 등이 반역을 꾀한다는 무고가 올라오다.

자(父子) 사이에 말을 전해서는 안 되며, 익명서의 내용을 다른 사람에게 전파하거나 오랫동안 불태우지 않은 자 모두 처벌하기로 하였다. 이처럼 익명서는 불사르고 불태우는 것이 원칙이었다. 역대 왕들은 익명서가 민심을 충동하고 백성들의 마음을 현혹하여 사회 풍속을 해치는 것으로 엄격히 금지하고 벌하였다. 「조선왕조실록」에는 익명서에 대한 기록이 있는데 몇 가지 사례를 소개하기로 한다.

익명서가 조선왕조실록에 등장한 것은 태조 때부터였다. 태조 7년(1398) 4월 8일 의금부에 한 장의 익명서가 날아들었는데, 익명서에는 전 현령 이적(李迪)이 반란을 꾀하고 있다는 내용이었다. 도당(都堂)에서 익명서에 적힌 이적을 잡아다 심문이 시작되었다. "너와 원한을 갖고 있는 자가 있느냐?" 물으니, 이적은 "오직 김귀생뿐입니다."라고 답했다.

이어 도당에서 김귀생을 잡고 그 집을 수색하니 익명서의 초본이 발견되었다. 김귀생이 익명서를 투서한 이유는 이적과 노비문제로 다투어 틈이 생겨 이적을 무고한 것으로 밝혀졌으며, 김귀생은 반좌의 율에 따라 사지를 찢어 죽이는 형벌을 받았다.[111]

세종 16년(1421) 6월 12일 곡산군 연사종이 익명서를 들고 오니, 사종 이명덕이 이 문서를 태상왕(태종)에게 아뢰었다. 태상왕은 "익명의 문서는 즉시 불에 태우거나 찢어 없애지 않는 자에게 죄를 논단하는 것은 이미 법이 있는데, 이것을 전달하는 것은 법을 어긴 것이다."라고 꾸짖었다. 세종은 이 사건에 대해 이명덕은 공신이므로 용서키로 하였으나 익명서를 처음 본 사람은 즉시 이를 찢어 없애든

---

111) 태조 13권, 7년(1398, 무인) 4월 8일, 익명서를 만들어 전 현령 이적을 무고한 김귀생을 사지를 찢어 주리 돌리다.

지 불에 태워버리고, 비록 부자의 사이라도 말을 전하여 시끄럽게 해서는 안 된다는 점을 재차 강조하였다.[112]

익명서로 가장 많은 투서가 일어난 때는 연산군이었다. 그의 폭정에 항거하는 익명서들이 많이 발생했는데 익명서 투서를 방지하기 위한 처벌을 강화하는 등 조치가 내려졌으나 효과가 없었다.

## 연산군의 폭정을 비난하는 한글 익명서

연산군 10년(1504)에는 일반 백성들까지 언문으로 익명서를 만들어 투서하게 되었다. 연산군은 의금부의 문에 "익명서를 넣은 사람을 잡아 아뢰는 자에게 베[布] 5백 필을 상으로 준다."는 방문(榜文)을 붙이기까지 하였다.

연산군일기에는 언문의 익명서가 상세히 기록돼 있다. 첫 표지에 무명장(無名狀)이라 쓰인 언문 석장이 투서였는데, 언문에는 세 명의 실제 의녀(醫女)들이 등장하고 그들이 술을 마시면서 하는 발언 내용들이 소상히 기록 되어 있었다.

첫째는, "의녀(醫女) 개금이 말하기를 '옛 임금은 난시(亂時)일지라도 이토록 사람을 죽이지는 않았는데, 지금 우리 임금은 어떤 임금이기에 신하를 파리머리를 끊듯이 죽이는가. 아아! 어느 때나 이를 분별할까?' 말하고, 이어 덕금이 말하기를 '그렇다면 반드시 오래가지 못하려니와, 무슨 의심이 있으랴.'

둘째는, "의녀(醫女) 조방 등이 말하기를 '옛 우리 임금은 의리에

---

112) 세종 14권, 3년(1421, 신축) 12월 8일. "익명의 방문을 금할 것을 명하다."

어긋나는 일을 하지 않았는데, 지금 우리 임금은 여색에 구별하는 바가 없어, 이제 또한 여기(女妓)·의녀·현수(絃首) 들을 모두 다 점열(點閱)하여 후정(後庭)에 들이려 하니, 우리 같은 것도 모두 들어가게 되지 않을까? 국가가 하는 짓 또한 그른데 어찌 신하의 그름을 바로잡을 수 있을까. 아아! 우리 임금이 이렇듯 크게 무도(無道)하다.'"

셋째는, "의녀(醫女) 고온지 등이 함께 말하기를 '신씨(申氏)가 아니었던들 금년에 사람들의 억울함을 지음이 이토록 극도에 이르겠는가. 어찌하면 신씨의 아비·할아비·아들·손자를 아울러 모조리 없애 씨를 말릴 수 있을까? 우리 임금이 신하를 많이 죽여서 거동할 때에는 반드시 부끄러운 마음이 있으므로 사족의 아낙을 모조리 쫓는 것이며, 이로 말미암아 제 집의 아내로 삼으려는 것이 아닌가. 어느 때에나 이런 대(代)를 바꿀까?'"라고 언급하였다.

연산군은 언문을 읽은 후, 도성의 각문을 닫아 사람이 나가는 것을 금하고, 창의문부터 동소문 성 위까지는 내관(內官)에게 명하여 늘여서 지키게 하였으며, 창의문부터 돈의문·남대문·남산·동대문·동소문 성 위까지는 다 군사를 시켜 파수를 세워서 도망하는 것을 막도록 하였다. 무명장에 나오는 의녀(醫女)들을 심문하니 모두 부인하고 범인도 끝내 잡지 못했다.[113]

익명서 처리에 대한 하나의 사례는 『명종실록』에 기록되어 있는데, 명종 당시 농촌이 계속 흉년이 들었고, 몹시 피폐해진 백성들은 도적이 되어 수십 명 또는 수백 명씩 떼를 지어 돌아다니는 상황이었다. 포도청의 병사복장을 한 사람이 금호문 사이로 익명서를 던져

---

113) 연산 54권, 10년(1504, 갑자) 7월 19일, 신수영이 언문으로 된 투서를 비밀히 아뢰다.

넣고 도망갔다.

익명서를 본 명종은 "익명서는 본래 사실로 취급하지 않는 것이 원칙이나, 자기의 이름을 쓰면 도적의 보복이 두렵고, 도적의 무리 중에서 기밀을 알고 밀고(密告)하는 것일 수 있다."면서 특별조사를 지시하였다. 그러나 사헌부에서는 익명서법에 따라 불태울 것과 익명서를 왕에게 전한 승지를 파직할 것을 요청하니, 왕은 익명서는 불태우도록 하였으나 승지의 파직은 받아들이지 않았다.114)

## 광해군, 화살로 날아온 역모고발 익명서

광해군 9년(1617) 1월 23일 경운궁의 뜰에 격문을 화살에 묶어 익명서가 날아들었다. 익명서 내용에 대한 소문이 삽시간에 퍼지자 문창 부원군 유희분이 며칠 뒤 왕을 알현하기를 청했다.

문창 부원군은 자신의 이름이 익명서에 있는 것은 날조된 것으로 신하의 의리로 얼굴을 들고 반열에 나아갈 수 없다면서 자신의 억울함을 호소하였다. 이어 시골로 돌아가 엎드려 있으면서 여생을 보낼 수 있게 해달라고 청하였다.

광해군은 "이것은 바로 인목대비전에 쏘아 넣어 먼저 거사하는 뜻을 고(告)하려다가 거리가 미치지 못하여 발각된 것이었다."면서 부원군은 간여된 사실이 없으니 안심하고 사직하지 말라고 하였다. 그러나 이렇게 모함하기를 도모한 간사한 역적을 알면 바로 고발할 것을 요청하였다.115)

---

114) 명종 26권, 15년(1560, 경신) 12월 25일, 익명서가 있었는데 이를 읽고 병조·형조에 비밀히 물어 아뢰게 하다.

당시 인목대비는 과거 광해군이 세자가 될 때 본인 소생의 영창대군을 세자로 올리기 위해 광해군과 갈등을 빚었기 때문에 그러한 앙금으로 인목대비를 폐비로 만들고 서궁(西宮)에 유배된 상황이었다.


## 3. 고발 벽서(壁書)

자신의 이름을 숨긴 채 글로써 자신의 의사를 표현하여 이것을 사람들에게 널리 알려 공감을 얻기 위해서는 사람들이 많이 다니는 곳에 붙여서 읽도록 하는 벽서(壁書)가 유언비어를 유포하는 수단으로 이용되었다.

벽서는 일반적인 특징이 있었다. 익명으로 작성되었으며 조정은 민심의 동요를 우려해 벽서 관련자를 신속히 처벌하려고 하였으나 대부분 작성자를 확인할 수 없었다. 작성자를 찾기 위해 노비들까지 불려가 고초를 당하니 오히려 민심이 더더욱 흉흉해졌다. 왕으로서 민심을 수습해야하기 때문에 벽서에 대해 민감하게 반응할 수밖에 없었다. 조선시대에는 벽서를 근절하기 위해 보상금까지 걸었으나 범인은 잡지 못하고 번번이 대다수 사건들은 덮을 수밖에 없었다.

벽서에 대한 기록은 삼국시대로까지 거슬러 올라간다.[116] 「삼국사기」의 기록에 따르면 최초의 벽서가 거리에 붙은 예는 신라 진성왕 2년(888)의 일이었다.

---

115) 광해 9년(1617) 1월 23일, 문창 부원군 유희분이 홍서로 인해 체차하기를 청하다.
116) 삼국사기, 고려사의 기록.

진성왕은 몰래 아름답게 생긴 소년 두세 사람을 끌어들여 음란한
행위를 하였고, 그 사람들을 중요한 직책에 앉혀 나라의 정책을 위
임하였다. 이로 인하여 아첨하는 무리가 방자하게 뜻을 펴고 뇌물이
공공연하게 행해졌다. 상과 벌이 공평하지 않았고 기강이 무너졌다.

이때 이름 없는 자가 당시의 부패한 시정을 비방하는 글을 지어
조정의 길목에 내걸었다. 「삼국유사」에는 비방문이 소개되어 있는
데, 은어(隱語)로 쓰여 "南無亡國刹尼那帝 判尼判尼蘇判尼 于于三阿干 鳧
伊娑婆訶"[117]였다. 여기에서 살니나제(刹尼那帝)는 여왕을, 판니판니
소판니(判尼判尼蘇判尼)는 두 소판을, 우우삼아간(于于三阿干)은 세 아
찬을, 도이(鳧伊)는 진성여왕의 유모를 뜻하였다.

왕이 사람을 시켜 벽서자를 잡도록 했으나 잡을 수 없었다. 그러
던 중 어떤 자가 왕에게 말하기를 "이는 분명 뜻을 이루지 못한 문
인의 행위일 것입니다. 아마 대야주의 은자 거인(巨仁)이 아닌가 합
니다."라고 보고하였다. 왕이 거인을 잡아 도성의 감옥에 가두게 하
고 장차 처형하려 하였다.

거인이 분하고 원통해 감옥의 벽에 다음과 같은 글을 썼다. "우공
(于公)이 통곡하자 3년간 가물었고, 추연(鄒衍)이 슬픔을 품으니 5월
에 서리가 내렸는데 지금 나의 근심을 돌이켜보면 옛날과 비슷하건
만 황천은 말이 없고 단지 푸르기만 하구나." 그날 저녁에 갑자기
구름과 안개가 덮이고 벼락이 내리치면서 우박이 쏟아졌다. 왕이 두
려워 거인을 풀어주고 돌려보냈다.[118]

---

117) 삼국유사 권2 紀異篇 眞聖女大王 居陀知條에 의하면, 비방문은 陀羅尼의 隱語로 쓰였는데
"南無亡國刹尼那帝 判尼判尼蘇判尼 于于三阿干 鳧伊娑婆訶"

118) 三國史記 卷第十一 新羅本紀 第十一, 진성왕(眞聖王) 二年. 거인이 정치를 비방하는 글로 곤욕
을 치르다(888년 미상 음력).

고려 시대에는 19대 명종 16년(1186) 10월에 다른 사람의 죄를 비방하는 벽서가 장점문(將帖門)에 붙었다. 중방 밀명금군이 벽서의 내용을 확인하기 위해 벽서의 당사자들을 심문하였는데, 모두 죄 없는 자에게 죄를 씌우려는 무고로 밝혀졌다. 중방은 벽서를 써서 붙인 자가 박돈부라는 사실을 밝혀내고 그를 사형했다.[119]

고려 21대 희종 2년(1206) 5월 '장군 박진재가 외숙인 최충헌을 제거하려 한다.'는 벽서가 도성에 나붙은 사건이 일어났다. 박진재는 최충헌과 함께 무신 쿠데타의 동지이자 최충헌의 심복으로 무신집권을 도모하였다. 그러던 박진재가 불만을 품게 된 것은 대장군으로서 자신을 찾아오는 문객이 최충헌과 같았는데 벼슬에 오르는 사람은 박진재 측이 훨씬 적었다. 박진재는 술에 취하면 아예 드러내놓고 최충헌에 대한 불만을 토로했던 것이다.

최충헌은 자신을 제거하려 한다는 벽서를 핑계로 박진재를 붙잡아 다리의 힘줄을 끊은 뒤 백령도로 귀양 보냈다. 또한 그를 따르던 무리들도 모두 섬으로 유배 보냈다. 박진재는 귀양 간 지 며칠 만에 귀양지에서 울화병으로 죽었다. 이처럼 최충헌은 자신의 권세에 도전하는 사람은 익명(匿名)의 벽서를 정적을 제거하는 구실로 이용하였다.

고려 27대 충숙왕 10년(1323) 2월 22일에는 익명의 벽서가 성문에 붙었는데, 제주 만호 임숙이 간음을 하고 뇌물을 받았다는 요지의 글이 적혀 있었다. 또한 임숙의 학정에 반발하여 제주백성 1천여명이 임숙의 처벌을 요구하는 상소까지 올라오자 조정에서는 임숙

---

119) 고려사 권20 세가 권제20, 명종 16년(1186) 10월 4일.

을 파직시켰다.

조선시대에는 익명의 벽서가 가장 활발하게 백성들 사이에 전달되고 하나의 사회현상으로 나타났다. 조선 초기부터 '벽서(壁書)'는 백성들 스스로 부패한 관리나 살기 어려운 지방의 폐단에 대해 스스로가 자신의 의견을 나타내는 글을 작성하여 다른 사람들에게 알리기 위한 것이었다. 즉 벽서는 관리의 부정이나 조정의 무능을 비난하는 글을 적어 사람이 많이 다니는 잘 보이는 장소에 게시하여 많은 사람들에게 알리는 것으로 익명서 중 백성들에게 큰 영향을 미치고 있었다.

그러나 국가에 반역을 도모하거나 타인을 모함하거나 궁지에 몰아넣는 폐해가 발생하여 조선 초기부터 벽서를 불온한 것으로 여겨 엄격하게 금하였다.

태종 15년(1415)에는 익명서(匿名書)로 남의 죄를 고하여 말한 자를 형조에 고소하여 잡게 한 사람은 저화(楮貨) 50장[120]을 주도록 하였고,[121] 세종 3년(1421)에는 벽서는 간악한 무리들이 사람을 죄에 걸리게 하고, 남의 죄를 꾸며서 이름도 없이 붙이는 것이기 때문에 처음에 본 사람은 즉시 찢어 없애든지 불에 태워버리고, 비록 부자의 사이라도 말을 전하지 못하도록 하였다. 만일 이를 위반하여 전달한 자는 '요언(妖言)·요서(妖書)의 율(律)'로써 처벌할 것[122]이라는 교서를 발표하였다.

---

120) 중국 명나라의 대명률직해에는 익명서를 쓴 사람을 신고한 자에게 은(銀) 10냥을 포상
121) 태종 30권, 15년(1415, 을미) 8월 13일
122) 세종 14권, 3년(1421, 신축) 12월 8일. "익명의 방문을 금할 것을 명하다."
　　중국 명나라의 대명률(大明律)에는 이름을 숨기고 문서를 투서할 경우 교형(絞刑)에 처하여
　　이를 발견할 경우 불사르고 불문에 부치는 것이 원칙

벽서는 익명서로 간주되었는데, 『명종실록』에는 "익명서는 보통 궐내 관부에 던지거나 혹 거리에 걸기도 하는 일은 가끔 있습니다."[123) 라고 기록돼 있는 것으로 보아 당시 익명서가 널리 세간에서 이용되고 있었음을 알 수 있다.

전근대사회 백성들의 자유로운 의사표현 통로가 다양하게 마련되어 있지 않던 시대였기 때문에 백성들이 효과적으로 호소할 수 있는 방법은 제한되어 있었다. 비록 제한적이나마 격쟁·상언 등이 합법적인 호소의 방법으로 이용되었지만 관료들의 반발로 인해 제대로 작동되기 어려워 민심을 표현하는 돌파구로 벽서가 이용되었다.

조선 후기 백성들은 기뭄, 홍수, 전염병, 기근 등 자연재해뿐만 아니라 부패한 관리들로부터의 수탈로 인해 많은 고통을 당하였다. 여기서 자연스럽게 벽서의 내용이 조정의 관리나 정책의 비판, 각종 비기(秘記)와 참서(讖書)·정감록(鄭鑑錄) 등을 이용한 조선 멸망설, 외부의 침략 또는 명·청과의 외교관계나 민란을 선동하는 것으로 확대되었다.

17세기 이후 사회경제적 변화로 인해 백성들 스스로 자신의 의사를 표현하고자 하는 의식이 크게 발전하고 있었다. 이런 맥락에서 벽서의 이면에는 조선 중기 이후 신분질서의 모순과 사회적 부조리 요인들이 깊어지면서 자신들의 사회적 요구를 펼치는 수단으로 이용되었다. 숙종 때 영은문 벽서, 숭례문 벽서, 돈화문 벽서에 이어 영조 때에도 백성을 선동하는 벽서가 호남과 영남지역에 걸리게 되었다. 이후 정조·순조·헌종·철종을 거치는 동안 개인의 저항의식

---

123) 명종 13권, 7년(1552, 임자) 10월 24일. "동부승지 김개가 죄인 연성을 형추할 것을 요청하다."

을 일깨우고 조정에 대해 사회적 변화를 요구하는 벽서가 심심치 않게 나붙었다.

이러한 맥락에서 민의를 대변하는 것으로 보아야 하는지, 백성을 혼란에 빠뜨리는 요서로 볼 것인지는 벽서의 내용에 따라 다를 수밖에 없었다. 역사적 기록물로서의 벽서는 조선 후기에 대략 43건 정도며 주로 서울과 하삼도(下三道)에서 많이 나타나고 있었다.

조선후기 벽서의 잦은 등장은 격쟁과 상언과 같이 자신의 억울함을 호소하는 방법들이 세도정치로 인해 그 절차와 내용이 제약됨으로써 제대로 기능을 발휘하지 못한 것도 큰 원인으로 작용하였다. 또한 벽서가 붕당정치와 맞물려 상대편을 공격하는 도구로 이용되거나 상금을 노리고 남을 음해하는 폐단이 발생하기도 하였다. 그럼에도 불구하고 벽서는 국문익명서가 만들어져 힘없는 백성들이 서서히 자신들의 목소리를 밖으로 표출할 수 있게 되었으며 민에 대한 권리의식의 싹을 틔운 수단이었다.

숙종 이후 등장한 벽서는 백성들이 관리의 학정이나 조정의 무능을 비난하는 것으로까지 발전하였다. 다급해진 조정에서는 벽서의 작성자를 잡거나 신고하는 자에게 보상금을 내걸었지만 효험이 없었다. 더욱이 벽서는 궁문, 성문, 관청의 문 앞에서와 같이 사람들이 잘 보이는 장소에 은밀히 붙이고 사라지기 때문에 벽서의 내용이 삽시간에 일반 백성들에게 번져 민심이 동요하기 일쑤였다.

조정에서는 벽서는 글을 쓸 줄 아는 자의 소행이므로 주인들의 행동을 잘 알고 있는 노비로부터 밀고를 받고 그 보상으로 양인의 신분으로 바꾸어 주는 방안을 논의하였으나, 전래의 풍습을 해친다는 이유로 채택되지는 못하였다.

## 연산군, "왕의 폭정에 항거하라" 벽서

연산군 때에는 그의 폭정을 비판하는 벽서가 붙었는데, 연산군 12년(1506) 1월 28일에 어떤 사람이 종루(鐘樓)의 기둥에 벽서를 붙였다. 벽서에는 "임금을 시해하는 도가 전(傳)에도 있으니, 가없은 사·농·공·상 백성(司良)[124]들아, 나의 의병(義兵)을 따르라."라고 적혀 있었다. 이 벽서를 전해들은 연산군은 이것은 반드시 유생들의 소행일 것이라며 성균관에 명하여 철저히 조사토록 하는 한편, 성터 축성 시에 집을 뜯긴 사람들이 원망을 품고서 하였을지도 모른다며 동서의 성터에서 그 집을 뜯긴 자 중 마음과 행동이 괴이하고 간사하여 의심이 되는 유생을 조사하도록 하였다[125]

## 명종, '양재역 벽서' 당쟁에 이용되다

익명의 벽서로 인해 수많은 옥사·사화가 있었는데 그중 대표적인 것이 양재역 벽서 사건이다. 이 사건은 을사사화가 있은 뒤 2년 후인 1547년의 일인데, 윤원형 세력이 윤임파의 잔당과 사림 세력을 몰아내기 위해 고의적으로 정치 쟁점화하여 정적을 숙청한 사건이었다. 1547년 9월에 부제학 정언각과 선전관 이로가 경기도 과천의 양재역에서 '위로는 여왕, 아래로는 간신 이기가 권력을 휘두르니 나라가 곧 망할 것'이라는 익명의 벽서를 발견하여 명종에게 보고했다.

---

124) 사량(司良): 사·농·공·상

125) 연산 61권, 12년(1506, 병인 / 명 정덕(正德) 1년) 1월 28일, 임금을 시해하는 도에 대한 익명서가 종루의 기둥에 붙으니, 유생을 의심하나.

윤원형 일파는 이 사건이 윤임파에 대한 처벌이 미흡해서 생긴 사건이라고 주장하며 그 잔당 세력을 척결할 것을 간언했다. 이 말을 들은 문정왕후는 명종으로 하여금 윤임의 잔당 세력과 정적들을 제거하도록 하였다. 그 결과 한때 윤원형을 탄핵하여 삭직케 했던 송인수와 윤임과 혼인 관계에 있던 이약수를 사사하고, 이언적, 정자, 노수신, 정황, 유희춘, 백인걸, 김만상, 권응정, 권응창, 이천계 등 20여 명은 유배되었다. 그중에는 특히 사림계 인물이 많았다. 또한 중종의 아들인 봉성군 완도 역모의 빌미가 된다는 이유로 사사되었으며, 그 밖에도 애매한 이유로 많은 인물들이 희생되어야 했다.

그러나 1565년 문정왕후가 죽고 소윤 일파가 몰락하자 이때 희생되었던 사람들은 모두 신원되었으며, 이 사건 자체도 소윤 일파의 무고로 처리되어 노수신, 유희춘, 백인걸 등 유배되었던 사람들이 다시 등용되었다. 이 사건은 사실 익명으로 쓰인 벽보를 소윤 일파가 정치적으로 이용한 것에 불과한 일이었다. 그다지 대단치도 않는 일을 소윤 일파가 정치적 목적을 이루기 위해 고의로 확대시킨 사건이었다.

## 광해군, 벽서가 역모조작에 이용되다

벽서가 붕당정치와 맞물려 상대편을 공격하는 도구로 이용되기도 하였는데, 1613(광해 5)년 4월 이이첨은 박응서·서양갑 등 '강변칠우'라는 명문가의 서자 7명이 여주의 조령에서 일으킨 은상인 살인 사건을 역모로 확대시켜 인목대비의 아버지 김제남을 이 사건에 연루시켰다.

광해군이 친히 국문하자 이때 박응서는 이미 조작된 가짜 격문을 제시하였는데, 격문에는 응의군문이 명호로 사대문에 붙여 민심을 동요케 한 뒤 곧바로 군사를 일으키려 한다는 내용이었다. 그 글에는 '참용이 일어나기 전에 가짜여우가 먼저 운다.'라고 쓰여 있었다. 여기서 참용이란 영창대군을 비유한 것이고 가짜 여우는 광해군을 일컫는 것이라고 박응서는 대답했다.

포도대장 한희길의 회유에 넘어간 박응서는 영창대군을 왕으로 옹립하기 위해 인목대비의 아버지 김제남과 밀통하여 거사자금을 마련했다고 거짓 자복을 했다. 이이첨의 농간에 의해 날조된 이 역모로 인해 김제남은 역적으로 몰리게 되고 그의 부인 정씨는 아들 삼형제 중 막내아들을 살리기 위해 그가 병으로 죽었다는 소문을 퍼뜨려 장사지낸 뒤 몰래 살게 하였다.

이 역모사건으로 인목대비의 아버지와 그의 형제들은 모두 처형당했으며, 강화도로 유배된 영창대군은 이듬해 밀폐된 뜨거운 방 안에서 9살의 어린나이로 세상을 떠났다.

이것은 대북세력이 인목대비가 낳은 영창대군이 살아 있으면 그를 왕으로 추대하려는 역모가 계속 일어날 것을 우려해 일으킨 것이었다.

## 선조, 조정에 대한 성균관의 비방 벽서

선조 37년(1604)에 당시 재상과 환관, 궁녀의 성명 및 그들의 음란한 일들을 매우 험악하게 열거해 놓은 벽서가 성균관 문묘에서 발견되자, 그 혐의자로 정언선 등 4, 5인의 유생들이 붙잡혀서 곤욕을 치르게 되었으나, "불분명한 죄상으로 유생을 고문할 수 없다."라는 신조의 현명한 판단으로 유생들은 화를 면하였다.

## 숙종, "청(淸)을 멀리해라" 외교정책 비판벽서

숙종 37년(1711)에 영은문에 벽서가 붙었다. 벽서의 내용은 조선의 대청정책을 맹렬히 비난하며 의리를 중시하여 명을 가까이 해야 한다는 내용이었다. 이미 조선은 병자호란으로 청에 항복하여 신하국을 강요받는 상황이었다. 반청의식이 백성들 사이에 자리 잡고 있었으나 청과는 국경을 설정하는 문제로 외교적으로 민감하게 대립하고 있는 상황이었다. 따라서 조선은 외교적으로 민감한 시기였기 때문에 청에 이러한 벽서의 내용이 전달될 경우 조선 조정이 곤혹스러운 상황이었다.

따라서 조정은 벽서의 책임을 물어 포도청의 관리들을 파직시키며 범인을 고발하는 자에게 천 냥의 은을 상금으로 걸고 노비는 면천시킨다는 방문을 붙였다.[126] 얼마 후 포청에 수감된 죄수로부터 고발이 들어왔다. 동료죄수가 대화 중에 벽서는 바깥사람과 의논하였다는 말을 했다는 것이었다. 의금부에서 조사하였으나 모두 죄인들이 무고한 것이었다. 거짓으로 고발한 이유는 포상을 노리고 중형인 형량을 감형받기 위한 것이었다.

이번 사건은 벽서가 자신의 억울함을 호소하거나 남을 모함하는 데서 나아가 국가의 외교정책까지 비판하는 데 이른 것이다. 특히 벽서가 게시된 몇 일만에 포청에 잡혀 있는 죄수들에게까지 비밀스럽게 퍼졌다는 사실은 조선 백성들에게 벽서의 영향력이 상당하였음을 짐작케 한다.

---

126) 숙종실록 50권, 37년 5월.

## 숙종, '돈화문'에 붙은 반역의 무고벽서

숙종 41년(1715) 10월 31일 대궐문인 돈화문에 벽서가 붙었다. 벽서의 내용에는 고위관리들의 구체적인 명단과 함께 이들이 모반을 꾸민다는 것이었다. 벽서는 무고로 밝혀졌지만 조정에는 큰 충격을 던져 주었다. 벽서가 다른 곳도 아닌 왕이 거주하는 매우 경건하고 경비가 삼엄하여 일반 백성들의 통행이 제한되는 구역에서 발생했기 때문이다.

숙종은 벽서의 내용이 고위관리들의 행위를 비난하는 것이라는 점에서 더욱 놀랐다. 이 벽서는 백성들이 느끼는 불만은 어느 곳이든지, 어떤 내용이든지 자유자재로 관의 감시를 피해 표출할 수 있는 시대적 여건이 성숙되어가고 있음을 의미한다.127)

보물 제383호. 돈화문은 1412(태종 12)년에 창건, 현존하는
궁궐의 대문 중에서 가장 오래된 목조 건물128)

---

127) 이상배, 숙종조 괘서에 관한 연구, 상원사학, 제5집, 2008, p.59.

## 영조, 거액의 신고보상금 벽서

영조 4년(1728)에는 조정에서 벽서문제가 공론화되었다. 영조는
이들을 잡기 위해 보상금을 걸면 나라의 체통만 손상되므로 이를 무
시하라는 입장이었다. 영조가 이러한 입장을 고집한 것은 혹시라도
사소한 원한을 갚으려는 무고(誣告)의 내용일 수 있고, 오히려 애매
하게 선량한 사람이 걸려들 수 있다고 판단하였기 때문이었다.

그러나 벽서가 전라도 전주·남원을 시작으로 서울 서소문에까지
걸려 민심을 소란케 하자, 영조는 비로소 벽서는 사회의 불안조성에
큰 영향을 미치게 된다는 사실을 깨닫기 시작했다. 영조는 선대왕처
럼 벽서작성자를 잡아 신고한 사람에게 은 1천 냥과 품계를 2등급을
올리고 관리가 자신의 업무로서 잡더라도 똑같이 포상하도록 하였다.

그러나 영조129)의 이러한 노력에도 벽서의 작성자들은 잡을 수
없었다. 조정에서는 벽서의 원인을 무신년(1728년)의 흉년이 완전히
제거되지 못했기 때문에 민심이 좋지 않은 것으로 판단하였다. 영조
는 백성들과의 소통에 직접 나서서 청계천준천 토론회를 개최하는
등 적극적인 대민정책을 추진하였다.

---

128) 돈화문은 창덕궁의 정문이다 '돈화(敦化)'라는 말은 원래 중용에서 인용한 것으로 '공자의 덕
을 크게는 임금의 덕에 비유할 수 있다.'는 표현으로 여기에서는 의미가 확장되어 '임금이 큰
덕을 베풀어 백성들을 돈독하게 교화한다'는 뜻으로 쓰인 것이 돈화문에는 원래 현판이 없다
가 성종 때 서거정에게 분부하여 이름을 지어서 걸게 하였다. 2층 문루에는 종과 북이 있어
정오(正午)와 인정(人定), 파루(罷漏)에 시각을 알려주었다. 정오를 알리기 위해 북을 치는데
이것을 오고(午鼓)라고 하며, 인정은 통행금지를 알리기 위해 28번 종을 치는 것이고, 파루는
통행금지 해제를 알리기 위해 33번의 종을 치는 것을 말한다. 돈화문은 1609년(광해원년)에
중수(重修)했다.

129) 이상배, 조선 후기 정치와 괘서, 국학자료원, 1999, p.112. 영조 때 벽서는 15회 이상 발생

## 정조, 수령의 비리 고발벽서

정조 때에는 관리들의 부정을 규탄하고 민심을 선동하는 벽서가 붙었다. 정조 7년(1783)에는 궁궐인 창덕궁에 대신들이 출입하는 궁문인 금호문에 가평군수의 불법처사를 비방하는 벽서가 붙었다.

또한 1789년에는 서울 돈화문의 서협문에 한글로 된 벽서가 문밖 서쪽 기둥에 붙어 있었는데, 그 내용은 낭천현감 정내백이 민정을 돌보지 아니한다는 내용이었다. 정조는 벽서의 내용을 보고 받고 무고한 옥사가 일어날 수 있다면서 앞으로는 이와 같은 벽서는 수문장 또는 순섬들이 발견하는 대로 즉시 불에 대우고 절대로 알리지 말라고 하였다.

## 헌종, 벽서사건을 역률(逆律)로 처단

숙종·영조·정조의 비교적 왕권 강화를 통한 안정적인 국정운영은 이후 세도정치 아래 일족들의 부정과 삼정문란으로 인해 백성들에 대한 수탈이 심화되었다. 이러한 백성들의 불만은 벽서로 표출되있지민 수용되기니 개선되지 못했으며 오히려 처벌하고, 벽서사건을 역률(逆律)로 간주하여 처벌했다.

그 일례로 1841(헌종 7)년 9월에 경주 백성 수백 명이 대궐문에서 원정(原情)한 일에 대한 정부의 조처에서 극명하게 드러난다. 승정원일기에는 이정재가 비변사의 상언으로 헌종에게 아뢰는 기사 내용이 실려 있다.

"경주의 민인 등이 본 읍의 체환의 일로 원정(原情)을 드리려고 수백 명이 무리를 지어 대궐 바깥에서 엎드리고 있은 지 며칠이 되었다고 합니다. 그 사정이 어떤지는 모르겠으나 설령 그네 무리의 말대로라고 할지라도 마땅히 해당 읍에 호소하여 바로잡기를 바라야 할 것인데도 민산을 안고 대궐을 시끄럽히니 들려 드리기가 해괴합니다. 어리석고 무엄한 풍습이 말할 수 없이 통탄합니다. 그 조짐을 막고 뒷날을 징계하는 방법에 있어 적당히 조처할 일입니다. 장두 3인은 먼저 잡아서 형조에 보내어 엄형을 가한 뒤 본도로 압송하여 그 해당하는 율을 시행하게 하고 따라온 민인들은 모두 효유해서 돌려보내야 합니다."

이에 따라 경주부에서 조사하였으나 민상(民狀)을 낸 농민들만 처벌을 받았을 뿐이었다. 이것은 영·정조시대에 폭넓게 인정되어 성행하던 상언이나 격쟁도 그것을 시도하는 것조차 사실상 어려워졌음을 의미한다. 조선시대를 거치면서 백성들의 저항의식은 이미 형성되었으나, 이렇게 막히기 시작한 저항의식은 '민란'이라는 실력행사로 표출될 수밖에 없었다.[130]

---

130) 이이화(李離和), 19세기 전기의 민란연구, 한국학보(35), p.58~59.

# 06 삼국시대와 고려의 고발

고구려, 백제, 신라는 모두 부족국가로 출빌하여 주변의 다른 나라들과 전쟁을 치르면서 작은 국가들을 흡수하며 국가로 성장하였다. 이러한 전쟁의 과정에서 농사를 생업으로 하는 당시에 가장 중요한 땅과 사람을 취할 수 있었다. 귀족, 평민, 노비로 신분질서가 자리 잡히면서 신분에 따라 의식주, 하는 일과 벼슬의 높낮이가 달랐다. 귀족은 토지와 노비를 갖고 벼슬을 하며 정치와 사회를 지배했다. 때로는 왕이 이러한 귀족세력에 밀리기도 했기 때문에 왕은 강력한 왕권을 세우기 위해 온갖 노력을 기울였다.

노비는 가장 낮은 신분으로 주인의 재산이나 소유물로 취급되었으며 노비는 주인을 위해 농사를 짓거나 집안일을 하였다. 이러한 신분질서는 삼국시대뿐 아니라 고려시대, 조선시대에도 그대로 이어졌는데, 국가를 유지하는 가장 중요한 것이었다.

따라서 아랫사람이 윗사람을 고발하도록 허용하는 것은 신분질서를 흔들어 공동체를 해치는 것으로 여겨졌다. 삼국시대나 통일신라시대의 고발은 왕 주변에서 벌어지는 참소로 제한적이었다. 전쟁을 치르며 국가의 존립을 유지하는 것이 급선무였기 때문에 소수 귀족들에게 특혜를 주고 잘못을 저질러도 적당히 눈감아주었다.

한 가지 주목할 점은 통일신라 말에 발생한 왕위쟁탈전과 반란이나 역모사건들에 조정은 수동적으로 쫓아가 결국 왕실의 권위가 상실되고 권한이 약화되어 멸망하게 된 중요한 원인이 되었다는 것이다.

고려는 신라 말의 사회혼란을 극복하고 국가의 기틀을 잡기 위해 노력했다. 그중 4대 광종은 미약한 왕의 권한을 강화하기 위해 유교적 소양을 갖춘 하급관리들이나 노비들에게까지 귀족이나 지방호족들을 고발할 수 있는 참소정치를 펼쳤다. 하지만 일시적으로 광종의 뒤를 이은 경종의 복수법(復讐法)으로 무고로 억울한 죽음을 한 호족들을 달래려 하였으나, 사적 원한으로 복수하는 폐단이 발생하여 바로 폐지되었다. 따라서 이러한 광종의 정치는 고려사회에 고발이라는 풍토를 낳게 되는 중요한 계기가 되었다.

이후 소수 문벌 귀족들이 지배하는 안정된 사회에서는 고발의 영향은 적었으나, 무신의 난 이후 치열한 권력다툼으로 불안을 느낀 무신집권자들이 고발을 적극적으로 받아들여 자신들의 권력유지에 이용하였다. 따라서 이름뿐인 왕이나 관아에 고발하기보다는 무신집권자나 그들이 모인 중방, 교정도감에 고발하는 사례가 발생했다.

몽고와의 전쟁 이후 원나라의 간섭과 영향 아래서는 원의 눈치를 보며 굽실거리는 자들이 원의 조정에 고려 신하나 심지어 왕까지 고발하는 사태가 벌어지기도 하였다.

# 1. 삼국시대의 참소

　고대국가에서 엄연한 신분적 차별이 존재하고 신분적 질서가 사회근간을 이루기에 고발은 공동체의 기본질서를 깨는 것으로 여겨졌다. 즉 아랫사람이 윗사람을 고발하는 것은 신분질서를 어지럽히는 것이므로 여겨졌다.

　그럼에도 불구하고 고발보다는 좀 더 낮은 형태의 것이 등장하게 되었는데, 그것이 바로 참소(讒訴)였으며 삼국시대나 고려시대의 역사에는 참소 때문에 많은 사람들이 억울하게 변을 당하는 이야기가 많이 등장한다.

　참소는 왕 주변에서 벌어지는 것으로 제한적이었으며, 이러한 참소 때문에 많은 사람들이 억울하게 변을 당하기도 하였다.

　먼저 고발의 심리적 속성을 살펴보면, 다른 사람의 잘못을 알림으로써 바로잡고자 하는 마음과 그러한 마음속에 남을 시기하는 이기심이 함께 자리 잡고 있다는 점이다. 참소의 사전적 정의는 "어떤 사람이 다른 사람을 해치려고 거짓으로 죄가 있는 것처럼 꾸며서 윗사람에게 일러바치다."이다. 따라서 참소는 오늘날로 보면 무고(誣告)라기보다는 상대방의 잘못을 들추어내는 것이므로 고발 쪽으로 더 기울어진 것으로 해석된다.

　삼국시대나 통일신라시대에 전쟁을 치르며 국가의 존립을 유지하는 것이 급선무였기 때문에 소수 귀족들이 사소한 잘못은 대수롭지 않은 것이었다. 이러한 시대적 배경에서 남의 잘못을 고발하대는 것은 쉽지 않았으며, 국가에서도 고발을 제도화하지 않았다.

그러한 참소의 기록은 「삼국사기」에 처음 나오는데 호동왕자와 낙랑공주의 설화 속에 등장한다.

## 고구려 호동왕자 참소로 자결하다

서기 32년 4월 여름에 왕자 호동이 옥저로 놀러 갔을 때 낙랑의 왕 최리가 출행하였다가 그를 보고서 묻기를 "그대의 얼굴을 보니 보통사람이 아니구나. 어찌 북국신왕(神王)의 아들이 아니겠는가?" 하고는 마침내 함께 돌아와 딸인 낙랑공주를 아내로 삼게 하였다. 후에 호동이 고구려로 돌아와 몰래 사람을 보내 낙랑공주에게 알려서 말하기를 "만일 그대 나라의 무기고에 들어가 자명고와 뿔피리를 찢고 부수면 내가 예로써 맞이할 것이고 그렇지 않으면 맞이하지 않을 것이다."라고 하였다.

원래 낙랑에는 북과 뿔피리가 있어서 적의 병력이 침입하면 저절로 울었다. 그런 까닭에 이것들을 부수게 한 것이다. 이에 낙랑공주가 예리한 칼을 가지고 몰래 북을 찢고, 뿔피리의 주둥이를 쪼갠 후 호동에게 알렸다. 호동이 대무신왕에게 권하여 낙랑을 공격하였으니, 최리는 북과 뿔피리가 울리지 않아 대비하지 못하였다.

고구려 병력이 갑자기 성 밑에 도달한 연후에야 북과 뿔피리가 모두 부서진 것을 알았다. 마침내 낙랑의 왕이 공주를 죽이고 나와서 항복하였다.[131]

이렇게 호동은 고구려의 낙랑 정벌에 큰 공을 세웠다. 하지만 호

---

131) 三國史記, 卷第十四 高句麗本紀 第二. 대무신왕(大武神王) 十五年夏四月 최리의 낙랑을 정복하다(32년 4월 미상 음력). 국사편찬위 한국사데이터베이스 http://db.history.go.kr

동 출생은 왕의 둘째 부인인 갈사왕의 손녀에게서 태어났다. 얼굴이 아름답고 고와 왕이 그를 매우 사랑하였던 까닭에 호동이라 이름을 지었다. 그러나 첫째 왕비는 태자의 자리를 호동에게 빼앗길까 염려하여 왕에게 참소하여 말하기를 "호동이 저를 예로써 대하지 않으니 아마 저에게 음란한 짓을 행하려는 것 같습니다."라고 하였다. 왕이 말하기를 "다른 사람의 아이라고 미워하는 것입니까?"라고 하니, 왕비가 왕이 믿지 않고, 화가 미칠 것을 두려워하여 울면서 다시 말하기를 "청컨대 대왕께서 몰래 살펴보시고, 만일 이런 일이 없다면 첩이 스스로 죽겠습니다."라고 하였다. 이에 왕이 의심하지 않을 수 없어 장자 호동을 죄주려 하였나.

　누군가 이 말을 호동에 일러 말하기를 "그대는 어찌 스스로 해명하지 않는가?"라고 하였다. 호동은 "내가 만일 해명을 하면 이는 어머니의 악함을 드러내어 왕께 근심을 끼치는 것이니 가히 효도라고 할 수 있겠습니까?" 하고, 곧 칼에 엎드려 죽었다.[132] 사실 호동은 낙랑공주에 대한 사랑의 마음이 커서 공주를 잊지 못하고 있었다.

　대무신왕(大武神王)은 슬픔에 잠겨 헐뜯는 말을 믿고 사랑하는 아들을 죄도 없이 죽게 하였다며 자책하였다. 그러나 호동도 죄가 없다고 할 수 없다. 왜냐하면 이들이 아버지의 꾸지람을 들을 때에는 마땅히 순(舜)이 고수에게 한 것같이 하여 회초리는 맞고 몽둥이는 달아나서, 아버지가 불의에 빠지지 않도록 하여야 한다. 호동이 이렇게 할 줄을 알지 못하여 마땅하지 않은 상황에서 죽으니 작은 일을 경계하는 데 집착하여 대의에 어두웠다고 할 수 있다. 또한 대무

---

132) 三國史記, 卷第十四 高句麗本紀 第二 대무신왕(大武神王) 十五年冬十一月 왕자 호동이 자살하다(32년 11월 미상 음력).

신왕은 곧 첫째 부인을 거짓을 고한 죄로 참수하였다.

한편 「삼국사기」 열전에는 실혜가 참소로 좌천된 이야기가 실려 있다. 진제가 질투하고 원한을 품어 왕에게 여러 차례 참소하였다. "실혜는 지혜가 없고 담력만 세어서 기뻐하고 성냄이 급하여 비록 대왕의 말이라도 그 뜻에 맞지 않으면 분함을 참지 못합니다. 만약 징계하여 다스리지 않으면 그가 장차 난을 일으킬 것이니 어찌 그를 내치지 않습니까? 그가 굴복함을 기다렸다가 이후에 그를 등용하여도 늦지 않을 것입니다."

왕이 이러한 무고한 참소를 믿고 실혜를 영림(泠林)으로 좌천시켰다.[133]

## 관내부인 참소를 해 사형되다

고구려 중천왕 4년(251) 여름 4월에 왕이 관내부인(貫那夫人)을 가죽주머니에 넣어 서해에 던져버렸다. 관내부인[134]은 얼굴이 매우 아름답고 고우며 머리카락 길이가 아홉 자나 되어, 왕이 그녀를 사랑하여 장차 소후(小后)로 삼으려 하였다.

왕후 연씨는 그녀가 왕의 총애를 독차지할 것을 두려워하여 왕에게 말하기를 "제가 듣건대 서위(西魏)[135]가 장발(長髮)을 구하는 데 천금을 주고 사려고 한다고 합니다. 예전에 우리 선왕이 중국에 예물을 보내지 않아서 전란을 당하고 달아나 사직을 거의 잃을 뻔했습

---

133) 三國史記, 卷第四十八 列傳 第八, 실혜(失兮) 참소로 좌천되다.

134) 관나부는 灌奴部라고도 썼으며, 뒤에 南部, 前部라 하였다.

135) '서쪽의 위나라'라는 뜻이다. 西魏라는 왕조가 후에 등장하였으나(535~556) 이와는 별개이다.

니다. 지금 왕께서 저들이 바라는 바에 따라 사신 하나를 보내 장발미인을 바치면, 저들이 반드시 흔쾌히 받아들이고 다시 침략해오는 일이 없을 것입니다."라고 하였다.

왕이 그 뜻을 알고 묵묵히 대답하지 아니하였다. 관내부인이 그 말을 듣고 그 해(害)가 가해질 것을 두려워하여 도리어 왕에게 왕후를 참소하여 말하기를 "왕후가 늘 저에게 '시골 여자가 어떻게 여기에 있을 수 있지? 만일 스스로 돌아가지 않으면 반드시 후회할 것이다.'라고 욕하였습니다. 생각해보건대 왕후가 대왕의 출타를 틈타 저에게 해를 가하려고 하는 것이니, 어떻게 하면 좋겠습니까?"라고 하였다. 후에 왕이 기구(箕丘)에서 사냥을 하고 돌아오니, 부인이 가죽 주머니를 들고 맞이하여 울면서 말하기를 "왕후가 저를 이 속에 넣어 바다에 던지려고 하였습니다. 대왕께서는 저를 살려 주어 집으로 돌려보내 주십시오. 어찌 감히 다시 옆에서 모시기를 바라겠습니까?"라고 하였다.

왕이 확인해보니 거짓임으로 화를 내며 부인에게 일러 말하기를 "네가 바다 속으로 들어가고 싶구나?" 하고, 사람을 시켜 그녀를 바다에 던져버렸다.[136]

---

136) 三國史記, 卷第十七 髙句麗本紀 第五, 중천왕(中川王) 四年夏四月 왕이 관내부인을 죽이다(251년 4월 미상 음력).

## 2. 고려의 역모 고발

### 충렬왕이 원 중서성에 고발을 믿지 말고 수사권을 고려 조정에 달라고 건의하다

所邦姦佞之人, 欲釋宿憾, 飾辭妄告, 惑投匿名文, 至謂之謀叛,
소 방 간 녕 지 인    욕 석 숙 감    식 사 망 고    혹 투 익 명 문    지 위 지 모 반

管軍官·達魯花赤, 因而拷問, 騷擾一國.
관 군 관    달 노 화 적    인 이 고 문    소 요 일 국

今後, 如有似 前告訴者, 請自窮究事由
금 후    여 유 사    전 고 소 자    청 자 궁 구 사 유

- 고려사 권 28, 충렬왕 4년

　　고려가 몽고와의 전쟁에서 패한 후 원에 줄을 댄 권문세족들은 국왕마저 위협하며 국정을 전횡하였고, 부를 축적하여 권력을 유지하기에 급급하였다. 심지어, 고려 신하나 왕까지도 원나라에 고발하는 사례가 빈발하였다.

　　『고려사』에는 충렬왕 2년(1278) 7월에 원의 영향력으로 인해 사람들이 순마소에 사적인 원한으로 익명서(匿名書)를 넣고 고발하는 일이 많았기 때문에 충렬왕이 원의 중서성에 고려에 대한 참소를 믿지 말고 고발사건을 조사할 수 있는 수사권한을 고려조정에 달라는 건의를 하기까지 한다.[137)]

　　이러한 배경에는 원나라가 고려 고종 말년 영흥에 쌍성총관부를 설치하여 철령 이북의 땅을 차지한 데 이어 서경에는 동녕부, 삼별

---

137) 고려사 권28, 충렬왕 4년(1278) 7월. 왕이 원 중서성에 참소를 믿지 말고 수사권을 우리에게 달라는 등의 사항을 건의하다.

초를 진압한 후에 제주에는 탐라총관부를 설치하고 목장을 경영하였다. 고려는 원으로부터 끊임없이 내정간섭을 받아야 했는데, 여·몽의 일본정벌을 담당한 정동행성을 연락책으로 남겨놓았으며, 감찰기관인 순마소와 군관인 다루가치를 배치하여 고려의 내정을 간섭했다.

이렇게 국내 상황을 외국에 고(告)하여 외세의 힘을 끌어들였다는 것만 보더라도 이 당시 얼마나 많은 고발이 횡행하였는지를 단적으로 알 수 있다. 고발자들의 사적인 입지를 강화할 수는 있었지만 결국 원의 내정간섭의 빌미를 고려인들 스스로 제공한 것이었다.

고려의 고발사에서 가장 큰 영향을 미친 것은 광종의 침소정치였으며, 무신정변 또한 사회질서의 혼란을 바탕으로 고발이 빈발하게 되고 집권자들은 고발을 이용해 정적들을 제거함으로써 권력유지의 수단으로 고발을 이용하였다.

## 고려 왕건, 역모 고발을 받아들이다

918년 6월 왕건은 궁예를 몰아내고 왕위에 올라 국호를 '고려(高麗)'라 하고 연호를 '천수(天授)'라 히었다. 이제 고려는 안으로는 후삼국을 통일하고 지방호족세력들을 견제해야 했고, 밖으로는 중국대륙에서 바뀌는 주인에 따라 변화하는 국제정세 속에서 실리와 대의명분을 함께 취하는 국가로서 생존해야 하는 험난한 여정에 올라야 했다.

왕건은 역대 왕조가 그러하듯 왕조 초기에 반란과 역모로 인해 수없이 많은 죽을 고비를 넘겼다. 그중 가장 큰 역모에 대한 고발이 있었는데 이흔암 사건이었다. 이흔암은 원래 웅주(공주) 성주였는데, 왕건이 궁예를 내쫓고 왕이 되자 웅주의 성주를 포기하고 철원으로 상경하였다. 이 때문에 웅주와 그 인근 호족들은 모두 견훤에게로 갔다.

이흔암은 원래 궁예의 장수였으며 웅주를 점령하고 그곳의 성주로 있었으나 궁예에 대한 충성심으로 왕건에 대한 반감이 있었다. 그러한 이흔암의 태도에 왕건 역시 같은 장수출신으로 충성심이 적다는 이유로 문책하기에는 명분이 부족했다. 그때 이흔암의 이웃에 있던 수의형대령(守義刑臺令) 염장의 고발이 있었다. 그것은 이흔암이 역모를 도모하기 위해 세력을 결집하고 있다는 내용이었다. 하지만 왕건은 바로 그를 잡아들이지 못했다. 아무래도 철원에는 아직도 궁예를 받드는 세력이 잔존하였고 왕건에 대한 반감 또한 적지 않았기 때문이었다.

왕건은 대신 이흔암을 감시하기 위해 염탐꾼을 보냈다. 얼마 후 염탐꾼의 보고에 따르면 이흔암의 처 황씨가 변소에서 나오면서 한숨 섞인 어조로 "남편의 일이 순조롭게 진행되지 않으면 나도 화를 입을 텐데." 하고 말했다는 것이었다. 이러한 이유로 왕건은 이흔암을 잡아들여 저잣거리에서 목을 베게 하고 그의 자산을 몰수하였다.[138]

## 고려 광종, '고발정치'로 호족들을 제압

고려 태조 왕건은 지방 호족들과의 연대를 통해 고려를 건국하고 후삼국 통일의 위업을 달성했다. 그러나 태조가 세상을 떠난 뒤 공

---

138) 고려사 권1 세가, 권제 1 태조 원년(918) 6월 28일, 이흔암이 역모로 처형되다.

신과 호족들이 권력을 잡기 위해 암투를 벌였다. 그러한 가운데 제2대 혜종과 제3대 정종은 각각 재위 2년과 4년 만에 세상을 떠나고 말았다.

광종은 이러한 선대왕들의 수모를 경험하면서 외부의 세력기반에 의지하지 않고 왕권을 유지하기 위한 강화책을 모색하게 된다. 그것이 바로 노비안검법과 과거제 실시였다.

특히 노비안검법은 공신과 호족 세력을 어느 정도 약화시킬 수는 있으나 신분질서가 문란해지고 사회가 혼란해지는 부작용을 가져왔다. 노비들이 거짓으로 주인을 모함하여 신분상승을 꾀하는 일이 수없이 많이 발생했다.

더욱이 지방호족이나 귀족들을 억누르기 위한 광종의 노력은 대대로 지역적 기반을 두고 성장한 호족들을 완벽히 견제하는 데는 한계가 있었다. 이러한 가운데 광종은 왕권에 순응하지 않는 호족과 귀족세력들은 제압하기 위해 의도적으로 참소를 적극적으로 이용하였다.

960년 3월 평농서사 권신의 참소에서부터 시작된 참소정치로 인해 많은 호족들이 목숨을 잃었다. 광종은 대상 준홍과 왕동 등이 무리를 모아 역모를 꾀하고 있다는 권신의 참소로 준홍과 왕동을 귀양 보냈다. 대상 준홍은 충주출신의 호족이었으며, 좌승 왕동은 태조의 가계에 속하는 인물들로 모두 중앙 고위관리였다.

광종은 이 모반사건에 대한 고발을 계기로 정적들을 제거해 나갔다. 이렇게 점차 입지가 좁아진 호족들의 반발이 계속되었으며, 이번에는 황해도의 유력한 호족으로 왕건의 충직한 신하였던 박수경의 세 아들이 모두 역모로 고발되자 죽이고 만다. 곧이어 박수경 역시 울화병으로 죽게 된다. 광종의 이러한 공포정치는 호족들을 죽이는 데 그치지 않고 심지어 2대 혜종의 아들 흥화군과 3대 정종의 아들 경춘원군마저도 역모와 관련되었다 하여 처형하였다.

이때의 상황을 『고려사절요』 성종편에는 최승노의 글을 통해 다음과 같이 전하고 있다.

"광종이 재위한 경신년(960)에서 을해년(975)까지의 16년간은 간흉(姦凶)이 앞다투어 진출하여 참소가 크게 일어나니, 군자는 용납될 곳이 없고 소인만이 제 뜻대로 되어 아침에는 자식이 부모를 거역하고 종이 주인을 고소하기까지 하여 상하가 마음이 갈라지고 신하들은 해이해졌다. 옛 신하들과 이름난 장수들이 차례로 죽임을 당하고 인척도 모두 멸하였다. 하물며 혜종이 능히 형제를 보전한 일과 정종이 능히 나라를 보존한 일은 은혜와 의리를 논한다면 중하다고 이를 수 있는데, 두 왕 모두 하나뿐인 아들마저도 그 생명마저 보전치 못하게 하였다. 또 말년에 이르러서는 자기의 아들까지도 의심하고 꺼렸다. 그런 까닭에 경종은 태자로 있을 때 항상 불안에 떨다가 다행스럽게도 왕위를 계승하게 되었다. 아, 어찌 처음에는 잘하여 좋은 명예를 얻었는데 뒤에 잘하지 못하여 이 지경에 이르렀는지 참으로 통탄하지 않을 수 없는 일이다."139)

「고려사」와 「고려사절요」140)에는 오늘날의 고발을 의미하는 '남

---

139) 박영규, 고려왕조실록, 웅진지식하우스, 2013, p.140.

140) 고려사절요에는 내부 정보를 제공한 사람에 대해 후한 상을 준 사례로 중국후경의 노비사례를 들고 있다.
"옛날에 후경(侯景)이 양(梁)나라 대성을 포위하였을 때에 근신인 주이의 집 종이 성벽을 넘어 후경에게 항복했는데 후경이 의동(儀同)벼슬을 주었습니다. 그 종이 말을 타고 금포를 입고 성에 다다라 부르짖기를, '주이는 벼슬한 지 50년 만에 겨우 중령군이 되었으나 나는 처음 후왕에게 벼슬하여 벌써 의동이 되었다.' 하니, 이에 성안의 종들이 앞다투어 나와 후경에게 항복하여 대성이 드디어 함락되었다."

의 잘못을 윗사람에게 일러바친다.'는 용어로 '참소(讒訴)'가 자주 등장한다. 오늘날 우리가 갖고 있는 참소의 의미는 거짓으로 죄가 있는 것처럼 꾸며서 윗사람에게 아뢴다는 의미로 받아들이지만, 고려시대에는 남의 잘못을 고발한다는 의미가 더 강하였다. 이것은 곧 고려사회에 참소와 고발이라는 풍토를 낳게 되었는데, 광종 이후 경종 때에도 많은 참소가 있었으나 경종은 여러 해 쌓인 참소의 글을 불사르고 오히려 여러 해 동안 갇힌 무고한 죄수를 놓아 주어 백성들의 원통하고 분한 일을 없애기 위해 노력했다.

성종 때 제출된 봉사(封事) 가운데 당시의 시정개혁을 주장하는 최승로의 시무 28조[141]가 있는데 조문에 침소의 폐해를 기술하고 있어 당시에 얼마나 참소가 남발되었는지를 짐작할 수 있다.

"광종 때에 이르러서 비로소 노비를 안험(按驗)하여 그 시비를 분별하게 하자, ……중략…… 천한 노예들이 때를 만난 듯이 존귀한 이를 업신여기며 앞다투어 허위사실을 지어내 본 주인을 모함한 자가 이루 헤아릴 수 없이 많습니다. ……중략…… 성상께서는 전대의 일을 깊이 거울삼아 천한 자가 귀한 이를 업신여기지 못하게 하고 노비와 주인의 신분에 있어서도 중도를 잡아 처리하소서."(시무 28조 중 22조)

비록 광종의 뒤를 이어 왕이 된 경종은 이와 같은 폐해를 없애기 위해 참소문서는 모두 불사르고 임시 옥사를 헐어버렸지만, 이미 싹

---

141) 최승로의 시무 28조는 당시 시정개혁을 담고 있는데, 22개조만 오늘날 전하고 나머지 6개조는 경술년의 병란에 상실

트기 시작한 참소의 풍토는 고려 사회에 지속적으로 영향을 미쳤다. 특히 역사적으로 중대한 정치적 사건의 발단은 역모고발이 그 도화선이 되는 경우가 대부분이었다.

## 고려 최지몽, 역모고발의 전문가

고려 시대 최지몽(崔知夢)은 태조 왕건부터 제 5대 성종까지 관리로 지낸 인물이다. 그의 나이 18세 때 왕건을 만나 왕건의 꿈을 해몽하여 왕건이 반드시 삼한을 통일하여 다스릴 것을 강조하자. 태조가 기뻐하며 그의 이름을 지몽(知夢)으로 개명하도록 하였다고 전한다.

고려 2대 혜종이 죽은 후 그와 정치적 경쟁관계였던 이복아우인 정종이 즉위하였다. 최지몽은 혜종 당시 조정의 실세였던 왕규를 역모혐의로 고발하여 제거함으로써 정종의 왕권 안정에 기여하였다. 그러나 계속될 것 같던 그의 권세도 귀법사(歸法寺)에 행차한 광종을 호종하면서 지나친 음주로 왕에게 술주정을 한 죄로 11년 동안이나 외길현에 유배되었다.

광종의 뒤를 이은 경종은 980(경종 5)년에 최지몽을 대관 내의령 관직과 동래군후의 봉작에 식읍 1천호를 내리며 중앙으로 불러들였다. 경종이 최지몽을 끌어들인 것은 광종 사후 화합정치를 폈으나, 오히려 호족들의 세력이 강해져 그 반발을 무마하기 위한 것이었다. 최지몽은 왕승(王承)이 반란을 꾀하고 있다는 사실을 고발하여 그의 세력을 제거하였다. 그런 공으로 왕으로부터 어의(御衣)와 금대(金帶)를 하사받았다.[142)

경종은 광종의 공포정치를 극복하기 위해 화합정치를 외쳤으나 그 역시 역모로 많은 신하들을 잃게 되자, 차츰 상심하여 정치에 관심을 두지 않았으며 얼마 지나지 않아 죽고 말았다.

## 고려 경종, 무고(誣告)받은 자를 위해 복수법(復讐法) 제정

고려 광종의 왕권 강화 노력은 줄을 잇는 역모 고발로 나타났다. 역모 고발의 당사자들은 대부분 지방 호족들이었으므로 그들이 타겟이 되어 숙청되었다. 더욱이 집과 노비, 재산을 몰수당하기까지 하니 호족들의 불만은 커져만 갔다. 고발자들은 노비안검법에 따라 지방 호족들 밑에서 일하던 노비로서 양인신분을 얻은 자이거나 과거를 통해 등용된 하급관료들이었다.

광종의 뒤를 이은 경종은 선대의 공포정치를 버리고 화합정치를 펼쳤으며, 호족공신들을 다시 등용하였다. 이러한 조치 가운데 가장 중요한 것이 복수법(復讐法)의 제정이었다. 이 법은 선왕 때 무고로 인해 피해를 입은 사람들에게 복수할 수 있는 기회를 주는 것이었다. 하지만 보복적 행위들이 빈발하고 호족과 신진관료들 간의 세력 싸움이 불가피해져 화합정치라는 경종의 구호도 퇴색되었다.

심지어 당시 집정자인 호족 왕선이 왕에게 보고도 하지 않고 태조의 제10비 숙목부인 소생인 원명태자가 살해당하였다. 이렇게 종실의 어른까지 복수전으로 희생당하자 경종은 복수법을 폐지하고 왕선을 귀양 보냈다.

---

142) 고려사, 권92 열전 권제5, 최지몽.

# 고려 예종, 민심을 대변한 역모 사건

1107년 예종은 영토확장 정책을 펴기 위해 고려의 변방에서 성장하고 있는 여진을 선제공격하였다. 이때 윤관이 17만의 군사를 이끌고 출병하였는데 그해 12월 웅주, 영주, 복주, 길주 등을 장악하고, 이듬해에 함주와 공험진, 의주, 통태진, 평융진 등에 차례로 성을 쌓고 백성들을 이주시켰다.

그러나 여진의 끈질긴 공격으로 고려는 싸움을 계속하기가 어려웠으며 여진이 화의를 제안하자 고려 조정에서는 북동 9성의 반환을 두고 논란이 전개되었다. 조정은 국경을 침입하지 않는다는 조건으로 9성을 여진에게 반환하였다.

하지만 이러한 예종의 영토 확장 전쟁으로 흉흉해진 민심은 좀체 가라앉지 않았다. 결국 모반 사건으로 이어졌는데 1112년 8월 누군가가 역모에 대한 고발을 하게 되었다. 그 내용은 승려로 있던 왕숙인 승통 왕규가 상서우승 김인석, 전주목사 이여림 등과 내통하여 반란을 도모한다는 것이었다.

이 역모 고발사건으로 승통 왕규를 비롯한 김인석, 이여림 등 수십 명이 귀양길에 오르고 그중 일부는 참형을 당하였다.

한편, 무신정변 이후 이의방·정중부·경대승·이의민·최충헌의 일가로 이어지는 무인세력 내부의 치열한 권력 암투로 인해 사회질서가 문란해졌다. 지나친 문벌귀족들의 대토지 겸병과 백성들에 대한 과도한 부담을 개선하겠다는 무신의 집권의도는 사라졌다.

이제 권력만을 잡기 위해 혈육 간에도 무자비한 싸움을 하였으며, 심지어 무인들의 마음에 들지 않으면 왕까지도 마음대로 바꿔버렸다. 백성들 입장에서는 지배층이 귀족에서 단순히 무신으로 바뀌었을 뿐이었다. 무신집권자들마다 벼슬을 팔거나 백성들의 재물을 빼앗는 부패가 다반사로 나타났다.

『고려사』에는 정중부의 아들 집에는 날마다 아부하는 사람들로 문전성시를 이루었고, 화재로 소실된 태후의 별궁을 자신의 집으로 삼았다고 전한다. 이러한 가운데 저잣거리 곳곳에는 정중부 부자의 비행을 비난하는 익명의 방(榜)까지 나붙었다.

"시중 정중부 및 그의 아들 승선 정균과 사위 송유인은 권세를 믿고 빙자하게 행동한다. 남적(南賊)이 일어남은 모두 이들의 행동에서 비롯된 것이다. 만약 군사를 내어 남적을 치려면 먼저 정중부 무리를 죽인 뒤에야 가능할 것이다."(侍中 鄭仲夫及子承宣 筠·女壻僕射 宋有仁, 擅權橫恣, 南賊之起, 其源繇此 若發兵討之, 必先去此輩, 然後可.)(고려사 명종 열전 권제41)[143]

정중부를 제거한 이의민 역시 초기 무신 정변에 가담하여 의종을 시해한 인물로 집권 후에는 벼슬을 팔고 백성들의 재물을 빼앗는 갖가지 전횡을 일삼았다. 심지어 그는 김사미·효심이 난의 무리들과 밀통하며, '十八字爲王設'에 기대어 李씨 왕조를 꿈꾸기도 하였다. 고려사에는 그의 아들 이지영과 이지광이 왕명을 받드는 합문지후에게 폭력을 행사하고 왕의 애첩까지 건드리는 비행과 각종의 불법을 저질러 세간에는 그들을 '쌍도자(雙刀子)'로 불리기까지 하였다. 보다

---

143) 고려사, 명종 권128 열전 권제41, 叛逆, 정중부가 진원을 경영하디.

못한 이의민이 명종에게 자식을 죄줄 것을 청했으나, 왕은 무신세력들이 두려워 허락하지 않았다.[144]

이어 등장한 최충헌은 처음에는 봉사 10조를 만들어 권신들의 토지를 환원할 것, 근검절약과 사치를 금지할 것, 관원을 감축할 것, 승려들의 대궐 출입 제한 등을 통해 민심을 수습하려 하였으나, 권세를 유지하기 위해 갖은 방법으로 정적을 제거했다. 자신의 집에 앉아서 문무의 인사권과 감찰, 세금징수 등 국정전반을 장악하고 행사하였으므로 아첨하는 사람들이 문전성시를 이룬 것은 당연하였다.

이러한 무인들의 부패는 사회질서의 혼란을 부채질하였고, 결과적으로 무인정권을 타도하기 위한 반란이나 전국의 크고 작은 민란이 끊일 날이 없었다.

고려사에는 이 당시 남부 지방에서 일어난 민란을 '남적(南賊)'이라고 일컬었는데, 무인정권이 수시로 교체되는 혼란한 가운데 중앙의 통제력이 약화되었음을 나타낸다.

이 당시 고발은 권력 찬탈을 둘러싸고 서로 상대방을 제압하려는 정보를 신속히 얻는 것이 가장 중요하였다. 따라서 아무런 힘도 없는 왕이나 관아에 고(告)하는 것은 의미가 없는 것이었으며 바로 권력자에게 전함으로써 후일의 자신의 미래를 보장받으려 하였다.

최충헌에게 많은 고발이 전해진 것도 바로 이러한 이유에서였다. 이의민을 제거한 후 이의민 잔존 무리에 대한 밀고를 시작으로 만적의 난에 대한 밀고에 이르기까지 최충헌 자신을 살해하려는 음모를 고발을 통해 사전에 제거하였다.

---

144) 고려사, 권128 열전 권제41, 반역, 이의민, 이의민이 경대승 사후 집권하여 권력을 농단하다.

# 고려 명종, 무신정권 내부의 고발 시작

　고려 무신정변은 이의방·이고와 정중부가 일으킨 것이었으나, 실제 계획과 행동은 이의방과 이고를 중심으로 이루어졌기 때문에 집권 후의 권력도 이들을 중심으로 모아졌다. 이의방과 이고가 중방을 중심으로 각기 자신의 세력을 확장하기 위해 노력하였으므로 양자 간의 충돌은 불가피하였다.

　1171년 이고는 자신이 세운 공에 비해 홀대받는다고 판단하여 개국사의 승려 현소, 법운사의 수혜 등과 결탁하여 이의방을 제거할 기회를 엿보고 있었디. 이고는 태지의 가관식에 선화사(宣花使)로 참석하도록 되어 있었고 현소와 수혜는 법운사에 무뢰배들을 소집해 두었다가 일시에 연회장을 습격하여 이의방을 제거할 계획이었다.

　그런데 이고의 사령이 그 음모를 눈치채고 자신의 아버지 김대용에게 고(告)하였고, 김대용이 내시장군 채원에게 고발하였다. 이에 채원은 이의방에게 이 사실을 알리고 두 사람이 이고를 제거하기로 하였다. 이의방이 그날 궁문 밖에서 철퇴로 이고를 죽였다. 순검군은 측근들을 잡아들였으며, 이고의 어머니는 살해되고 그의 아버지는 평소에 이고의 행동을 못마땅하게 여겼다는 이유로 유배에 그쳤다.145) 그러나 얼마 후 채원 역시 반란을 도모했다는 이유로 이의방에게 죽임을 당했다.

---

145) 고려사, 권128 열진 권제41, 반역, 이의방, 이의방이 승려들과 결탁하여 이고를 제거하다

## 고려 원종, 무신정권의 종식을 몰고 온 고발

1269년 고려 원종이 병으로 왕위에서 물러났다는 소식을 듣고 급히 귀국길에 올랐던 태자 심(충렬왕)은 개성 근처에 다다랐을 때 정주의 관노 정오부로부터 고발을 받게 되었다. 고발 내용은 원종이 병 때문이 아니고 무신정권을 이끄는 임연이 폐위시킨 것이라는 사실이었다. 원종이 병 때문이 아니라 반란에 의해 폐위되었다는 사실을 알게 된 태자는 원으로 바로 돌아가 구원을 요청하게 되었다.

이러한 노비의 고발은 바로 역사를 바꿔 무신정권의 종식과 더불어 태자가 왕위에 오를 수 있도록 한 결정적인 계기가 된 사건이었다.

원종에 대한 무신들의 반란의 발단은 원종이 친몽정책으로 무신정권을 견제하려 했기 때문에 무신들과 갈등을 빚은 데서 기인하였다. 그러한 갈등은 원의 고려원군 파병문제로 노골적으로 드러났다.

원은 김준 부자와 아우 김충이 원병을 이끌고 원으로 올 것을 요구했으나, 김준은 고려 땅을 떠나면 정권을 잃을 것을 염려하였다. 김준이 원에 항전할 생각을 품었으나 원종은 김준의 그 같은 뜻을 받아들이지 않았다. 원종은 김준이 자신을 폐위하려는 의도를 알고 1268년 2월 임연을 시켜 김준과 김충을 살해케 했다. 그러나 이후 무신수반이 된 임연은 1269년 6월 22일 원종의 개경환도와 친몽정책에 반감을 품고 재상들과 뜻을 모아 원종을 폐위시킨 것이었다. 원에는 왕의 친서형식으로 병이 위독하여 안경공 창에게 선위한다는 내용의 서신을 보냈다.[146]

---

146) 고려사, 권130 열전 권제 43, 원종을 폐위하고 안경공 왕창을 고려왕으로 세웠다.

이때 태자 왕심이 원에 있었으므로 귀국 길에 오른 것이었다. 태자 일행이 개경에 다다랐을 때 관노 정오부로부터 반란이 있었다는 소식을 전해들은 태자는 원에 선위서신을 가져간 곽여필을 붙들어 사실을 확인한 뒤 발길을 원으로 다시 돌렸다. 태자의 구원요청을 받은 쿠빌라이는 임연 등을 원으로 불러들이려 하였다.[147]

이렇게 되자 임연은 원종이 병으로 폐위된 것임을 거듭 주장하다가 어쩔 수 없이 안경공을 폐위하고 다시 원종의 왕위를 복위시켰다. 이로써 왕위에서 물러난 지 5개월 만에 다시 복권된 것이었다. 임연은 근심과 울화증으로 등창이나 곧 죽었으며 왕권 회복을 추구하였던 원종으로서는 질호의 기회가 찾아온 것이었다. 더욱이 무신들이 자신을 폐위시킨 사실에 반감을 갖고 있던 원종은 임연의 뒤를 이은 임유무를 제거하여 1백 년 무신정권은 종식되었다.

## 역모 고발된 신돈, 개혁정치 막 내리다

고려 31대 공민왕은 개혁정치를 펴기 위해 유약한 유생이나 세력을 기르기 위해 친당을 짓는 선비들보다는 아무런 걸림돌이 없는 승려가 낫디는 생각에 신돈을 등용하였다. 신돈은 벼슬길에 나서면서 왕에게 다음을 청했다. 국왕과 대신이 참소와 이간하는 말을 쉽게 믿는다면서 절대로 이 같은 일을 없애 달라는 것이었다. 공민왕은 약속하였으나, 이 같은 약속은 오래가지 못했다.

전민변정도감(1366)의 판사가 된 신돈은 권문세족이 부당하게 겸

---

147) 고려사, 권256 세가 권26, 원종 10년(1269) 7월 23일, 세자가 임연의 반란을 알고 몽고로 되놀아가다.

병한 토지를 원래소유자에게 돌려주고, 불법노비를 해방시켜 백성들의 큰 호응은 얻었으나 권문세족의 반발을 샀다. 이렇게 개혁이 무르익을 무렵 홍건적을 무찌르는 데 공을 세운 강원보는 지도첨의 오인택과 함께 신돈을 제거하려고 모의하면서 친구인 판서 신귀에게 모의사실을 누설하였다. 그러자 신귀가 신돈에게 고변하면서 신돈을 제거하려는 시도는 실패로 끝났다. 이렇게 고발로 권력을 유지하던 신돈에게도 아이러니하게 고발로 망하게 된 사건이 발생하였다.

점차 신돈의 위세가 높아지자 국정전횡의 논란이 벌어졌으며, 공민왕 역시 조일신의 난(1356), 기철 일파의 역모(1356), 김용의 난(1363)을 겪은 터라 신돈 역시 경계의 대상이었다. 신돈은 스스로 도사심관이 되어 사심관을 부활시켜 세력을 넓히려다가 왕의 총애를 잃었다. 『고려사』에는 익명서가 나돌았는데 익명서상에 신돈의 역모 내용이 기록되어 있었다. 선부의랑 이인의 고발에 따라 신돈의 역모로 최사원, 정구한, 진윤검 등의 일당이 처형되었다.

## 3. 고발 방문(榜文)의 활용

사람들이 많이 다니는 성문이나 저잣거리에 방문(榜文)을 붙여 법령이나 국왕의 윤음, 명령 등의 여러 사항을 일반 백성들에게 알리는 것은 삼국시대부터 고려시대를 거쳐 조선시대에 가장 활발하게 이용되었다. 언론이나 통신수단이 없던 시대에 조정의 일이나 국왕의 명령을 백성들에게 전달하는 중요한 수단이었다.

고려 성종 9년(990)에는 김심언이 봉사를 올려 나라 안팎의 모든 관청벽에 육정육사의 글과 한나라 자사의 육조령(六條令)을 붙일 것을 건의한 기록이 있는 것으로 보아 당시에도 방문(榜文)이 널리 이용된 것으로 보인다. 김심언이 건의한 육정육사란 나라를 위해 올바른 일을 하는 여섯 신하와 나라를 망치는 여섯 신하를 말하고, 육조령이라는 중국 한나라의 지방관인 자사의 복무수칙을 방문에 붙여서 관리들이 이를 보고 경계로 삼도록 하기 위한 것이다.

고려 18대 의종 당시는 고려 중기로 전쟁이 없는 평화로운 시기였다. 의종은 놀기를 좋아하여 문신들과 함께 아름다운 경치를 찾아다니며 풍류를 즐겼다. 왕은 점차 궁궐을 비우고 흥왕사, 보현원 등으로 행차가 찾았는데 이렇게 향락에 빠져 정사를 소홀히 하면서도 반란을 우려하여 역모에 대한 고발 보상금제를 실시하였다.

『고려사』에는 의종 21년(1167) 1월 역모 고발자에 대해 벼슬과 상을 내린다는 방문을 모든 관청과 저잣거리에 붙인 기록이 있다. 방문에는 "역모를 고변한 자는 동방전랑과 서방장군 중에서 본인이 원하는 벼슬을 주고 노비에게도 직을 허가하며 아울러 은(銀) 이백 근을 주도록 한다."고 기록돼 있다. 그러나 이러한 의종의 노력에도 문신을 숭상하고 무신을 천시하는 숭문천무(崇文賤武)풍토로 멸시받아온 무신들의 불만이 의종 24년(1170) 8월 29일 정중부, 이의방, 이고가 무신의 난을 일으켜 80여 년 동안 집권하게 된다.

# 07 조선의 고발 보상금

무릇 민간풍습이나 한 나라의 풍속은 이루어지기는 백 년도
부족하지만 무너뜨리기는 하루로도 남는다

凡民風國俗, 成之百年而不足, 毀之一日而有餘
범 민 풍 국 속   성 지 백 년 이 부 족   훼 지 일 일 이 유 여

이 말은 조선 성종 때 대간 손순효가 맹목적으로 고발을 권장하는
것은 강상(綱常)의 윤리를 해치는 것이기 때문에 고발로 인하여 발생
할 수 있는 폐해를 경계해야 한다는 구절이다. 실지로 듣거나 보거
나 아는 것을 근거로 하지 않고, 잘못 듣거나 잘못 보거나 잘못 아는
것을 근거로 고발하는 폐해가 발생하므로 고발은 불가피하게 관아
에서 금지한 사항으로 제한해야 한다는 것을 의미한다.148)

다시 말하면 고발은 칼의 양날과 같아서 고발이 불가피함을 인정
하면서도 아랫사람이 윗사람을 고소하여 전래의 풍속을 해치지 않
도록 신중히 운영해야 함을 언급한 것이었다. 그러면서도 종사(宗社)

---

148) 성종 234권, 20년(1489) 8월 13일, 영돈녕이상, 육조,한성부 등과 지방수령의 탐오 방지방안
    을 논의하다.

에 관계되는 것과 불법으로 사람을 살해한 것은 고발을 허용하였다.

조선 초기부터 고발보상제를 운영하여 백성들이 적극적으로 관아에 고발할 수 있도록 유도하였다. 초기부터 활발히 시행되던 고발보상제 덕에 고발은 역모라는 정치분야에서 점차 다양한 민생 분야로 확대되었다.


## 1. 다양한 고발 보상금

새로운 왕조의 신분질서를 공고히 하고 국가의 재정석 기반을 확립하기 위해서는 노비제도와 토지제도에 대한 안정이 무엇보다도 중요하였다. 조선시대 중요한 공적 사회 질서중 하나는 신분질서를 유지하는 것이었다. 신분제 사회에서 전 국민이 신분제에 합당한 역을 지는데, 역의 종류에 따라 혹은 같은 역종이라도 지역에 따라 부담이 일정하지 않아 타 지역으로 도주하는 일이 끊이지 않았다. 조선 초기 이러한 현상은 국가수세 대상의 감소를 초래하고, 국역운영체제를 어렵게 했다. 또 남은 역호에 부담을 전가시키게 되므로 이러한 악순환은 신분제의 균형을 무너뜨릴 수 있있다.

따라서 조선사회는 신분제 신분제의 틀을 유지하는 것이 중요하였으므로 고발보상의 출발은 신분질서와 관련된 것이었다. 바로 경제력의 기반인 노비들의 도망을 막기 위해 도입된 것이 노비신고 보상제였다. 권세가나 지주는 도망노비들을 자신의 전호나 노비로 받아들이므로 국가 공민이 줄어들고 지배층 간 대립을 증폭시키는 역할을 의미하기도 했다. 이러한 시대적 배경 이레 도망한 국역부담자나 노비 등을 찾아서 본래의 위치로 되돌리는 일(추쇄: 推刷)은 그만큼 중요할 수밖에 없었다.

고발 보상금제는 그 당시 적은 관료인력으로 감시할 수 있는 한계를 극복하고 적극적으로 일반 백성들의 동조를 얻는 데 크게 기여하였다. 이렇게 출발한 보상금제는 금광신고, 저수지신고, 무허가 가옥 고발, 금주 등 다양한 생활분야로 확대되었다.

한편 보상금 지급방식에서도 고발자의 보상심리를 충족시켜 주는 고도화된 지급방식이 사용되었다. 고발만으로 바로 보상할 경우 사실을 과장되게 하거나 거짓으로 고발할 수 있기 때문에 고발자에게 먼저 기본 보상금을 주고, 뒤에 사실을 확인한 후에 차등 있게 보상하는 단계별 차등 보상책을 실시한 것이다.[149]

## 노비변정 고발 보상제

노비는 노동력의 원천이었으며 국가나 가정의 재정 수입원이었다. 특히 내수사(內需司)나 궁방(宮房), 권세가의 농장에서는 개별 추쇄를 행하면서 부역면제를 선전하며 농민을 모집했고, 농민들도 거짓으로 도망노비라고 하여 권세가에게 투탁(投托)하는 현상까지도 발생했다. 이 때문에 지방 수령들을 통한 추쇄가 이루어졌으며 수령들의 업무에 지장을 줄 정도로 사노비 추쇄를 청탁하는 사례가 많아 문제가 되었다.

이러한 시대적 흐름을 가장 잘 대변한 것이 도망 노비 고발제였다. 도망 노비나 국역 부담자를 고발한 자에게 상을 주었으며 도망

---

149) 세종 23년(1441) 2월 13일. 함길도 도관찰사·도절제사가 야인의 고변자에 대해 차등 포상할 것을 건의하다.

자를 용인하여 숨기거나 자신이 사역한 사람은 가족과 함께 변방으로 옮겨 살게 하던 형벌인 전가사변(全家徙邊)[150]의 중형에 처했다.

태종 6년(1406) 양인과 천인임을 분별할 수 없는 자와 비첩의 소생은 모두 천인을 면하고 양인으로 수군에 근무토록 하였으나, 도망쳐 숨어서 역(役)을 피하는 자가 많았으며 이름을 훔쳐 양반과 섞이는 폐단까지 발생하였다. 도망쳐 역을 피하는 자를 고발한 자에게 붙잡힌 피역자 수의3분의 1을 상으로 주고 그 나머지는 도로 속공(屬公)케 하는 제도가 도입되었다. 그러나 고발할 수 있는 자를 원래 노비의 주인과 노비인지 양인인지 구분을 원하는 사람에게만 고발할 수 있게 하여 고발자가 거의 없었다. 이것은 고발하는 사람이 제한되어 있어 다른 사람들이 비록 알고 있어도 고발하지 못했기 때문이었다.

이에 태종 9년에는 여러 사람이 고발하도록 하고 고발자에게는 고발로 밝혀진 노비수의 3분의 1을 상으로 하는 노비진고법(奴婢陳告法)을 실시하였다. 3인의 피역자를 고발할 경우 1명은 고발자에게 주고 나머지 2명은 속공하게 하였으나, 모든 경우를 3분의 1로 구분할 수 없기 때문에 붙잡은 피역자를 주기보다는 전물(錢物)로 고발자를 포상하였다.

세종 4년에는 누락된 노비를 고발한 노비에게 상으로 신역을 면제해 주기까지 하였으나, 이들이 생활이 나아지고 충분히 군역을 감당할 수 있으므로 신역을 면제해 주는 대신 상을 주어 고발을 활성화하려고 하였다.

---

150) 조선 세종부터 북방개척을 위한 정책의 하나로 사용된 형벌

# 금광 신고 보상제

조선 초기 15세기에는 명에 공납하기 위해 또는 왕실의 사용에 충당하기 위해 필요한 금은을 조달하는 것이 가장 시급한 것이었다. 조정에서는 백성들이 소유하고 있는 금·은을 모으고 금은산지를 적극적으로 개발하였다.

조정에서는 백성들이 갖고 있는 금·은을 수매하여 명의 공납과 왕실에서 사용하게 하는 한편 채금경차관(採金敬差官)[151]을 전국 각지에 파견하여 금은광산을 개발하였다. 채금경차관은 금은광산에 어느 정도의 식견을 가진 자로서 산지의 채광과 시굴임무를 띠고 파견된 조관이었다. 이들은 금·은산지의 농민들을 징발하여 잡역형태로 사역하였고 시굴기간, 동원인원, 금·은의 품질 및 생산량 등을 면밀히 조사 보고하였다.[152] 금·은세공을 채납하는 농민들에게 조정은 요역과 잡역을 면제키도 하였고 잡물세공도 면제하였지만 광역(鑛役)이 고되고 작업일수가 길어 농사를 그르치는 폐단이 많았기 때문에 농민들은 이를 기피하였다. 농민들이 광역을 기피하고 금·은광산의 개발을 싫어하기 때문에 수령 및 향리들까지도 관내에서 광산이 개발되는 것을 기피하였다.

조정은 이러한 농민들의 불만과 수령, 향리들의 기피하는 것을 회유하기 위해 태종 18년에는 금(金)이 나는 곳을 신고한 자들에게 포상하여 신고를 권장하도록 하였다. 금이 나는 곳을 신고한 자에게는

---

151) 경차관(敬差官): 어떤 사안이 생길 때마다 수시로 임무를 띠고 지방에 파견한 특별명령을 받은 특명관. 경차관을 파견한 것은 1396(태조 8)년 8월 신유정을 전라, 경상, 충청지역에 왜구 소탕을 위해 파견

152) 유승주, 1983, 조선전기후반의 은광업(銀鑛業) 연구, p15.

각자의 신분에 따라 신역을 면제하거나 관직을 상으로 주거나 관리들에게는 품계를 올려[153] 주었다.

세종 23년에 채금경차관을 보내는 대신 수령들에게 그 업무를 위임하고 실제 채금하는 기술자(金工干)를 각 도에 보내 기술을 가르치고 배운 사람만이 금을 캐도록 하였다. 그러나 금을 캐는 자가 뇌물을 받고 금이 나는 곳을 나지 않는 곳이라 하는가 하면, 금이 많이 나는 곳을 적게 나는 곳이라 속이기도 하였다. 심지어 사사로이 금을 훔쳐 쓰는 폐해가 발생하자 그러한 행위를 고발받아 처벌하도록 하였다. 따라서 신고로 얻은 장물(臟物)은 신고자에게 포상으로 주었으며 금광 개빌을 빙해하거나 이와 관련된 불법 사실을 알고도 신고하지 아니한 자들에게는 가혹한 처벌을 하였다.[154]

그러나 조정의 금·은광업정책은 부역노동에 시달리는 농민들의 불만과 저항을 빚고 있었기 때문에 명(明)에게는 우리나라는 금·은이 생산되지 않음으로 금·은의 공납을 면해 줄 것으로 요청하는 한편 백성들이 갖고 있는 금·은이 국외로 유출되지 않도록 가혹한 매매금지령을 제정하였다.[155]

또한 당시 일본에서는 여러 곳에서 금광이 개발되었으므로 왜관에서 공시무역을 통헤 대량의 금을 유입하게 하였다. 이러한 노력의 결과 세종 11년에 금·은을 명나라에 공납하지 않게 되었으며 성종 15년에는 왕실로 보내는 공납까지 하지 않았다.

조선 초기부터 일상생활에서 백성들의 금·은 사용은 억제되었다.

---

153) 가자(加資): 품계를 올리던 일
154) 조선왕조실록 세종 930권(1441, 신유/ 명 正統 6년) 8월 22일 세 번째 기사.
155) 유승주, 1983, 소선 전기 후반의 은광업(銀鑛業) 연구, p.15.

금·은으로 만든 그릇을 회수하고 그에 대한 가격을 계산해 주었으며 사적 매매를 금하기까지 하였다.[156] 그러나 금·은은 궐내의 의복, 관리의 품대, 사대부 자손의 귀고리, 사대부 부인들의 노리개들은 이미 부득이하게 통용되는 것인데 매매를 일체 금지하자, 이를 위반 하는 백성들은 물론 사대부 관리들까지 잡혀 오게 되자 사적 매매를 다시 허용하였다.[157]

「연산군 일기」에는 금·은과 관련해서 연산군의 이야기가 기록되었다. 15세기 전국 각처의 금·은산지가 개발[158]되고 있지만 16세기 일본으로부터 황금이 유입됨으로써 국내의 금광개발은 자극받지 못하는 결과를 초래하였다. 연산군은 사치와 향락에 빠져 있어 궐내 금·은 수요가 급증하였다. 왕비 신씨를 비롯해 장록수·전비와 같은 후궁들이 많은 데다 8도로부터 뽑은 수천 명의 여인들이 꾸밀 각종 장신구와 복식에 많은 금·은이 소요되었다. 이러한 사치는 국가 재정의 결핍을 가져왔고 공신들에게 지급한 공신전의 환납을 요구하면서 갈등을 빚기 시작하였다. 다른 한편에서는 연산군의 금·은에 대한 관심은 전국 각지의 장인 수백 명을 궐내에 사역하여 정교한 금·은세공술이 발달하였으며 조선시대 가장 유명한 함경도 단천(端川) 은광에서는 연은분리법(鉛銀分離法)을 개발하여 순은의 순도를 높이는 데 기여하기도 했다.

---

156) 세종실록 64 16년 6월 갑인.
157) 세종실록 64 16년 6월 갑인.
158) 유승주, 1983, 조선 전기 후반의 은광업(銀鑛業) 연구, p16.
    태조~성종 연간 33개 産金地, 29개 産銀地가 개발

# 저수지(川防) 신고 포상제

세조 12년 조정에서는 가뭄에 대비하고 농사를 잘 짓게 하기 위해 저수지 관개시설을 만들 수 있는 땅을 찾은 사람에게 보상금을 주는 정책을 실시했다. 세조는 민간이 스스로 소규모 관개시설을 조성하도록 하기 위해서는 경제적인 유인책이 필요하다고 판단하였다. 따라서 냇둑(川防)을 만들 만한 빈 땅을 신고하는 사람에게 인공 둑을 만들어 생긴 땅을 우선적으로 지급하였다.

조선 초기 부족한 농지를 확대하기 위해서는 토지개량이 필요했으며 서수지를 만드는 수리사업이 중시되었다. 특히 조선 전기에 가뭄기록은 115년간(1392~1506)에 13년을 제외한 102년 동안 발견될 정도로 극심하였다.[159] 이를 극복하기 위해 국가는 그 행정력으로 저수지(堤堰)[160]의 신축 및 보수사업을 추진하였고 민간에서는 냇둑(川防)을 만들었다. 국가의 힘으로 만든 제언과는 달리 냇둑은 비교적 소규모 관개시설로 민간의 중소지주들이 농사를 위해 만들고 있었다.

제언은 공사 규모가 커서 쉽게 이루어질 수 없었고, 또한 지방 토호들에 의해 독점되는 경우가 많아 가뭄 때 관개용수로 사용하기에 효과적이지 못하였다. 이에 비해 냇둑은 작은 하천이나 빗물을 가두어 수로를 연결하여 물을 끌어 올 수 있었으므로 농민들에게는 매우

---

159) 이호철, 2004, 조선 전기 농법의 전통과 변화, 농업사연구 제3권 1호 조선전기 1523년 국가가 축조한 수리시설은 하삼도 제언 2,200개 존재.

160) 제언이란 강물을 막아서 농업용수를 저장·관리하는 수리 시설, 즉 돌이나 흙 등으로 쌓은 둑을 말하는데 벼농사에서는 대단히 중요한 것이었으므로 예로부터 국가적으로 관심을 기울여 왔다(디지털 고령문화대선).

편리한 시설이었다.[161]

농업국가에서 물은 생명줄과 같았으므로 치수사업은 국시와 같았다. 왕조의 통치근거를 위해서뿐만 아니라 지역에서의 경제권력 간 이권다툼 때문에 치수사업은 더욱더 중요하였다. 강물이 범람하거나 가뭄이 들면 왕이 직접 그 해결법을 책문의 과제로 냈을 정도였다.

권력자들은 물이 가까운 옥답을 탐했고, 그에 대항하기 위해 지역의 토호세력들은 때론 뭉치고, 때론 중앙 정계에 진출하여 자신의 물길을 지켜냈다. 백성들의 무보수 노동과 세금으로 이루어진 이러한 노력의 결과는 마침내 조선 후기에 빛을 발하기 시작했고, 모내기 법과 골뿌림 법 같은 새로운 농경법이 탄생하게 되었다.

김홍도. 환어행렬도(還御行列圖). 1795년경. 견본채색, 156.5×65.3cm, 용인 호암미술관 소장
정조 때의 화가 김홍도가 1780년대 중반에 모내기 장면을 그린 풍속화

---

161) 디지털고령문화대전.

## 무허가 가옥 고발 보상제

　조선의 개국과 더불어 한양으로 도읍을 정하면서 집을 지을 땅을 나라에서 나누어 주었다. 한양의 땅이 한정되어 무제한으로 나누어 줄 수가 없기 때문에 백성들에게 나누어 주는 땅을 제한하였다. 정 1품은 35부, 2품은 30부, 이하 5부씩 내려서 6품은 10부, 일반 양민은 2부를 주었다. 여기서 말하는 부(負)는 토지 면적과 수확량을 나타내는 단위인데, 요즘으로 치면 1부는 약 100제곱미터쯤 된다. 신분제도가 주택건축에 영향을 미쳐 신분에 따라 가대(家垈)의 제한이 있었음을 의미한다.

　특히 조선시대의 수도 한양에는 '금산(禁山)'제도라는 것이 있었다. 14세기 말부터 시행된 금산제도에 따르면 백성은 금산으로 지정된 도성 안팎 일정한 구역 안에서는 농사, 나무하기, 돌 캐기, 흙 퍼가기, 집짓기 등을 할 수 없었다. 조선왕조 내내 엄격하게 산림을 보호한 금산제도 덕분에 그 시기 한양의 녹지는 비교적 잘 보존됐다[162]

　세종 5년에는 서울 안에 있는 집터를 매매하거나 서로 바꾸거나 오래되어도 집을 짓지 않는 지역을 신고한 자에게 땅을 나누어 주었으며, 비밀리에 집을 지은 자를 신고하면 그 집을 헐고 허가 없이 집을 지은 토지를 상으로 주었다. 서울은 신분에 따라 사는 동네가 나뉘어 있어 청계천 북쪽은 양반, 남쪽은 주로 백성, 청계천부근의 중간지대는 중인들이 집을 짓고 살도록 되어 있었기 때문에 집을 짓는 것도 허가가 필요했던 것임을 알 수 있다.

---

162) 주간동아, 그린벨트 40년 폭발한 민심, 2010. 11. 22. /63호, p.14~17.

세종 11년에는 빈터에 집을 짓겠다고 청원한 자가 여러 달이 지나도 허가한 문서를 받지 않고 있다가 다른 사람이 그 자리에 신청할 때는 자신이 먼저 신청을 했다며 집짓기를 방해하는 사례가 발생하였다. 이에 대해 신청 후 3개월이 지나도 집을 짓지 않으면 '집을 짓지 않는 것으로 인정'하도록 하여 다른 사람에게 집을 지을 수 있도록 허용하였다.[163]

## 나쁜 쌀 판매자 고발 보상제

요즘도 그렇거니와 옛날에도 상거래에는 갖가지 속이는 경우가 난무하기 일쑤였다. 가격을 조작하거나 물건의 품질을 속이는 경우도 허다했다. 성종 12년(1481) 9월 3일 『성종실록』에는 상인들이 쌀자루에 모래를 섞거나 물에 불리어 나쁜 쌀을 판매하는 것에 대해 고발하면 보상한다는 기사가 실려 있다.

이 같은 불법적이고 부정한 상행위를 적발하고 건전한 시장 질서를 유지하기 위해서는 일반 백성들의 고발이 반드시 필요하였다. 따라서 조정에서는 백성들로부터 고발을 받아 부정한 상행위를 적발하고 고발자에게는 범인의 재산 3분의 1을 보상하도록 하였으며, 범행을 저지른 자는 가족 모두를 변방으로 보내도록 하였다. 또한 가까운 이웃으로 알고도 고발하지 않은 자는 '왕의 교지를 따르지 않은 죄'[164]를 물어 장 1백 대를 치도록 하였다.

---

163) 세종실록 43 11년 3월 기유.
164) 제서유위율(制書有違律): 임금의 교지(敎旨)와 세자의 영지(令旨)를 위반한 자를 다스리는 법. 장 1백에 처한다.

## 금주위반 고발 보상제

큰 가뭄이나 흉작이 들면 국가에서 술 마시는 것을 금하였다. 이
것은 근신 절제함으로써 하늘의 노여움을 풀고 굶주린 백성들을 위
로하며 식량과 비용을 절약할 목적으로 행하여졌다. 『고려사』에는
충렬왕 13년(1287) 2월 7일, 충숙왕 3년(1316) 3월 3일, 충목왕 원년
(1345) 5월 25일, 공민왕 3년(1354) 5월 10일, 가뭄으로 곡식이 귀해
술을 금한다는 기록이 있다. 한편 공민왕 1년(1352) 6월 6일에는 금
주령을 어긴 관리를 격구놀이로 용서해 주었다는 기록이 있다.

「조선왕조실록」에는 금주령이 여러 대에 걸쳐 빈번하게 시행된
기록이 나오는데, 보통 중앙정부의 결정이나 지방관찰사의 건의로
시행되었다. 그러나 술을 팔아 생계를 이어가는 빈민들의 양조행위
등은 묵인되는 등 엄격히 집행되지는 못했다.

조선 영조 33년(1757)에는 흉작이 되자, 왕이 창덕궁의 명정전(明
政殿) 월대에 직접 나가 금주윤음(禁酒綸音)을 발표하였다. 전교에는
"술을 마시는 자가 없다면 술을 빚은 자가 스스로 그칠 것이다. 술
을 빚다가 붙잡힌 자로 하여금 술을 사서 마신 자를 진고(陳告)케 하
여 형을 면제히고 유배히게 한다. 또 특명으로 곤장 서방하게 한다."
는[165] 내용이었다.

---

165) 영조 33년(1757, 정축) 10월 24일. 명전전 월대에 나가 5부의 부로를 불러 계주의 윤음을 선유하다.

## 2. 고발 방문(榜文)

삼국시대부터 고려시대를 거쳐 조선시대에 방문이 가장 활발하게 이용되었다. 언론이나 통신수단이 없던 시대에 조정의 일이나 국왕의 명령을 백성들에게 전달하는 중요한 수단이었다.

조선시대에 방문은 한문으로 작성하였으나, 한글이 일반 백성들에게 퍼진 뒤에는 방문을 한글로도 작성하였는데 정조 15년(1791)에는 강원도 영월에서 벽서가 붙어 주민들이 동요하자 조정에서는 해당 고을의 백성들이 조정을 믿고 즐겁게 생업에 종사하도록 백성들의 마음을 위로하는 방문을 한글과 한문으로 만들어 큰 길거리에 붙이도록 하였다.[166]

### 화폐(楮貨)의 사용 권장 방문

태종 때 조정에서는 종이로 된 저화(楮貨)[167]를 보급하려고 하였다. 대체로 화폐를 사용할 수 있는 사회·경제적 여건이 형성되지 못했기 때문에 쌀이나 포(布)가 화폐의 주요 기능을 하고, 상인이나 일반인들도 여전히 쌀이나 포(布)를 화폐로 통용하여 저화는 제대로 유통되지 못했다.

조정에서는 백성들이 갖고 있는 포(布)를 제용감(濟用監)에 납부하면 저화(楮貨)로 바꾸어주고 혹시라도 집에다 포를 감추는 자가 있거나 시장에서 저화를 사용하지 않는 상인이 있는지를 적발하고 이것

---

166) 정조 15년(1791) 2월 16일.

167) 태종 1년(1401), 하륜(河崙)의 건의로 사섬서를 설치하여 저화(닥나무 껍질로 만듦)를 발행·통용.

을 고발한 자에게 상을 준다는 내용의 방문(榜文)을 붙였다.

<table>
<tr><td>

**榜文**

皆<sub>개</sub>沒<sub>몰</sub>官<sub>관</sub>、有<sub>유</sub>能<sub>능</sub>告<sub>고</sub>捕<sub>포</sub>者<sub>지</sub>、將<sub>장</sub>犯<sub>범</sub>人<sub>인</sub>家<sub>가</sub>産<sub>산</sub>、一<sub>일</sub>半<sub>반</sub>充<sub>충</sub>賞<sub>상</sub>

依<sub>의</sub>判<sub>판</sub>旨<sub>지</sub>杖<sub>장</sub>一百、贖<sub>속</sub>楮<sub>저</sub>貨<sub>화</sub>、身<sub>신</sub>充<sub>충</sub>水<sub>수</sub>、上<sub>상</sub>項<sub>항</sub>形<sub>형</sub>人<sub>인</sub>家<sub>가</sub>産<sub>산</sub>、

所<sub>소</sub>匿<sub>의</sub>常<sub>상</sub>布<sub>포</sub>五百匹<sub>이</sub>以<sub>상</sub>上、典<sub>전</sub>刑<sub>형</sub>廣<sub>광</sub>示<sub>시</sub>、五百匹<sub>이</sub>以<sub>하</sub>下、

限<sub>한</sub>日<sub>일</sub>皆<sub>개</sub>令<sub>령</sub>入<sub>입</sub>官<sub>관</sub>、准<sub>준</sub>給<sub>급</sub>楮<sub>저</sub>貨<sub>화</sub>、定<sub>정</sub>日<sub>일</sub>以<sub>이</sub>後<sub>후</sub>、搜<sub>수</sub>索<sub>삭</sub>各<sub>각</sub>戶<sub>호</sub>、

</td><td>

**방문**

간수한 포를 날짜를 한정하여 모두 관가에 들이게 하여 저화로 준급하며, 정한 날짜이후에는 각 호를 수색하여 숨긴 상포가 5백 필 이상이면 법대로 처형하여 보이고, 5백 필 이하면 판지에 의하여 장 1백 대에 저화로 수속하고 그 몸은 수군으로 충당한다.

그리고 상항의 사람들의 가산은 모두 관가에 몰수하여 고발하여 체포하게 한 사람이 있으면 범인의 家産 半을 상으로 준다.

조선태종실록, 11년(1411) 1월 21일

</td></tr>
</table>

따라서 사헌부에서는 포를 사용하고 저화를 쓰지 않을 경우 경중(輕重)에 따라 벌하도록 하였다. 또한 각 집을 수색하여 숨긴 상포(常布)가 5백 필 이상이면 처형하고, 5백 필 이하는 장(杖) 1백 대로 벌하고, 그 위반자는 수군(水軍)으로 보내는 처벌을 하였다. 특히 고발한 사람에게 범인의 가산(家産)의 반(半)을 상(賞)으로 주도록 하였다.[168] 또한 「태종실록」에는 포를 숨긴 상인을 금령 위반죄로 소급입법하여 처벌할 수 있느냐는 문제가 기록되어 있다. 상인이 포(布) 1천5백여 필(匹)을 다른 집으로 옮겨 놓고 저화(楮貨)를 쓰지 않았다는 사실이 적발되었으나 포(布)사용 금지령(禁令)이 내리기 이전이라 죄를 묻지 않았다.

---

168) 태종 11년(1411, 신묘) 1월 21일.

세종 7년(1425) 4월 14일에는 민간에 흩어져 있는 저화를 동전으로 교환(저화 한 장에 돈 1전)하도록 조치하였고, 동전 사용을 권장하기까지 하였다. '경국대전'에까지 관리의 녹봉을 쌀과 포와 함께 저화를 지급하도록 규정하였으나, 화폐로서 저화는 큰 기능을 하지 못하였다. 실제 조선 중기에 와서는 저화는 거의 유통되지 않았다.

## '범인 현상수배 보상금' 방문

1429년 3월 24일 밤 한양의 대로변에서 도둑이 사람을 죽인 살인 사건이 발생했다. 피살자는 이춘발이라는 사람인데 그는 일본과 무역을 위해 설치된 왜관에서 실무를 맡아 관리하는 왜통사(倭通史)였다. 세종은 이 사실을 보고받고 의금부와 형조가 합동으로 살인범을 잡도록 하였다.

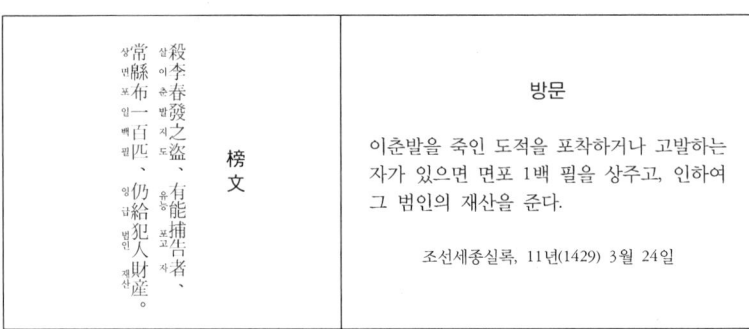

방문

이춘발을 죽인 도적을 포착하거나 고발하는 자가 있으면 면포 1백 필을 상주고, 인하여 그 범인의 재산을 준다.

조선세종실록, 11년(1429) 3월 24일

의금부에서는 저자 거리에 "범인을 고발하거나 붙잡는 자에게 면포 1백 필을 상으로 주고, 그 범인의 재산을 함께 다 준다."는 내용의 방문을 내걸었다. 그러나 사건 발생 10일이 지나도 범인에 대한 단서조차 찾지 못했다. 이렇게 되자 세종은 도둑이 사람을 거리낌 없이 죽이는 극악한 짓을 바로잡아야 하므로 보상금을 높이도록 하였다. 이어 다시 방문이 붙었는데 "신고자에게 면포 2백 필을 주고 천인인 신고자는 면천하고, 양인인 경우 관직을 준다. 또한 함께 공모한 자가 자수하면 죄를 면할 것이며, 고발한 것이 맞지 않더라도 죄를 주지 않는다."는 내용이었다.[169]

며칠 뒤 귀화한 일본인 변상이 "이춘발과 왜통사 홍성부가 틈이 벌어져 홍성부가 이춘발을 살해한 것 같다."고 신고가 들어왔다. 홍

제주 민속촌, '범인 공개수배 방문'

---

169) 세종실록 11년 4월 기유.

성부에 대한 국문이 시작되자, 홍성부는 겁에 질려 본인은 살인을 하지 않았으며 살인자는 김생언이라고 실토하였다.

이번 살인은 홍성부가 이춘발의 왜통사 자리를 노리고 김생언과 함께 이춘발의 살해를 모의하여 행한 것이었다. 김생언은 미리 순관 복장으로 변장시킨 이득시와 잡인들을 개천교 근처에 매복시켰다가 말을 타고 지나가는 이춘발을 함께 습격하여 살해한 것이었다.

사건의 정황이 밝혀지자, 이득시는 남산으로 도망가 버렸다. 병조 에서는 군졸을 풀어 남산을 수색하였으나 그의 행방을 찾을 길이 없 었다. 며칠이 지난 뒤 보상금을 노리고 사노(私奴)인 원만·부호·두 언·금록 4명이 이득시에 대한 추적을 시작하였다. 그들은 이득시가 머리를 깎고 중으로 변장하였으며 경기도 광주에 숨어 있다는 사실 을 알고 그를 광주인근에서 붙들었다.

조정에서는 범인을 잡은 공적에 따라 추적을 주도한 원만에게는 면포 1백20필, 부존에게는 40필, 금록과 두언에게는 각각 20필씩을 상으로 주었다.

살인사건은 해결되었으나, 조정에서는 왜관무역을 제한하자는 의견 이 들끓었다. 이번 사건의 이면에는 일본과의 금·은 매매를 금지하 고 있는 것이 발단이 되어 위반자들이 처벌이 두려워 살인까지 저지 르게 된 것이기 때문이었다. 심지어 왜와의 거래 시 반드시 금란관(禁 亂官)의 입회하에 매매를 해야 한다는 주장까지 제기되었다. 세종은 왜관무역에서 조선이 막대한 이익을 거두고 있고, 왜관무역을 제재할 경우 조선과 일본의 화친에 금이 갈 수 있다며 받아들이지 않았다.[170]

---

170) 세종실록 44 11년 4월 기유.

제2장

# 신문고

# 01 왕과 백성의 소통(疏通)

다른 사람과의 소통의 문제는 길수록 많은 갈등을 안고 살아가는 현대 사회에서 매우 중요한 의미를 가진다. 선인 중에서 장자는 우리에게 소통을 이해할 수 있는 중요한 개념을 제시하고 있음으로 그의 소통관을 소개한다. 장자는 타자와의 소통이라는 과제를 자신의 철학적인 문제로 사유했던 사람이다. 장자는 '바닷새 이야기'를 통해 '나는 옳고 남은 그르다'는 치우친 마음이 소통을 해치는 것이라고 하였다. "옛날 바닷새가 노나라 서울 밖에 날아와 앉았다. 노나라 임금은 이 새를 아름다운 종묘 안으로 데리고 와 술을 권하고, 아름다운 궁궐의 음악을 연주해 주고, 소와 돼지, 양을 잡아 대접해 주었다. 그러나 새는 어리둥절해하고 슬퍼하기만 하다가 사흘 만에 죽고 말았다. 이는 인간을 기르는 방법으로 새를 기른 것이지, 새를 기르는 방법으로 새를 기른 것은 아니다." 분명 바닷새와 같은 야생의 새는 사람들의 손길을 거부할 것이고, 사람들이 즐기는 것과 먹고 마시는 음식을 함께할 수 없다. 여기서 흥미로운 점은 노나라 임금이 새를 기두어 죽이려 한 것도, 자신이 어떤 목적을 위한 수단으로

여긴 것도 아니라는 점이다.[171]

결국 바닷새가 죽는 것은 노나라 임금이 자신의 관점에서 '새'라는 타자와 관계를 맺고자 했기 때문이다. 다시 말해서 바닷새를 '나'와는 다른 '새'로서 대하지 못하고 나와 같은 '사람'으로서 대했기 때문이다. 이처럼 우리가 타자를 선입견으로 자기중심적인 관점에서 인식할 때 타자와의 소통은 어렵게 된다.

바로 이러한 모습 속에서 소통이 등장하게 된다. 원래 "소통(疏通)"이란 말뜻은 "어떤 사람이 다른 사람과 가지고 있는 생각이나 뜻이 서로 통한다."를 의미한다. 한자어로 '소(疏)'는 '트일소'로서 '막힌 것을 터버린다.'는 의미이다. 통(通)은 '타자와 연결한다.'는 의미로서 '트임'이라는 타자로의 개방성을 상징하며 소(疏)의 개념은 결국 '비움'이라는 단계로 해석된다.[172]

역대 왕들은 백성과의 소통이라는 과제를 자신의 통치철학의 문제로 끌어안고 사유했던 사람이다. 따라서 왕과 백성의 소통은 바로 애민정치에서 비롯되었다. 이러한 애민정치의 실현은 삼국시대부터 각종 구휼제도의 설치에서부터 근원을 찾을 수 있는데, 고려를 건국한 왕건은 943년 대광 박술희에게 후대 왕들이 나라를 다스리는 데 귀감으로 삼을 수 있는 열 가지 유훈, 즉 훈요십조를 남겼다.

이 훈요십조는 오백 년 고려왕조의 근본이 되었는데, 제7조에서 "왕이 신민의 마음을 얻기란 매우 어려운 일이다. 백성을 부리되 시기에 맞추어 부리고, 부역을 가볍게 하고 납세를 적게 하라. 농사일

---

171) 이기동, 장자, 동인서원 2008, 장자 외편 18지락, 일곱 번째 이야기.

172) 예기(禮記)의 경해편(經解篇)에 "疏通知遠書敎也"는 정사에 통달하여 멀리 상고(上古)의 제왕 말씀과 일을 아는 것은 서경(書經)의 가르침의 효과로 기록되어 있다.

의 어려움을 알면 스스로 민심을 얻고 부국안민할 것이다."며 왕이 백성들의 신뢰를 얻기 위해서는 왕이 스스로 백성들의 마음을 얻기 위해 노력할 필요가 있음을 강조했다.

훈요십조 중 제7조: 왕이 신민의 마음을 얻기란 매우 어려운 일이다. 그 마음을 얻는 근본은 간언을 따르고 참소를 멀리하는 데 있을 따름이다. 간언을 따르면 성군이 된다. 참언은 꿀과 같으나 그것을 믿고 받아들이지 않으면 저절로 그치기 마련이다. 또한 백성을 부리되 시기에 심을 얻고 부국안민할 것이다. 옛 사람이 말하기를 "고소한 미끼가 있는 곳에는 반드시 고기가 몰려오고, 성을 중하게 주는 곳에는 반드시 훌륭한 장수가 있고, 활을 당기는 그곳에는 새가 피하며, 인덕을 베푸는 곳에는 반드시 선량한 백성이 있다."고 했다. 상벌이 공평하면 음양도 고를 것이다.

태조가 이러한 애민사상을 실천한 노력은 「고려사」에 나오는데, 태조가 공정한 판결로 백성들의 신망을 얻었다고 기록돼 있다.[173]

고려 초부터 왕들은 유교적 소양을 갖춘 유학자들의 의견을 적극 수용하기 위해 중요한 일로 왕에게 상소를 올릴 때에는 밀봉하여 올리는 '봉사(封事)'를 적극 권장하였다. 이 제도를 처음 도입한 것은 981년 7월 고려 제6대 왕위에 오른 성종이었으며 재위 기간 동안 유교이념에 따른 중앙집권적 귀족정치를 완성하기 위해 노력한 왕이었다. 그는 즉위한 이듬해에는 5품 이상 관리들은 정치의 잘된 점

---

173) 고려사, 권1세가 권1 태조총서.

과 잘못된 점을 논하는 밀봉상소문을 올리도록 조서를 내리기까지 하였다.

고려 문종은 애민정치로 백성들이 억울한 죽음을 막기 위한 법제의 개선에 노력했다. 문종 원년(1047) 6월에 "법률이 밝으면 형벌을 함부로 함이 없고, 법률이 밝지 못하면 형벌이 잘못된 것이다. 지금 시행 중인 율령 중에는 잘못된 것이 많으니 잘못된 것을 고치도록 하라."는 교서에서 보듯이 백성을 사랑하는 마음을 법제개선으로 실천하고자 하였다.

이어 문종은 일반 범죄재판이 단심인 것과 달리, 사형수에 대해 반드시 세 번 심사하는 삼복제(三覆制)를 실시하였다. "사람의 목숨이 지극히 중하여 한번 죽은 자는 다시 살릴 수 없다. 백성들이 억울함을 하소연 할 길이 없어 한을 품게 되면 가히 통탄할 일이 아닐 수 없으니 법관들은 잘 살피고 조심하라."고 하였다.

이 제도는 조선시대에 지속되어 태조 6년(1397)에는 경제육전에 법제화되었다.

고려의 왕들은 백성들의 목소리를 듣고자 하였는데, 「고려사」에는 명종 25년(1195)에 각도에 사자를 보내 관리의 잘잘못과 백성의 애로를 살피게 하기도하였다.[174]

조선의 군왕들이 백성의 뭇 소리를 듣는 데 남달랐던 것은 바로 조선왕조의 건국정신에서 나온다. 조선왕조의 지배이념을 만드는 데 기여한 정도전은 "대저 군주는 나라에서 나오고, 나라는 민에게서 나온다. 민은 나라의 근본이자 군주의 하늘이다."라고 하여 왕에게

---

174) 고려사 권20세가, 권제20 명종 25년(1195) 4월 19일 각도에 사자를 보내 관리의 잘잘못과 백성의 애로를 살피게 하다.

민(民)이란 하늘과 같은 극히 높은 존재임을 천명하였다.

조선은 이러한 유교이념을 근본적인 지배 이데올로기로 삼았다. 민을 근본으로 하는 유교원리에 기초하여 "왕권－신권－백성"이라는 삼각의 지배구성으로 새로운 왕조를 세운 것이다. 또한 고려 말에 관료층이 왕의 권력을 위축시켜 사실상의 지배자로 행동하고 백성을 수탈하는 상황이 발생했기 때문에 이러한 폐해를 없애기 위한 것이기도 했다.

그러나 새로운 왕조의 정통성을 확립하기 위해서는 '민을 근본'으로 하는 유교원리에 기반을 두는 것만으로는 충분하지 않았다. 이러한 이념을 실천하는 것이 필요했고, 그러기 위해서는 왕은 궁궐 안에서 신권을 견제할 뿐만 아니라 궁 밖에서 생활하고 있는 백성에게 왕의 존재를 알릴 필요가 있었다.

이 또한 정도전이 "먼 옛날 법으로 세상을 다스리고 천자가 작위를 열어 녹봉을 내린 것은 신하를 위해서가 아니다. 모두 민을 위해서이다. 따라서 성인의 행동·시설·명령·법제 하나하나는 반드시 민을 근본으로 해야 한다."라고 언급한 것과 맥락을 같이하여 실제 조선의 정책 속에 반영되어 나타났다.

왕들은 지방관이나 신하를 통해 간접적으로 백성들에 대한 생활상을 듣기보다는 자신이 직접 민의의 불만과 고충을 정확하게 파악하고 관리들의 행정에 부정이 없는지를 살펴보고자 하였다.

조선시대 소통의 진정한 의미는 억울함을 안고 있는 백성이라면 누구라도 시간적 혹은 공간적으로 제약을 받지 않고, 자신의 억울한 사정(下情)을 위로 궁극적으로 왕에게 직접 알릴 수 있는 것이었다. 이렇게 백성들의 사정을 들어주는 왕으로서 소통의 의미는 두 가지 측면에서 생각해 볼 수 있다.

첫째, 소통을 할 수 있는 대상이 특정된 신분의 사람이 아닌, 어린 아이부터 부녀자까지, 심지어 노비나 내시까지 포함된 전 백성이었다는 점이다. 당시 국가의 근간이 바로 신분질서였으며 의·식·주까지 신분에 따라 달라지는 때였으므로 왕이 모든 백성들로부터 직접 민생의 이익이나 고충을 듣는다는 것은 파격적인 것이었다. 이 점은 조선이 중국, 일본 등 다른 어느 나라에서도 찾을 수 없는 조선만의 독특한 소통방식이었다는 점에서 의미가 있다.

앞서 언급한 바와 같이 조선왕조를 개창한 신진사대부들은 유교를 정치이념으로 표방하면서, 민본정치의 실천을 위해 민의(民意) 수렴의 중요성을 강조하였다. 그렇지만 현실에서는 꼭 그렇게 되지는 않았다. 양반, 관리들의 여론은 여러 가지 제도적 장치를 통해 수렴되고는 있었지만, 일반 백성들의 경우는 그렇지 못했던 것이 현실이었다. 일반백성의 경우 한문이라는 언어 사용이 제약되어 있었고, 정치 참여층이 아닌 단순한 통치대상에 불과한 존재라는 한계 때문에 자신들의 집단적 의사를 표현하고 관철시키는 데는 한계가 있었다. 더욱이 관리들이 이들의 목소리에 귀를 기울이는 경우는 드물었다.

둘째, 언제, 어디서나 자신의 억울한 사정을 제기할 수 있는 폭넓은 언로(言路) 수단을 갖고 있었다는 점이다. 관리들에게 그들이 결정한 부당함을 호소하기보다는 왕의 이목을 끌어 왕에게 직접적이며 실시간으로 호소할 수 있도록 한 것이다. 신문고를 치거나, 왕이 행차할 때 뛰어들어 격쟁하거나 글로써 왕에게 올리는 상언 등을 통해 바로 바로 억울함을 호소할 수 있는 소통의 메커니즘을 가지고 있었던 것이다.

즉 왕권－신권－백성으로 이어지는 통치체제에서 왕권이 신권을 매개로 하지 않고 직접 백성으로 이어지게 한 것이다. 따라서 신문고(申聞鼓)를 비롯한 격쟁(擊錚), 행행(行幸)은 바로 민심을 전달할 수 있는 언로(言路)의 수단으로 발전하였으며, 왕과 백성 간의 거리는 상대적으로 점점 가까워질 수 있었다.

그러나 이러한 소통도 시대 상황을 반영한 왕권－신권－백성이라는 삼각의 보이지 않는 힘의 균형에 따라 다른 모습을 보였다. 왕과 신하는 견제와 균형관계를 이루었으나, 실제로는 어느 한쪽이 강하고 다른 쪽은 약한 관계에 있었기 때문에 그 강약에 따라 소통의 역할도 크게 변했다.

하라다케시(原 武使)는 조선 후기를 시기에 따라 군권과 신권의 강약관계로서 다섯 가지의 형태[175]를 제시하고 있다. 이러한 분류를 바탕으로 조선 전체를 군권과 신권 간 양쪽의 세력 차이에 따라 네 가지 형태로 분류하였다.

### 제1기(군강신약: 조선 개국부터 16세기 중반까지)

태조(재위 1392~1398)

정종(재위 1398~1400)

태종(재위 1400~1418)

세종(재위 1418~1450)

문종(재위 1450~1452)

---

175) 1기 군약신강(선조~경종), 2기 군강신약(영조, 정조), 3기 군약신강(순조~고종), 4기 군강신약(고종), 5기 대한제국

단종(재위 1452~1455)

세조(재위 1455~1468)

예종(재위 1468~1469)

성종(재위 1469~1494)

연산군(재위 1494~1506)

중종(재위 1506~1544)

인종(재위 1544~1545)

명종(재위 1545~1567)


## 제2기(군약신강: 16세기 후반부터 18세기 전반까지)

선조(재위 1567~1608)

광해군(재위 1608~1623)

인조(재위 1623~1649)

효종(재위 1649~1659)

현종(재위 1659~1674)

숙종(재위 1674~1720)

경종(재위 1720~1724)


## 제3기(군강신약: 18세기 전반부터 후반까지)

영조(재위 1724~1776)

정조(재위 1776~1800)

## 제4기(군약신강: 19세기 전반부터 대한제국까지)

순조(재위 1800~1834)
헌종(재위 1834~1849)
철종(재위 1849~1863)
고종(재위 1863~1907)


조선 초 왕권이 강한 시기에 신문고는 국왕이 백성들의 삶을 직접 들여다볼 수 있는 중요한 언로의 수단이었다. 국왕들은 규모는 작지만 백성에게는 더 피부에 와 닿는 억울한 사정이나 관리들의 부정한 행위들을 직접 다룰 수 있었기 때문에 신문고나 격쟁을 직접 백성들과의 의사소통의 수단을 활용하였다. 왕과 신하 그리고 백성 간의 소통장치인 신문고, 상소를 통해 민생을 살피고자 하였다. 조선 초 군강신약(君强臣弱)으로 왕권이 강할 때는 민을 수탈하고 괴롭히는 관리들의 비행을 고소하는 것이 가능한 관례가 형성되었으며 가전상언과 격쟁으로 이어져 왕권이 신권을 견제하는 수단으로 확립되었다.

조선 중기 사림의 붕당정치 시대는 군약신강(君弱臣强)의 시기로 신권이 공고하게 되었으므로 신문고는 유명무실하게 되어 백성보다는 신하들을 통한 정치적 의견수렴이 활발하였다. 사림정치는 대간의 언론권을 통해 왕권을 견제하고 상대편의 권신들을 탄핵하는 수단으로 이용되었다. 그러나 이 시기에도 아래로부터의 언로를 확보하고자 노력은 계속되어 격쟁과 가전상언이 활발하게 이용되었다.

영조는 왕권을 견제하는 대간권과 인사권을 행사하는 간쟁기관과 이조전랑을 혁파하였다. 이러한 바탕 아래 탕평책을 실시하여 왕권 강화의 기틀을 다시 세울 수 있게 되었다. 이른바 군강신약(君强臣弱)의 시기를 맞게 된 것이다. 이러한 시대적 배경 아래 다시 부활한 것이 신문고였다. 영조의 뒤를 이은 정조 역시 신문고, 격쟁 및 가전상언을 제도화하여 궁궐 밖으로까지 왕의 권위를 확대하게 된다.

그러나 역설적으로 영조와 정조의 왕권 강화는 사림정치의 붕괴를 의미한 것이었고 신하 세력 간 견제와 균형이 상실되어 조선 말기 세도정치라는 한 가문이 권력을 사유화하는 폐단을 낳게 되었다. 굳이 표현하자면 군약신강(君弱臣强)의 시기가 다시 도래한 것이다. 이제 신문고, 격쟁 등의 소통장치는 무력화되었다. 그것은 권력을 독점한 가문이나 세도가들이 백성들의 억울함을 호소할 수 있는 길을 제도적으로 줄여 나갔기 때문이었다. 예를 들어 격쟁사안에 대해 중앙에서 조관이 파견되는 대신 해당관서에 이첩하는 방식으로 사안을 처리했으므로 실효성을 잃게 되었다.

왕권과 신권의 우여곡절을 겪으며 왕과 백성들 간에 소통은 꾸준히 발전하였다. 점차 격쟁과 상언을 통해 백성들의 억울함을 전달하는 통로가 만들어졌다. 이러한 맥락에서 민의를 전달하는 신문고는 절차를 거쳐야 하는 한계가 있기는 하였지만 민원을 오결하거나 민을 수탈하는 관리를 고발한 관례가 자연스럽게 자리 잡아 갔다.

한편 아래의 뜻을 위로 올리는 가장 일반적인 언로는 상소(上疏)[176]였다. 신하가 왕에게 글로써 자신의 뜻을 전하는 것인데 대개 건의, 청원, 진정 등의 내용이었다. 조선의 왕은 상소를 통하여 언로(言路)

---

176) 주소(奏疏), 진소(陳疏), 장소(章疏), 봉장(封章)라고도 불린다.

를 더 넓히고자 하였는데 바로 실봉상서(實封上書)로서 왕에게 올리는 밀봉상서문이었다. 이 실봉상서는 고려 시대부터 봉사(封事)로 널리 이용되고 있었다. '실봉신문(實封申聞)'이라고도 불리는데 신하가 임금에게 백성들의 이해와 사직의 안위에 관한 중대사를 비밀스럽게 보고(밀계; 密啓)할 때 다른 사람이 소장의 내용을 보지 못하도록 봉하여 올리는 것이다. 상소자가 누구인지 알게 되면 말하고자 하는 바가 진실로 감추어져 나타나지 않기 때문에 상소자가 알 수 없도록 밀봉하여 왕만이 볼 수 있게 한 것이다. 이러한 제도는 언로를 확대하고 소원을 받아들이는 진정성을 담보할 수 있는 중요한 요소였다. 즉 실봉상서에는 상소사는 비밀스럽게 보고하고 왕은 적나라한 실상을 알 수 있으므로 언로(言路)가 넓어진다는 것이었다.

특히 공개적으로 말할 수 없는 왕후, 종친의 일이나 백성들의 실상을 적나라하게 듣기 위해 실봉상서를 이용하도록 권장하였다. 태종 16년(1416)에 실록에는 "생민의 이해와 사직의 안위 같은 것은 실봉하는 것이 가하다. 예로부터 실봉은 비밀스러운 일이 있으면 황후, 태자의 일까지도 말하지 않은 것이 없었으니 국가의 계책을 위한 것이다."라며 실봉상서를 권장하였다.[177]

문종 1년(1451)에 지방수령으로 있다가 복귀하는 관리들에게 민간의 고치기 어렵게 된 폐단(폐막; 弊瘼)이 되는 일을 보고 들은 대로 실봉해서 보고하도록 했으며,[178] 성종 13년(1482)에는 "가뭄으로 농사지을 수 없는 땅이 천리가 되었는데 또다시 장마로 농사를 망치

---

177) 태종 32권 16년(1416, 병신) 7월 12일, 실봉하여 상서하는 규정을 엄격히 하도록 명하다.
178) 문종 7권, 1년(1451, 신미) 5월 1일, 외임에서 체임하여 오는 자는 민간의 폐막을 실봉해서 보고하도록 했다.

게 되니, 내가 상하에 죄를 얻었는가 알지 못하여 두려워하고 조심하니, 모든 정사의 궐실과 백성의 원통하고 억울함을 실봉하여 보고하도록 하라."[179]고 했다. 연산군 7년(1501)과 중종 4년(1509)에도 민생의 이익과 병폐를 숨김없이 개진하기 위해 실봉으로써 신하들이 각각 들은 바를 모두 보고하도록 했다.[180]

왕과 백성들과의 소통, 왕과 신하들의 소통의 끊임없는 노력 없이는 한 왕조가 500년을 지속하기는 어려웠을 것이다. 왕들은 백성들의 민의를 수렴하여 그들의 사정을 헤아림으로써 군주의 덕을 알리고자 하였다. 왕이 진정성을 가지고 백성들의 억울함을 들어주고 직접 풀어주려 하였기에 국왕에 대한 신뢰는 자연스럽게 형성되었다. 이러한 모습은 왕과 신하들의 신문고를 치거나 격쟁을 행한 백성들을 어떻게 처리하였느냐를 보면 극명하게 대조된다.

# 1. 조선 역대 왕의 소통관

역대 국왕들의 소통은 신하나 백성들로부터 나오는 글이나 말에 귀를 기울이는 것을 가장 중요한 것으로 여겼다. 조선 시대 소통을 이해하는 시대 열쇠는 바로 '백성들과의 교감'이었다. 백성들이 모두 따뜻하고 배부르게 먹고 살 수는 없는 현실에서 군주는 백성들이 억울함이 없도록 맺힌 것을 풀어주고 그들과 민생의 이익과 병폐를

---

179) 성종 142권, 13년(1482, 임인) 의정부에 전지하여 중외의 관리에게 백성의 억울함을 써서 봉하여 알리도록 하라.

180) 연산군 40권 7년(1501, 신유) 1월 30일, 중종 8권 4년(1509) 4월 25일.

숨김없이 교감하고 공유하고자 하였다.

조선 27대 왕들은 한결같이 스스로가 백성들에게 접근하면서 그것에 바탕을 둔 정치를 하려고 하였다. 이러한 이면에는 왕이 신하를 뛰어넘어 백성에게 좀 더 가까이 다가감으로써 백성들의 지지를 얻고자 한 왕들의 숨겨진 의도가 있었다. 이러한 맥락에서 왕이 백성에게 선정을 베풀고자 한 것은 민본사상이라는 단순 이데올로기에 그치지 않고, 점차 정책 속에 투영되어 나타났다. 그것이 바로 신문고·격쟁·가정상언으로 나타난 소통의 장치였다.

이처럼 자신들의 목소리를 낼 수 있는 공간과 여건이 제약되어 있긴 하였지만, 그런 와중에도 백성들은 권리의식을 키워나갔으며 자신의 의사를 표출하는 방식도 진전을 이루게 되었다. 이것은 조선왕조에서 백성들이 억울한 사정을 호소할 수 있도록 마련한 합법적인 소원제도(訴冤制度)인 신문고, 상언(上言), 격쟁(擊錚)에서 더 나아가 불법적인 벽서들이 등장한 데서 짐작해 볼 수 있다.

역대 왕들 가운데 소통(疏通)이라는 표현을 직접 사용한 예는 적었다. 왜냐하면 하늘의 뜻을 받아 백성을 다스리는 것이 바로 조선왕조의 이상인 '민을 근본으로 하는' 유교이념의 실천이었기 때문이다. 따라서 굳이 소통을 강조할 필요가 없었으며 당연히 국왕이 실천해야 할 제1의 덕목이었다.

조선의 역대국왕들의 일화를 중심으로 조선시대 '소통(疏通)'의 키워드는 무엇이었는지를 짐작할 수 있다. 신하나 백성들과의 소통을 강조한 왕들이 있어 이들을 소개하기로 한다.

# 세종, 토지제도의 개선을 위해 전 백성에게 찬·반을 묻다

## 以至閭閻小民, 悉訪可否以聞
이 지 려 염 소 민    실 방 가 부 이 문

국가의 공정한 세금 징수는 예나 지금이나 가장 중요한 일 가운데 하나였다. 역대 왕들은 토지 제도를 바로잡아 민생문제를 해결하는 것을 정치 중에서 가장 중요한 것으로 여겼다. 조선 초기 과전법(科田法)이 시행되었지만 토지면적에 따른 일률적인 징수로 토지의 비옥도나 그 해의 풍흉이 반영되지 못하는 현실적인 한계가 있었다.

이러한 문제를 합리적으로 조정하기 위해 나선 왕이 세종이었다. 세종은 토지의 비옥도에 따라 전분 6등급과 그 해의 풍흉에 따라 연분 9등급으로 하여 총 54등급의 과세 단위로 조정하였다. 이를 공법(貢法)181)이라고 부르는데, 이러한 전제제도는 기름진 토지소유자와 척박한 토지소유자, 대규모 경작농과 소규모 농지소유자 그리고 비옥한 전라·경상도와 토질이 척박한 평안·함길도 등 토지상황에 따라 이해관계가 첨예하게 나뉘었다.

이러한 상황에서 세종이 취한 조치는 백성들에게 찬반의 의견을 직접 물어 시행여부를 결정하려는 것이었다. 실로 오늘날로 말하면 국민투표로 정책의 실시여부를 결정하고자하는 것이었다.

세종 12년(1430)에 「세종실록」의 기사에는 "정부·육조와, 각 관사와 서울 안의 전함(前銜) 각 품관과, 각도의 감사·수령 및 품관으로부터 여염(閭閻)의 세민(細民)에 이르기까지 모두 가부(可否)를 물어

---

181) 세종 때의 공법은 과세단위가 총 54등급으로 복잡하고 전체적으로 세율이 높아 시행이 어려웠다. 15세기 말부터는 풍흉에 관계없이 최저세율에 따라 쌀 4-5두를 고정적으로 징수

서 아뢰게 하라 "라고 서술되었다.[182] 이후 5개월 간 전국 8도에서 모두 백성들에게 물은 결과, 찬성하는 사람이 9만 8천 657명이며, 반대하는 사람이 7만 4천 149명으로 조사되었다.

경기(京畿)의 수령(守令) 29명과 품관(品官)·촌민(村民) 등 1만 7천 76명은 찬성하고, 수령 5명과 품관·촌민 합계 2백 36명은 반대 하였다. 평안도의 수령 6명과 품관·촌민 등 1천 3 26명은 찬성하고, 수령 35명, 품관·촌민 등 2만 8천 474명은 반대 하였다. 황해도의 수령 17명과 품관·촌민 등 4천 4백 54명은 찬성하고, 수령 17명과 품관·촌민 1만 5천 601명은 반대하였다. 충청도의 수령 35명과 품관·촌민 6천 982명은 찬성하고, 수령 26명과 그밖에 품관·촌민 등 1만 4천 13명은 반대하였다. 강원도는 수령 5명과 품관·촌민 등 939명은 찬성하고, 수령 10명과 품관·촌민 등 6천 888명은 반대하였다. 함길도에서는 수령 3명과 품관·촌민 등 75명은 찬성하고, 수령 14명, 그리고 품관·촌민 등 7천 387명은 반대하였다. 경상도에서는 수령 55명과 품관·촌민 등 3만 6천 262명은 찬성하고, 수령 16명과 품관·촌민 377명은 반대하였다. 전라도에서는 수령 42명과 품관·촌민 등 2만 9천 505명은 찬성하였다.

그러나 이러한 조사결과에도 불구하고 즉각 시행되지는 못하였다. 8년이 지난 후 조정에서는 다시 이 문제를 논의하게 되었는데, 세종 20년(1438)에 「세종실록」의 기사에 그 내용이 실려 있다. 세종은 백성들이 공법에 대한 이해가 부족하다고 판단하여 강행하지 않았다. 대신에 "경상·전라 양도의 인민들 가운데 공법의 시행을 희망하는

---

182) 세종 12년(1430) 3월 5일, 호조에서 공법에 의거하여 전답 1결마다 조 10두를 거둘 것을 건의하니 모든 이에게 그 가부를 물어 아뢰게 하다

자가 3분의 2가 되면 시행하고, 3분의 2에 미달한다면 강행할 필요는 없다."[183]며 백성들의 의견을 다시 물을 것임을 밝혔다.

이에 대해 영의정 황희·우찬성 이맹균 등은 "강원·황해의 인민들은 작년에 공법을 시행한다는 영을 듣고 이를 불편하게 여기는 자가 많습니다.···다시 지방 인민에게 물어 볼 필요가 없는 것입니다."며 반대하였으며, 호조·예조판서 등 대소신료들은 일제히 중앙에서 조관을 보내거나 지방 감사가 민정을 살피게 하자고 주청하였다. 이튿날까지 계속된 논의에서 우선 전라·경상 양도에서 부터 시범실시하기로 결정하였다.

## 중종, 언로(言路)가 넓지 못하여 정이 위로 통하지 못해서인가?

言路未廣, 而情未上通
언 로 미 광     이 정 미 상 통

중종은 연산군 때 화를 입은 사람들의 원한을 풀어 주고 조정에 사림을 등용하여 새로운 정치를 펴려고 하였다. 왕위에 오른 뒤 민생의 안정을 노력하였으나 재위 4년 만에 큰 한발로 농사를 짓기가 어렵게 되자, 이것은 왕의 허물이라며 질책하며 그 까닭에 대해 자문자답하는 전지를 내렸다.

이 전지에는 "대저 정치가 잘못된 것이 있어 덕이 아래로 다하지 못해서인가? 언로(言路)가 넓지 못하여 정이 위로 통하지 못해서인가? 형벌이 중용을 잃어 옥에 원통히 체류된 것이 많아서인가? 공역

---

183) 세종 20년(1438) 7월 10일, 의정부와 육조에서 답험손실법과 공법에 대하여 의논하다

을 망령되어 일으켜 백성이 원망을 많이 해서인가? 쓰고 버림이 마땅한 도리를 잃어, 간사하고 바른 이가 섞여 나가고, 향사(享祀)가 정결하지 못하여 백신이 흠향하지 않아서인가?"[184]라며 국정의 원인을 열거하였으며, 이러한 난국을 극복하기 위해서는 "무릇 왕의 잘못과 정령의 잘못, 민생의 이익과 병폐를 극진히 개진하고 숨김없이 말하라. 이 말이 쓸 만하면 쓸 것이요. 혹 적중하지 않더라도 또한 죄를 더하지 않겠다."며 왕에게 거리낌 없이 말을 할 수 있는 언로를 넓히는 것이 어려움을 극복하는 제1의 것이라고 여겼다.

## 인종, 백성의 뜻이 소통(疏通)되기 어려우니 정치를 크게 일으키려면 반드시 먼저 진정한 말(嘉言)이 숨어 있지 않게 해야 한다

民情難得以疏通　如欲致治之大興　必先自喜言之罔伏
민정　난득이소통　　여욕치치지대흥　　필선자희언지망복

조선 12대 왕이었던 인종은 재위기간이 불과 9개월 밖에 되지 않았지만 신하를 아끼고 백성을 사랑하는 자신의 뜻을 이들과 소통에서 찾고자 한 왕이었다. 인종 1년(1545)에 발표한 교서를 보면 왕이 백성과의 소통을 위해 마음가짐을 어떻게 해야 하는지를 밝히고 있다.

> "중국 요임금 때에 거리에 깃발을 세워 두고 진정하고자 하는 자는 그 밑에 서서 말하게 하였기 때문에 요나라의 정치가 크게 일어났고 하 우왕(夏禹王)이 작은 북(도(鞀): 땡땡이처럼 만든 작은

---

184) 중종 8권, 4년(1509), 기사) 전지에 과궁(寡躬)과 정령의 잘잘못, 민생의 이익과 병폐를 숨김없이 개진하라고 하다.

북[185]을 걸어 놓고 형옥의 억울함(獄訟)이 있는 사람은 작은 북을 흔들어 말하게 하였기 때문에 하(夏)나라가 크게 성하였으니, 훌륭한 임금의 총명이 넓어진 것을 살펴보면 모두 신하들이 아뢴 것이 상세한 데에 힘입었다. 더구나 임금의 문은 구중(九重)에 깊이 있어 늘 임금의 은택이 막힐까 걱정하게 되는데, 당하(堂下)가 천리보다 멀어서 **백성의 뜻이 소통(疏通)되기 어려우니** 정치를 크게 일으키려면 반드시 먼저 진정한 말(嘉言)이 숨어 있지 않게 해야 하는 것이다. ……〈중략〉…… 이미 깊은 못물을 건너듯 조심스런 마음이 절박하여 그 허물을 면하려 하는데 어찌 문로(門路)를 열어 구언(求言)하는 법을 거행하지 않을 수 있겠는가. 바로잡아 주는 힘에 의뢰하여 나라를 다스리는 길로 삼으려 한다. ……〈중략〉…… 너희 대소 신료(臣僚)와 초야의 벼슬하지 않은 백성은 위의 노여움을 혐의하지 말고 거스르는 말을 올리라. 말이 도에 맞지 않더라도 죄주지 않을 것이다. 새로운 정치에 하늘의 이치와 왕의 덕(命德)도 새로워야 하므로 겸허한 마음으로 즐겨 묻는 것이다. 남의 선한 의견을 기꺼이 받아들이는 것이 즐거운 일인데 어찌 자신을 굽혀 좋은 말에 절하기를 어렵게 여기겠는가. 정부(政府)는 내 지극한 마음을 본받아 백성들에게 알리라."(인종실록 1년 3월 20일)[186]

선조 25년(1592) 4월 13일 임진왜란이 일어나 서울이 함락될 위기에 놓였던 4월 29일 선조는 서둘러 광해군을 세자로 책봉하였다. 선조는 세자를 세워 백성들의 불만을 조금이나마 달래고자 한 시도

---

185) 하 우왕(夏禹王)이 종(鍾)·고(鼓)·경(磬)·탁(鐸:방울)·도(鞀: 땡땡이처럼 만든 작은 북)를 걸어 놓고 천하에 명하기를 "나에게 도(道)를 가르칠 사람은 고를 치고, 의(義)를 논할 사람은 종을 치고, 일을 고할 사람은 탁을 흔들고, 근심을 말할 사람은 경을 치고, 옥송(獄訟)이 있는 사람은 도를 흔들라." 하였다는 데서 유래한다.

186) 인종 1권, 1년(1545, 을사) 3월 20일, 중외에 하교하여 구언하다.

建旌進善, 唐治所以隆熙; 振鞀[鞀]納言, 夏室以之大競。 稽諸誼辟聰明之開廣, 皆賴群下敷奏之周詳。 況君門深於九重, 王澤常患於壅閼, 而堂下遠於千里, **民情難得以疏通**。 如欲致治之大興, 必先自嘉言之罔伏。 ……〈중략〉…… 罔知收濟, 已切涉淵之懷, 思免厥咎, 盍擧闢門之典 尙賴匡救之力, 永圖治平之功。 ……〈중략〉…… 咨爾大小臣僚, 曁爾草野韋布, 毋避料嫌之慮, 咸進逆鱗之言。 言雖不中, 亦不加罪。 新服命德亦常新, 妓旣虛襟而好問。 樂取人善斯可樂, 何難屈己而拜昌? 惟爾政府, 體予至懷, 曉諭中外(仁宗下敎中外求言)。

였다. 선조와 조정이 도성을 비우고 피난길에 오르자, 성난 민심은 장예원과 형조의 관아를 불태우고 창덕궁을 습격하였다.

이 소식을 들은 선조는 민심을 수습하고 전란을 극복하기 위한 모색하게 되는데 바로 내려진 조치가 분조(分朝)였다. 분조는 국왕과 세자가 조정을 나누는 것으로 세자가 왕명을 받아 왕을 대신해서 나라를 다스리는 작은 조정이었다. 선조는 명나라로의 망명을 준비하고 있었기 때문에 흉흉한 민심을 달래 왜군을 물리치기 위해서는 직접 조정에서 백성들을 만날 필요가 있다는 판단에서 내린 조치였다.

선조는 교서에서 "나의 잘못을 간절히 뉘우쳤어도 백성들은 덕을 입지 못하였으며 봉천에서 절실하게 자신을 허물했어도 그 밑은 남을 감동시키지 못하였다. 고향으로 돌아가고 싶어 하는 백성들의 원망은 바야흐로 깊어 가는데 깊은 못가에 선 것처럼 두려움은 오히려 더할 뿐이다. 사방에서 은덕을 노래하는 세자의 중함이 아니면 나라를 중흥시키는 기대에 부흥할 수가 없다."[187]

선조는 정부란 백성 곁에 있어야 하며, 백성들과의 공감 없이는 전란도 극복할 수 없고 민심도 얻을 수 없다는 것을 잘 알고 있었기 때문에 세자인 광해군을 백성들 앞에 내세운 것이었다. 광해군은 분조를 이끌며 평안도, 황해도, 경기도 이천 등지에서 의병을 모집하고 의병장과 군사들을 위로하는 등 민심을 적극적으로 수습하였다. 선조 역시 분조가 전장에서 능동적으로 대응할 수 있도록 군국기무의 전권을 세자에게 위임하는 지원을 아끼지 않았다.[188]

---

187) 선조 26권, 25년(1592, 임진) 6월 1일, 세자가 영변부에 머물며 분조하라는 하교를 받다.
188) 선조 31권, 25년(1592, 임진) 10월 20일, 군국의 기무를 동궁에게 맡기는 일을 논의하다.

# 민원은 왕과 백성 간의 직접적인 소통수단

조선시대에 백성들이 남모르게 겪고 있는 생활상의 불만과 고충을 '민원(民怨)', '민은(民隱)'이라고 하였다. 이러한 민원은 신문고·격쟁·상언의 형태로 나타나는데, 지방에서 해결되지 못한 억울한 사정을 직소(直訴)하는 것이므로 중앙 관청에서 조관을 파견하여 직접 조사하고 처리하였다. 이러한 처리방식은 지방관의 자의적인 판결을 견제할 수 있었다. 즉 중앙에서 파견된 조관들이 백성들의 진정안건을 직접 다루었기 때문에 억울함을 공정하고 엄격하게 다룰 수 있는 유리한 측면이 있었다. 물론 이러한 민원처리에 대해 관리들의 저항도 적지 않았고 점차 관리들의 입장이 반영되어 갔다.

왕은 백성들의 삶을 직접 볼 수 없었고 오직 신하들로부터 전해 듣는 것이 전부였다. 이러한 이유 때문에 민원처리는 왕의 주요 관심사항이었으며, 민원처리에 관심을 기울인 왕들을 소개하기로 한다.

조선 3대 왕인 태종 13년(1413)에는 천재지변으로 인한 민원을 살펴보기 위해 경차관(敬差官)을 각도에 보냈다. 경기에는 성균사예 이양명, 충청도에는 사성 유영, 경상도에는 제용감 최순, 전라도에는 前도사 유승, 강원도에는 前부사 장윤화, 평안도에는 前부사 조치를 보냈다.

그들은 지방에 내려가 늙고 아내가 없는 사람, 늙고 남편이 없는 사람, 어리고 부모가 없는 사람, 늙어서 자식이 없는 사람(환과고독; 鰥寡孤獨) 가운데 빈한하고 궁핍하여 능히 스스로 살 수 없는 자나 각 호에서 고통을 겪고 있는지 없는지를 모두 찾아다니며 물었다. 또한 대소 군민관 가운데 탐오하여 불법으로 무겁게 조세를 거두어 백성에게 폐를 끼치는 자, 조령을 준수하지 않는 자, 지방의 토호(土豪)로서 품관 향리[189])가 되어 백성들의 이익을 침해하는 자를 찾아 문책하도록 하였다.

특히 민원 발생이 심한 형옥(刑獄)의 사건들을 중점적으로 살펴보도록 하였는데, 옥에 갇힌 죄수로서 오래 끌어서 민간에 폐가 되거나, 중죄인으로서 증거가 없이 강제로 형을 받아 원망을 하는 것이나, 의심스러운 옥사로서 해를 지나도록 결단하지 않은 것이나, 가벼운 죄수로서 여러 달 동안 판결하지 않은 것이나, 도형의 연한이 다하였으나 아직 석방하지 않는 것을 살펴보게 하여 민생을 살피도록 하였다.[190)]

## 성종, 민원처리 기간을 단축하라

백성들에 대한 애민정신을 제도적으로 완성한 왕은 조선 9대 왕인 성종이었다. 1482년 성종은 13년 동안의 통치로 쌓은 정치적 소양을 바탕으로 백성에게로 한 걸음 다가가기 위한 조치를 취하는데, 바로 민원처리 기한을 단축하는 것이었다. 당시 백성들이 왕에게 직접 억울함을 호소하는 것이 어느 정도였는지를 잘 보여주는 사료로 「성종실록」 성종 13년 8월의 기사를 소개한다.

"어가(御駕)가 나갈 때를 만나면 소장을 들고 길을 막으면서 분운(紛紜)하게 진소(陳訴)를 하여 혹은 의장(儀仗)에 충돌하기에까지 이른

---

189) 품관 향리(品官鄕吏): 품관(品官)을 띤 향리(鄕吏). 조선조 초엽에 지방의 토호(土豪)를 무마하기 위하여 이들을 토관(土官)에 임명하였다.

190) 태종 76권, 13년(1413, 계사) 12월 21일, 천변으로 인하여 경차관을 각도에 보내어 민원을 살피게 하다.

다. 거가(車駕)라 이르는 곳에서는 예의가 마땅히 엄숙하고 공손해야 할 것인데, 방자함이 이러한 지경이다. 이 뒤부터는 모든 억울함을 제소하는 일들을 사헌부에서 분간할 만하면 급속히 처결하도록 하고, 사헌부에서 함부로 처결하지 못할 것으로서 정리가 박절한 것은 옛 제도대로 퇴장하여 상문하게 하라.”

성종은 이러한 시대적 상황에서 백성들의 민원기간을 단축하였는데, 「성종실록에」는 이러한 사실이 잘 소개되어 있다.

“경국대전의 옥사(獄事)를 처결하는 기한이 조문에 큰 사건은 30일이고, 중간 되는 사건은 20일이고, 작은 사건은 10일이다. 그런데 이제 옥사를 처결하는 관리들이 반드시 모두 현명하지 못하여, 혹은 청단(聽斷)하는 것을 게을리 하거나 시일을 지연시키고, 혹은 권세를 두려워하여 법을 굽히고 사정을 두어서 소송하는 날짜가 지체되어, 원통하고 억울함이 더욱 쌓이게 되니, 관사를 설치하여 직책을 분장한 취지에 어긋남이 있다. 본부에서 항상 검사하고 조사하여 보고하도록 하라.”[191]

더 이상 백성들의 어려움을 두고 볼 수 없다는 성종의 의지가 잘 드러나는 교지이다. 여기서 주목할 것은 성종이 백성들의 어려움을 잘 해결하기 위해서 민원처리 제도 자체를 개선할 필요가 있음을 강조하였다.

조선 15대 왕인 광해군은 왕위에 오르자 임진왜란으로 파탄에 빠진 나라의 재정을 회복하는 데 힘을 기울였다. 대동법을 실시하여 백성을 구제하는 데 노력한 광해군은 흉년을 겪고 있는 백성의 입장

---

191) 성종 144권, 13년(1482, 임인) 8월 3일, 백성들의 민원을 빨리 처리하라고 사헌부에 전지하다.

에서 지나친 수취(收取)를 걱정하며 저자의 상인들의 물건 값을 제 값으로 쳐주어 시민들의 원성이 발생하지 않도록 하라는 교지까지 내리기도 하렸다.

「광해군 일기실록」에는 광해 12년(1620) 10월 18일 기사가 실려 있는데, 시민 남녀 1백여 명이 10여 일째 궐 앞의 길가에 엎드려 살려달라고 울부짖고 가슴을 치면서 말하고 있었다. 심각한 위기의식을 감지한 조정에서 먼저 원인을 찾았는데, 당시 나라에는 큰 행사가 겹쳐 있어 행사준비를 위한 도감들이 잇따라 설치되었고 게다가 앞으로 또 명나라의 사신까지 올 것인데, 호조와 각 아문의 곳간이 텅텅 빈 상태여서 조그만 것은 물론 그릇까지도 모두 백성들이 책임져야 할 실정이었다. 백성들의 재산은 한계가 있는데 관아에서는 한도 끝도 없이 가져다 쓰기만 하니 이미 저자 대여섯 곳이 철시를 하고 도망가는 상황이었다. 광해군은 각도의 감사들과 민간에 포고하여 정해진 것보다 더 많이 거두어들이는 자는 파직하는 조치를 취하였다.[192]

## 중종, 관의 농우(農牛)가 죽더라도 죄를 묻지 마라

풍속화 그림 속에는 옛 선인들의 생활상이 담겨 있다. 이 그림은 봄에 밭을 가는 장면인데 소 두 마리가 끄는 쟁기로 흙을 갈아엎고, 위에는 쇠스랑으로 흙을 고르고 있다. 이 그림에서 보면 농사에서 소가 중요한 역할을 하고 있으며 소가 곧 농업생산의 핵심으로서 상징적 의미를 표현하고 있다.

---

192) 광해 157권, 12년(1620) 10월 18일, 흉년으로 인한 민생고 해결방안을 지시하나.

소 두 마리를 활용해서 땅 아래 흙을 섞어서 땅의 양분을 충분히 활용하려는 농법을 쓰고 있다. 특히, 주목을 해야 될 것은 풍속화를 통해 보더라도 조선시대에 소는 곧 농사의 전부였다고 해도 과언이 아닐 것이다. 보통 농사일의 시작인 논을 갈고, 밭고랑을 만든 것부터 소가 이끄는 쟁기가 있어야만 했고, 농사일의 끝인 가을걷이에도 어김없이 소는 짐을 수레에 실어 나르는 그야말로 최고의 일꾼으로 인정받았다.

김홍도. 풍속화첩 중 논갈이(耕畓) 지본담채, 27×22.7cm, 국립중앙박물관 소장

그래서 농업이 사회의 근간을 이뤘던 조선시대의 경우 소는 농우(農牛)라고 해서 농사일의 상징으로 불렸다. 따라서 백성들에게 가장 필요한 것은 소였으며 그와 관련된 민원도 적지 않았다.

조선 11대 왕인 중종 4년(1509)에는 백성의 청원에 따라 소를 나누어 주게 한 사례가 있다. 병조에서 "물소를 민원(民願)에 따라 제급(題給)[193]하는 것이 마땅하다고 합니다."라고 상소하니, 중종은 각 고을에서 기르는 물소를 백성의 청원에 따라 나누어 주어서 밭을 갈게 하되, 혹 소가 죽거나 잃어버리더라도 백성들에게 죄를 묻지 말라고 하였다. [194]

또한 이와 같은 중종의 애빈 사상이 확대되는데 중종 5년(1510) 실록에는 왕이 행차하는 수레 앞에서 원통함을 호소한 1백30명의 집단 민원에 대하여 그들의 사정을 들어 주라고 전교한 기사가 있다. "거가(車駕) 앞에서 원통함을 호소하는 자가 1백30인이나 되었다. 이들은 반드시 소송을 판결하는 관리가 백성의 원통한 것을 들어 주는 데에 미진함이 있기 때문일 것이다. 해사(該司)로 하여금 기일을 정하여 신리(伸理)하여 억울한 일이 없게 하라."고 전교하였다.[195]

조선 13대 왕인 명종 17년(1562) 「명종실록」 기사에도 정부의 부서를 설치하고 업무를 전담하게 한 이유는 백성들이 억울함이 없도록 각별히 살피라는 것이라면서 민원이 들어오는 대로 즉각 그 억울함을 풀어주도록 전교한 사실이 실려 있다.[196] 명종은 민원의 근본

---

193) 제급(題給): 소장(訴狀)·원서(願書) 등에 대하여 처리하는 내용의 제사(題辭)를 써서 내어주는 것
194) 중종 10권, 4년(1509) 11월 6일, 물소를 백성의 청원에 따라 나누어 주게 하다.
195) 중종 12권, 5년(1510) 8월 28일, 어제 거가 앞에서 원통함을 호소한 사람들의 사정을 들어 주라고 전교.
196) 명종 28권, 17년(1562) 4월 9일, 정소가 너무 많으므로 경조와 육조에서 민원이 들어오는 대로 풀어주도록 전교하다.

원인으로 관리들이 민정(民情)을 살피지 않고 대수롭지 않게 보아 넘겨 원망이 쌓이는 것으로 판단하여 인원을 잘 해결하는 것이 인심과 풍속이 험해지지 않도록 하는 것이라고 믿고 있었다.

영·정조에는 다시 한번 민원처리에 대한 논의가 전개되는데, 특히 정조는 신문고를 관리하는 부서인 형조에만 맡겨두면 신문고 사건을 취사선택하는 폐단이 일어나, 백성들의 뜻이 전달될 수 없다면서 신문고는 의금부의 당직청에 설치하여 전담부서에서 관리하여 자의적인 운영이 되지 않도록 운영체계를 정비하였다.

정조 22년(1798)에는 수령들에게 각 고을의 민원을 올리도록 하여 백성의 고통을 파악하고자 하였다. 정조는 수령들이야말로 날마다 민원을 접하고 백성의 고통을 듣게 되는 자들인 만큼 자연히 측은하게 여기는 본심이 우러나야 하며 이를 감추려 해서는 안 된다. 수령들은 각각 자신의 고을에서 발생한 민원을 듣는 대로 그 내용을 갖추어서 누가 먼저랄 것도 없이 기한을 정해 소장을 올려야 한다고 강조했다. 만약 재차 상소하고 싶어 하는 자가 있을 때는 봄이 지난 뒤에 다시 상소하도록 하고, 수령들이 끝내 침묵만을 지킬 경우에는 명령 위반죄를 적용해 처벌할 것임을 하교하였다.[197)]

이러한 사상은 조선시대 27대 왕들의 공통된 의식이었으며 백성들로부터 제기되는 문제들을 군왕들이 직접 살피고자 하였다. 그러나 백성들의 뜻을 받들어 15세기에 엄격하게 시행되던 신문고·격쟁을 통한 소통 메커니즘도 붕당정치를 통한 왕권의 약화로 차츰 유야무야의 상태가 되었다. 이러한 맥락에서 규모는 작지만 백성에게

---

197) 정조 22년(1798, 무오) 7월 23일, 삼남의 시종 출신 수령들에게 각 고을의 민원을 올리라고 하다.

는 더 피부에 닿는 피해를 끼친 아전들의 부정과 비리도 같은 맥락에서 처벌의 힘이 약화되고 있었다.

19세기에는 중앙정치의 난맥상인 세도정치가 사회경제적 변화와 맞물리면서 커다란 폐해를 일으켰다. 백성들과 소통 메커니즘도 차츰 빛을 잃어 급기야는 민란의 발생으로 왕조의 쇄락을 맞게 된다.

조선의 양반 사대부들이 온갖 가렴주구와 이권 개입으로 호의호식했음은 누구도 부인하지 못한다. 그 와중에 백성들의 억울한 사정을 헤아리려한 군왕들마저 없었다면 조선사회가 어땠을까를 상상하는 건 어려운 일이 아니다. 군왕들이 사대부 관료들의 반대를 무릅쓰고 백성들의 삶을 살피지 않았다면 500년의 횡업을 이루기는 어려웠을 것이다.

## 고종, 탑골공원을 국민소통의 광장으로 조성

고종이 탑골공원을 만든 뜻은 평소 정조를 이상군주로 여겨 그의 유지를 계승하고자한 고종의 생각이 반영된 것이었다. 즉 정조가 과거 격쟁과 상언을 자주 받았던 장소인 종로의 통운교 근처에 공원이나 광장을 만들어서 백성들의 뜻을 수렴하고지한 것이었다.[198]

1896년 10월부터 궁내부는 근대화사업의 일환으로 서울에 대한 도시계획을 추진하였다. 그 이듬해 영국인 브라운(Brown)이 고종의 명을 받아 고종 34년(1897)에 서양식 공원의 형태로 공원을 조성하였다. 당시 브라운은 1893년부터 조선에 와서 총세무사, 도지부 고

---

198) 아라다케시, 직소와 왕권, 지식산업사, 2000, p217.

문으로 일하면서 조선 정부의 재정과 관련한 일을 하고 있었다.

탑골공원은 일제 침략을 목전에 두고 있던 정부와 국민이 뜻을 모으고 국권을 강화하고자 했던 소통의 공간이었다. 이후 이곳에서는 독립협회의 관·민공동화가 개최되고, 독립 선언과 독립만세가 시작된 공간이었다.[199]

앞서 언급한 것처럼 고종이 1899년(광무 3)에 정조의 존호를 '정종대왕'에서 자신과 동격인 '정조선황제'로 격상시키고, 규장각의 기능을 강화하는 일련의 조치들을 보면 정조의 통치사상을 모범으로 삼고자 한 고종의 생각을 읽을 수 있다.

언뜻 보면 겉으로 아무런 관계가 없어 보이는 도시계획에 까지 민의가 수렴되는 언론의 장을 만들고자 시도했던 고종의 생각은 우리나라 최초의 공원을 국민소통의 공원이자 광장으로 만들었던 것이다.

## 2. 조선의 궁: 왕과 신하 그리고 백성이 교감하는 곳

궁궐은 나라 경영의 중추가 되는 소중한 장소이다. 궁궐은 우리 역사에 크고 작은 영향을 미친 사건이 일어난 역사적 장소이자 왕과 왕실사람들이 생활하며 희로애락을 담아낸 삶의 공간이다. 조선의 궁궐은 경복궁, 창덕궁, 창경궁, 덕수궁, 경희궁 다섯 개였으며, 건국 초기부터 경복궁을 법궁으로 창덕궁을 보조 궁궐로 사용하는 양궐 체제를 이어왔다. 그러나 역대 왕들은 경복궁보다 창덕궁에 거처하는 것

---

199) 아라다케시, 직소와 왕권, 지식산업사, 2000, p245.

을 좋아하였다. 왕실 가족이 늘어나 생활공간이 부족하게 됨에 따라 성종이 과거 태종이 상왕으로 거주하던 수강궁에 몇몇 전각을 보태어 창경궁을 만들었다.

이 중 경복궁은 조선 왕조를 대표하는 제일의 궁으로 '만년토록 빛나는 큰 복을 지닌 궁궐'이라는 뜻을 품고 있다. 하늘의 뜻을 받아 백성을 다스리며, 대대손손 태평함을 이어가겠다는 조선 왕조의 강한 소망과 이상을 담은 이름이다. 창덕궁 바로 옆에 맞닿아 있는 궁궐인 창경궁까지, 두 궁궐을 당시엔 '동궐'이라고 불리었다.

일본인 학자 하라 다케시(原 武史)는 중국이나 일본의 궁과 조선의 궁을 비교하여 조선의 궁만이 왕이 백성과 소동하기 편리한 구조를 갖고 있다고 주장한다. 조선 왕궁의 모습은 동아시아에 속하는 중국의 황성(명·청)과 일본의 에도성(강호성, 현재는 왕의 거처)과 비교하면 잘 알 수 있다. 중국 황제의 주거지이자 집무장소였던 베이징의 황성은 남북으로 2.8킬로미터, 동서로 2.4킬로미터이며 그 내부엔 궁전인 자금성이 있다. 또 일본 쇼군이 사는 막부정치의 중심이었던 일본 에도성의 경우, 성 안의 호(濠)로 둘러싸인 '내곽'만 해도 남북으로 1.9킬로미터, 동서로 2.3킬로미터에 이른다. 그러나 조선의 왕궁은 제일 큰 경복궁이 남북으로 900미터에 지나지 않는다.[200] 게다가 중국의 황성 자금성, 그리고 일본의 에도성은 주위를 거대한 호로 둘러싸고 여러 개의 문으로 바깥과 차단되어 있다. 그곳으로 다닐 수 있는 사람들은 등록된 관리들로 엄격히 제한되어 있다.

이에 비해 조선의 왕궁에는 그런 호는 없고, 모든 궁궐의 마당에

---

200) 하라다케시, 한국과 일본의 민본주의 사상사 비교, p.19.

는 조그만 시냇물이 흐른다. 이것은 왕이 맑은 물이 흐르듯, 바른 정치를 바라는 마음이 담겨 있는 상징적 의미를 부여하기 위한 것이었다.[201] 이러한 기본 정신은 비단 이곳에만 국한되지 않고 궁궐의 구조에도 잘 드러나 있다.

조선시대 경복궁은 왕이 국가 행사를 치르던 가장 권위 있는 곳이었다. 하지만 궁을 대하는 백성들의 인식은 격쟁을 하는 백성들의 모습을 통해 간접적으로 짐작할 수 있는데, 오늘날 우리가 알고 있듯 궁궐은 일반 백성들에게는 가까이 다가갈 수 없는 삼엄한 장소로 받아들이지는 않은 것 같다. 억울함을 호소하기 위해 변복을 하거나 신분을 속여가면서 궁궐 안에서 격쟁을 하는 모습들이 흔하게 일어났다. 심지어 명종 19년(1564)에는 격쟁을 하려는 백성이 이른 새벽에 궁궐의 담을 뛰어 넘어와 격쟁을 했다는 기록까지 있다. 이러한 행동들을 보면 궁궐과 백성 간의 심리적 거리감이 상당히 가깝게 느껴진다. 왕은 주로 동궐인 창덕궁에 머물렀기 때문에 왕의 이목을 끌고자 행한 격쟁도 주로 창덕궁의 궐내와 궐 밖에서 이루어졌다.

그림은 순조 때인 1826~1839년대 제작된 것으로 추정되는데 당시의 창덕궁과 창경궁의 모습을 상세히 알 수 있다. 궁궐의 위치나 바닥 및 벽돌, 나무 수까지 세세하게 묘사되었다.

궁궐의 구조를 보면 궁문을 열면 일반인이 통행하는 도로와 접해 있다. 따라서 국왕은 자주 이 문 앞에서 백성과 대화하고 때로는 백성을 왕궁으로 부르기도 하였다. 왕과 백성의 거리가 중국이나 일본과는 달리 상대적으로 가까웠던 것이다. 왕의 안전보다 백성들과의

---

201) 문화재청, '서울, 궁궐로 빛나다' 관광용 가이드, 2012.

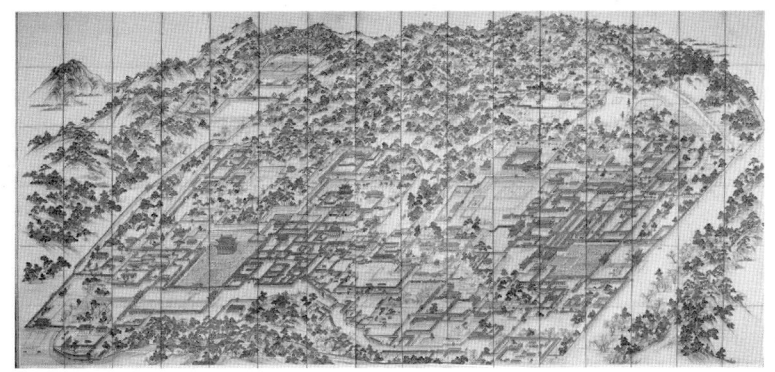

동궐도, 화첩, 국보 제249호, 578×274cm, 고려대학교박물관소장

소통을 중요시한 것으로 왕들의 슬기로움은 궁궐의 구조에서부터 자연스럽게 구현되었다.

이러한 궁궐의 물리적 구조을 이용하여 백성들과의 접근이 가능했던 왕은 영조였다. 영조는 백성들의 말을 경청하고 그들을 설득의 대상으로 여겼다. 그는 도성 안팎을 왕래하면서 상인 등 백성들을 만나고 그들과 대화한 것이 총 55회에 이른다.[202] 영조가 백성들과 토론한 사례를 통해 당시 백성들이 지배의 대상이 아니라 설득의 대상으로 바뀌어 가고 있음을 짐작할 수 있다. 영조 30년(1754) 3월 22일 명정문[203]에서 왕이 주관하여 서울 전역의 백성들을 모아 개천을 파는 것이 이로운지 해로운지를 물었다. 그러자 이 자리에서는 찬성과 반대의 의견이 제각각이었다.[204] 이어 청계천 준천의 타당성을 물었는데, 다소 길지만 그 내용을 인용하면 다음과 같다.

---

202) 박현모, 재판 판결로 본 영조의 백성관 연구, 한국정치연구 제20집 제1호, 2011, p.36.
203) 명정문(明政門)· 창경궁 명정전(明政殿)의 정문
204) 영조 81권, 30년(1754) 3월 22일. 오부의 방민에게 개천의 이해를 묻다.

"도랑을 파내는 일은 군사의 행진하는 것과 달라서 비록 친히 널 빤지와 가래를 잡고 여러 사람들의 마음을 솟구치게 하나, 역시 마음대로 되지 않는다. 내년 봄에 비록 공사를 시작하더라도 지금 미리 정리한 뒤에 이 일을 시행할 수 있을 것이다. 만일 해당 부서 관리에게 먼저 계획안을 만들어 바치게 할 경우 틀림없이 하급관리와 일 맡은 자들이 제멋대로 조종할 것이다. 그러면 너희들이 먼저 그들에게 곤욕을 치를 것이고 다음으로 나라와 공사로 인해 곤욕을 받을 것이다. 만약 분명히 깨우쳐 효유(曉諭)하지 아니하면 이것은 한갓 백성들을 저버리는 것일 뿐만 아니라 역시 오르내리시는 영령을 저버리는 것이다."(영조실록 35년 1월 15일)[205]

여기를 보면 영조는 청계천의 준천사업이 백성을 위한 일이기는 하나 역시 백성을 수고롭게 하는 일이기 때문에 먼저 백성들에게 그 일의 당위성을 분명히 깨우쳐 주지 않으면 안 된다고 말하고 있다.

백성을 위해서 하는 좋은 취지의 일이라 할지라도 하급관리에게 시달리면서 괴로워할 수 있기 때문에 준천사업의 취지와 목적을 충분히 알게 해야 한다는 것이었다. 한마디로 백성을 위하는 사업일수록 그 주체인 백성들이 잘 알고 있어야 한다는 것이며, 국가행정의 주체로서 백성을 인정하고 있는 것이었다.[206]

영조는 백성들과 직접 만남으로써 왕의 위상을 바로 세우고자 하

205) 영조 94권, 35년(1759) 10월 15일. 명전전 월대에서 준천 당상과 오부 방민을 소견하고 준천에 대해 하교. 청계천 준천사업은 영조 36년(1760)의 경진준천으로 총 57일간 시행되었는데, 국가에서 동원한 인력 외에도 자원해서 준천에 나서는 백성들이 많았다.
206) 박현모, 재판 판결로 본 영조의 백성관 연구, 한국정치연구 제20집 제1호, 2011, p.37.

어전준천제명첩(御前濬川題名帖), 1760(영조 36)년, 청계천의 준천(濬川)¹⁾의식을
기념하여 그린 서화첩, 작자: 미상, 규격: 44×34cm, 부산박물관 소장

였다. 집권 초기부터 무신의 난을 겪은 영조로서는 백성들의 지지를
얻지 못하면 언제든지 왕위에서 쫓겨날 수 있다는 위기감 때문일 수
도 있다.

　영조가 이렇게 백성들과 소통할 수 있었던 것도 실은 백성들과 쉽게
접할 수 있는 궁궐의 十소 때문이었다. 영조는 재위 4년째인 1728년에
일어난 이인좌의 난이 진압된 후, 돈화문 2층 문루에서 헌괵례를 받
았다. 헌괵례(獻馘禮)는 싸움에 나간 장수가 적장의 머리를 왕 앞에
바치는 의식을 말하는데, 이때 영조는 서울에 사는 노인들을 돈화문
앞에 초청하여 난의 원인이 당쟁에 있음을 지적하고 난에 가담한 일
반백성들에게는 중죄를 주지 않을 것이라 하였다. 돈화문 앞 광장은
이처럼 대민광상이기도 했다.²⁰⁷⁾

또한 창경궁 홍화문[208] 앞에서는 효심 깊은 정조가 어머니 혜경궁 홍씨의 회갑을 기념하여 백성에게 손수 쌀을 나누어 주며 기쁨을 함께했다.

---

207) 문화재청, 2012년 창덕궁 관광 가이드.

208) 홍화문(弘化門): 창경궁(昌慶宮)의 정문

# 02  신문고(申聞鼓)의 소리

온갖 정치의 득실(得失)과 민생(民生)의 편안함과 근심됨(휴척: 休戚)을 아뢰고자 하는 자는, 의정부에 글을 올려도 위에 아뢰지 않는 경우, 즉시 와서 북을 치라. 말이 쓸 만하면 바로 채택하여 받아들이고, 비록 말이 맞지 않는다 하더라도 또한 용서하여 주리라.

凡欲告政治得失, 民生休戚者, 呈議政府, 不爲申聞, 即來擊鼓,
범 욕 고 정치 득 실   민생 휴척 자   정 의정부   불 위 신 문   즉 래 격고
言之可用, 即加採納, 雖或不中, 亦且優容.
언 지 가 용   즉 가 채 납   수 혹 부 중   역 차 우 용

- 태종 2년(1402) 1월 26일 "신문고 설치교서"

북 자체의 역사는 극히 오래되었다. 우리 역사에서 전해오는 북의 역사는 서기 32년으로까지 거슬러 올라간다. 고구려 호동왕자와 낙랑 공주의 자명고(自鳴鼓)에서부터 유래를 찾을 수 있는데, 옛날 낙랑에 있었다고 하는 자명고는 적군이 나타나면 저절로 울리는 전설적인 북이었다. 비록 설화에서는 호동왕자의 부탁으로 낙랑 공주가

이 북을 찢어 낙랑국이 고구려에 멸망당하는 것으로 끝을 맺는다. 하지만 북은 바로 적의 침입을 막는 신비하고 상징적인 존재였음을 설화는 보여주고 있다.

일반적으로 북을 치는 소리는 심장의 고동소리와 닮아서 온몸을 힘차게 격동시켜 힘과 용기가 솟아나게 한다. 마치 대군(大軍)이 큰 북을 둥둥 치며 적군을 물리치고 진군하는 데 비유된다. 우리 생활과 밀접했던 불교에서는 큰 북을 법고라고 부르는데 북을 두드리는 것은 부처님의 설법으로 중생의 번뇌를 모조리 격파하는 것을 뜻하는 것이다. 신문고는 백성들의 억울함을 모조리 격파하라는 것을 뜻하는 것이다.

조선 초기 15세기에는 신문고(申聞鼓)가 백성들의 억울한 사정과 부정이나 불법을 알리는 것으로 이용되었는데 바로 왕에게 직접 전하였기 때문에 효과적이었다. 북이 없을 때 징이나 꽹과리를 대신 이용하였으나 일반적으로 격고(擊鼓)라고 통칭하여 불리었다. 조선시대에 신문고가 등장한 것은 '민본 정치'를 실현하고자 했던 위정자들의 강력한 의지 때문이었다. 조선시대에 왕은 어버이가 자식을 사랑하듯이 백성들을 다스려야 했다. 아픈 곳이 있으면 치료해 주어야 하는 어버이 같은 존재가 왕이었다.

그런데 구중궁궐에 사는 왕의 입장에서 신하들로부터 전해 듣는 민의(民意)에는 한계가 있기 마련이었다. 왕에게 전달되는 민심과 백성들의 실제 민심사이에는 언제나 괴리가 있었다. 민본 정치는 민심을 얻어야만 이루어질 수 있기 때문에 민본정치의 실현을 위해서는 백성의 고통과 억울함을 정확히 파악해야 했다. 왕은 민심을 정확히 파악할 채널을 가져야 했고 신문고는 이러한 목적을 실현하기 위해서, 즉 민본정치를 실현하기 위한 적합한 제도였던 것이다.

신문고는 조선시대에 억울하고 원통한 일을 당한 사람이 궁궐에 마련된 북(鼓)을 쳐서 자신의 사연을 왕에게 직접 호소하는 것이었다. 신문고는 조선의 고유한 것은 아니었다. 중국 송나라는 등문고(登聞鼓)을 만들어 백성들이 편리하게 자신의 불만과 소송을 제기할 수 있도록 하였다. 송나라의 등문고의 연원은 요제(堯帝) 때까지 거슬러 올라가는데, 당시 중국은 '정(旌)'이라는 제도를 두어 길에 깃발을 세워 놓고, 억울함을 호소하기를 원하는 자가 있으면 그 깃발 아래 서게 한 데서 유래한다.[209] 그러나 송나라의 등문고(登聞鼓)는 왕이 사안을 직접 처리한 것이 아니라 신하들이 처리하였기 때문에 조선과 같이 왕이 직접 안건을 처리함으로써 왕과 백성이 직접 교류하는 메커니즘으로 작동하지는 못했다.

즉 중국의 등문고는 왕이 직접 북소리를 듣는 것이 아니었다. 그러나 조선은 왕이 직접 북소리를 들었고 그 사안을 직접 심사하였다. 이 점이 바로 오늘날 우리가 신문고를 주목하는 이유이다.

조선시대 왕이 백성을 직접 만나는 일은 흔치 않았다. 왕들은 궁 밖의 지방 수령과 관리들이 부정을 하지 않는지 혹은 백성들의 불만과 고충은 무엇인지를 정화하게 파악하고자 하였다. 이러한 역사적 맥락에서 백성들 사이에서는 자연적으로 자신의 사연을 국왕에게 직접 호소하는 신문고와 상언과 격쟁으로까지 발전해 나갔다.

이러한 배경에는 백성의 삶의 문제를 정치무대에 등장시키고 싶어 하는 왕들의 숨은 의도가 있었다. 따라서 왕은 직접 백성을 만날

---

209) 태종실록 1년(신사년) 11월 16일.

수 없기 때문에 신문고를 통해 자신의 눈과 귀로 직접 백성들의 생활상을 관찰하고 민의를 수렴하고자 했던 것이다.


## 1. 신문고의 관리

신문고가 설치된 것은 태종 1년(1401) 7월 18일이었다. 안성학장 윤조와 전 좌랑 박전이 "송(宋) 태조가 등문고를 설치하여 하정(下情)을 들었는데, 지금까지도 칭송하고 아름답게 여기오니, 원컨대 고사에 의하여 설치하소서."[210]라고 건의한 것을 받아들여 처음으로 설치하였다. 따라서 이름도 등문고(登聞鼓)라 칭하였으나 그해 8월 1일에 그 명칭을 등문고에서 신문고(申聞鼓)로 바꾸었다.[211] 11월 16일 신문고 설치를 완성하여 치게 하였는데, 하륜은 "관리가 백성의 송사를 결단함에 있어 임금에게 아뢸까 두려워하여 마음을 다해 정찰(精察)하기 때문에, 백성이 그 복을 받으니, 실로 자손 만세의 좋은 법입니다."라며 신문고의 중요성을 강조하였다.

조선 초 민심을 얻으려 한 태종의 노력은 이듬해인 태종 2년(1402) 1월 26일 발표된 신문고 교서로서 최정점에 이르렀다. 신문고 교서에서 "온갖 정치의 득실(得失)과 민생(民生)의 편안함과 근심됨(휴척; 休戚)을 아뢰고자 하는 자는 의정부에 글을 올려도 위에 아뢰지 않는 경우, 즉시 와서 북을 치라."고 밝힌 것처럼 백성으로 원통하고 억울

---

210) 태종 2권, 1년(1401, 신사) 7월 18일, 안성의 학장 윤조등이 상언으로 등문고를 설치하다.
211) 태종 2권, 1년(1401, 신사) 8월 1일, 억울한 사람은 등문고를 치도록 하자는 의정부의 상소. 신문고로 고치다.

한 일을 당한 자는 나와서 신문고를 치도록 한 것이었다.

신문고는 국왕의 직속 근위대인 의금부의 낭관(처음에는 순군의 영사)과 신문고 지기인 나장 두 사람이 지켰다. 북을 치려는 사람이 오면 낭관이 그 북을 치려는 사유를 물어 만약 역적들이 음모한 내용이면 바로 치게 하고, 또 정치의 득실과 원통하고 억울함을 펴지 못하는 등의 일에 대하여는 월소가 아니면 실상을 물은 후 관리에게 달려가 보고하고 북을 치도록 하였다. 이때 낭관은 사헌부의 퇴장(退狀: 소장을 반송하는 것)을 살펴본 뒤 심사하지 않은 것(미심: 未審)이 있을 때만 상부에 보고하여 처리하였다. 추후에 나장을 시켜 북을 친 사람의 주소를 알아보도록 하였다.

신문고를 통해 모든 것을 처리하는 것은 아니었는데, 억울한 사정이 있는 사람은 먼저 서울 안에서는 주무 관청에, 외방에서는 수령·감사에게 글을 올리되, 따져서 다스리지 아니하면 사헌부에 올리고 최후로 신문고를 치도록 하였다. 일단 이러한 절차를 거치지 않은 자(월소자; 越訴者)는 북을 두드려 소란을 일으킨 데 대해 벌을 받아야 했다. 신문고 당사자는 형조에 체포되어 치죄를 받았는데, 이는 꼭 중요한 일이 아닌데도 사소한 것으로 북을 두드리는 것을 막기 위해서이기도 했다. 신문고는 반드시 궁궐까지 가서 절차를 밟아야 했기 때문에 지방의 일반 백성들은 신문고를 이용하기 어려웠다. 따라서 성종 이후부터는 신문고보다는 왕이 있는 곳에서 어디든 가서 돌발적으로 할 수 있는 격쟁과 상언이 훨씬 활발하게 이용되었다.

이러한 의미에서 신문고를 설치하는 장소는 백성들이 물리적으로 쉽게 신문고에 접근할 수 있느냐는 관점에서 중요하였다. 궐내에 설치할 경우는 궁내의 경비를 뚫고 가야 하기 때문에 신문고를 치기는 어려웠다. 반면 궁 밖에 설치하는 경우는 백성들이 쉽게 신문고에 접근할 수 있었다.

신문고를 궁 어느 곳에 설치하였는지에 대한 「조선왕조실록」의 기록은 명확치 않다. 신문고를 관리할 필요성 때문에 1414년 의금부 당직청(當職廳)에 신문고를 설치하였다는 기록이 있는데 의금부 당직청의 위치에 따라 달라진다. 다만 조선 후기 정조 때 신문고 설치 장소문제로 신하들과 정조가 논의를 하게 되는데, 실록을 잠시 들여다보면 신문고가 궁 밖에 설치되었던 것으로 짐작할 수 있다.

영의정 정존겸이 아뢰기를 "대궐 밖에다 신문고를 두었음은 그전부터 있는 법제이고, 당직청에 상언하는 것도 또한 위에 주달(奏達)하도록 했습니다. 신문고를 당직청에 설치하고 의금부의 낭관이 관장하도록 하되, 본부의 당상에게 고하고 그 즉시 초기를 하도록 한다면, 궐 밖에서 징을 치는 일이 자연히 번잡해질 염려가 없게 될 것입니다."라고 언급했는데, 정조는 "대개 송나라의 고사로 말하더라도 등문고원이 대궐 밖에 있었고, 우리 국조의 고사에도 또한 신문고를 대궐 밖에다 두고서 주서(注書)로 하여금 나가서 살피도록 했던 것이다. 만일 이번에 신문고를 당직청에 내다 두고서 혹시라도 신문고를 치는 사람이 있게 되면, 당직도사는 승정원에 와서 고하고 형방승지가 주관하여 등문하도록 한다면 안 될 것이 없을 듯하다. ……중략…… 신문고를 대궐 밖으로 내놓아야 한다는 의논은 비록 일리가 있는 듯하기는 하지마는 내놓은 뒤의 일이 진실로 난처하게 된다."[212]

신문고는 의금부 도사들이 1인씩 번갈아 당직을 서면서 소송사무

---

212) 정조 16권, 7년(1783, 계묘) 7월 12일, 신문고에 대해 의논하다.

를 처리했다. 1505(연산군 11)년에는 의금부 당직청이 밀위청(密威廳)으로 개칭되었다가 1506년 중종반정 뒤 다시 당직청으로 고쳐졌다.

아래 그림은 창덕궁의 돈화문 일원이다. 창덕궁은 1405년 태종 때 건립된 이후 임금들이 주로 거주 하면서 실질적인 왕궁 역할을 했다. 임진왜란으로 경복궁이 소실된 이후 재건설될 때까지 270여 년 동안 사실상의 법궁으로 사용되었다.

그림에서 금천교를 지나면 진선문이 있는데, 영조와 정조의 실록에는 그 곳에 신문고를 설치했다는 기록이 있다.

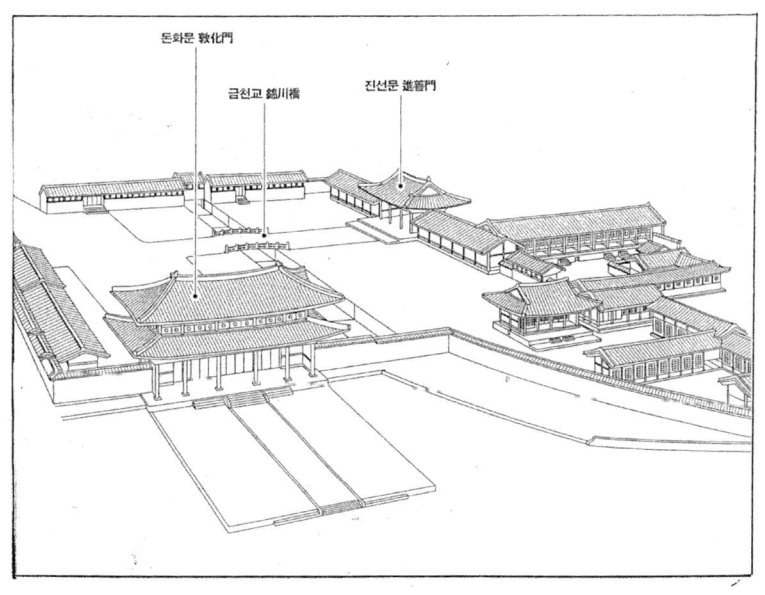

창덕궁 돈화문 일원 궁궐 전개도, 문화재청 관람정보 브로슈어

앞에서 언급한 바와 같이 3심의 신문고를 치는 절차를 지키는 것은 어려웠거니와 병사들이 지키고 있는 돈화문을 통과하여 신문고를 치기란 여간 어려운 일이 아니었다. 따라서 두드리기 힘든 신문고는 포기하고 왕의 행차에 뛰어들거나 징을 두들겨 원통하고 억울함을 호소하는 백성들이 점차 늘었다.

## 2. 북을 친 사연의 처리

신문고는 당사자의 억울한 사연을 구두로 보고하고 이러한 사연은 왕에게 바로 보고된 후 왕은 사연을 듣고 직접 그에 합당한 처리를 하였다. 글을 모르고, 위로 층층의 관리들의 장벽에 짓눌려 있던 백성들에게 신문고는 가장 시원하게 억울함을 해소하는 방법이었다. 그러기에 신문고는 때로 남발되어 사회문제화되기도 하였다. 또한 신문고 사연으로 신문고 당사자의 억울함을 해결하게 되면 반대로 신문고 사연을 야기한 관리들은 엄정한 처벌이 뒤따랐다. 왕은 명분을 내세우는 관료들의 논리나 아첨에 휘둘리기보다는 차라리 백성들의 이야기에 귀를 기울이고 싶어 했다. 두서없는 백성의 넋두리에서부터 조정에 대한 비판까지 그들이 하는 말인 민심에 귀를 기울이고자 한 것이다. 특히 백성의 억울함이 사실로 드러나면 관료들은 처벌을 면치 못했기 때문에 신하들은 자신의 결정이 신문고에 걸리지 않도록 경계했다.

차츰 신권이 강화됨에 따라 신문고에 대한 제한들이 몇 가지 생겨났다. 북을 칠 수 있는 내용은 조종의 반역과 관련된 일, 불법으로 사람을 죽인 일, 형벌이 자기 신상에 미칠 경우, 부자나 형제간의 분간(分揀), 처첩 분간, 양천 분간 등 사건에 대해서만 호소할 수 있도록 제한하였다. 또한 신문고 내용이 사실과 다르거나 무고일 경우는 신문고를 친 당사자는 엄중한 처벌을 받았다.

그러나 신문고는 반드시 이런 제한적 원칙 하에서만 가능했던 것은 아니었다. 신문고는 자손, 아내, 아우, 종이 조상이나 지아비, 형, 주인을 위하여 억울함을 호소하거나 그 밖의 지극히 원통한 경우에는 허용되었다. 왕들의 신문고 장려는 당시 관료들의 반발을 많이 샀지만, 꾸준히 지속되었다. 거듭되는 신문고를 통해 백성들은 단순한 사건뿐만 아니라 현실 속에서 겪는 사회경제 전반의 문제를 해결하는 수단으로 신문고를 종종 이용하였다. 이로써 신문고는 조선 전기 민의 창달의 가장 중요한 수단으로 자리 잡고 있었다.

## 신문고, 집단민원의 창구

조선시대에도 여러 사람들의 고충이 있는 집단민원이 발생했으며 이들은 신문고를 쳐 자신들의 억울한 사성을 왕에게 전달하고자 하였다. 수령과 감사 그리고 사헌부는 명분을 내세우는 관료들의 논리로 인해 집단적인 문제를 다루는 데는 한계가 있었다. 따라서 이들은 직접 왕에게 호소하고자 하였다.

태종 3년(1403) 11월 22일 「태종실록」에는 사헌부관리들과의 충돌로 갑사 500여 명이 신문고를 친 사연이 기록되어 있는데, 봉상주부 하연이 궁문을 지키는 갑사양설, 김춘 등에게 "갑사의 직책이 낮고 천한데 어찌 세음자제가 할 것이냐?"며 희롱하며 말하였다. 두 사람이 돌아가 동료들에게 말하니 10여 명의 갑사들이 하연에게 이렇게 희롱한 말을 따져서 묻고자 하였다. 백관들이 조회를 마치고 흩어질 때 사헌부감찰 신계삼을 하연으로 오인하여 실랑이를 벌이고 구타를 하였다. 사헌부에서는 갑사들을 데려다 구타한 까닭을 심문하였다. 그러자 갑사들은 작은 일을 가지고 사헌부가 너무 심하다며 원망하며 500여 명이 단체로 몰려가 신문고를 친 것이었다. 태종은 이에 대해 앞으로 사헌부에서 임의로 심문하지 말고, 갑사들에 대해서는 잘못을 가려 조치하도록 하였다.

태종 6년(1406) 2월 26일 실록에는 사찰의 노비수와 전지를 줄이는 것에 반발하여 승려 수백 명이 신문고를 친 사연이 기록되어 있는데, 조계사 중 성민이 절의 수를 줄이고 노비와 전지를 감축하는데 대해 정승 하윤에게 예전대로 회복해 줄 것을 요청하였으나 응답이 없자, 수백 명의 스님들을 앞세워 신문고를 쳤다. 그러나 태종은 끝내 받아들이지 않았다.

태종 11년(1411) 1월 11일 실록에는 군졸 300명이 식량 부족을 호소하며 신문고를 친 사연이 기록 되어 있는데 응양위 소속 군졸들이 군량미를 준비한다며 식량을 거두어들여서 먹을 것이 부족하다며 신문고를 쳤다. 태종은 응양위에 다시 공해전(토지)을 내려 주도록 조치하였다.

숙종 30년(1704) 4월 22일 실록에는 사찰에서 태안 백성들의 밭을 빼앗아 태안 사람들이 신문고를 치며 원통함을 호소한 사연이 기록되어 있다. 사건의 전말은 태안의 사찰인 태복시로부터 태안 사람들이 고목장(古牧場)이라고 불리는 밭을 빼앗겼다는 주장이었다. 태복시에서 여지승람에 고목장이라는 글자가 있음을 이유로 표지가 있는 지역을 과거대로 절의 소유로 하고자 하였기 때문이었다. 태안의 백성들이 그 피해를 입지 아니한 사람이 없어서 결국 억울함을 호소한 것이었다.[213]

## 3. 역대 국왕과 신문고

### 태종, 신문고 교지를 내리다

태종은 하늘의 뜻을 받아 백성을 다스리며, 대대손손 태평함을 이어 가겠다는 왕조의 강한 소망을 담아, 태종원년(1401)에 신문고를 설치하였다. 「태종실록」에는 "……온갖 정치의 득실(得失)과 민생(民生)의 휴척(休戚)을 아뢰고자 하는 자는, 의정부에 글을 올려도 위에 아뢰지 않는 경우, 즉시 와서 북을 치라. 말이 쓸 만하면 바로 채택하여 받아들이고, 비록 말이 맞지 않는다 하더라도 또한 용서하여 주리라." 하며 조선건국의 통치이념인 유교적 민본사상의 실현을 위해 만든 것임을 분명히 하였다.

"대체로 억울함을 펴지 못하여 호소하고자 하는 사람으로, 서울 안에서는 주무관청에, 외방에서는 수령(守令)·감사(監司)에게 글을 올리되, 따져서 다스리지 아니하면 사헌부(司憲府)에 올리고 사헌부

---

213) 숙종 39권, 30년(1704) 4월 22일

에서도 따져 다스리지 아니한다면, 바로 와서 북을 치라. 원통하고 억울함이 명확하게 밝혀질 것이다. 상항(上項)의 관사(官司)에서 따져 다스리지 아니한 자는 율(律)에 따라 죄를 줄 것이요, 월소(越訴)한 자도 또한 율(律)에 따라 논죄(論罪)할 것이다."[214](태종실록 2년, 신문고교서)

결국 부당한 죄에 대하여 면죄를 호소하는 3단계의 상소수단을 거친 후에야 최종심으로 신문고를 울리도록 한 것이다. 또한 북을 친 사람의 말이 맞으면 처리를 담당한 관리를 처벌하도록 규정하여 신문고의 존재는 관리들로 하여금 경각심을 갖게 하였다. 즉 자신이 처리한 소송이 왕 앞에서 다시 논의될 수 있다는 사실 만으로도 의미가 있었으며 반면 관리들의 반감을 초래할 가능성은 내재해 있었다. 따라서 지나치게 북을 치는 폐단을 막기 위해 3단계의 절차를 거치지 않고 북을 치는 자는 '월소자(越訴者)'라 하여 처벌받았다.

신문고는 왕이 있는 궁궐에 설치했기 때문에 궁궐에 직접 가서 치는 절차를 밟아야 했다. 억울한 사정이 있는 백성들은 지방에서 올라와야 했기 때문에 물리적으로 접근하는 데 어려움을 겪었다. 실제로 「조선왕조실록」에서 신문고 사례를 보면 신문고를 치는 사람은 서울 도성안의 양반층이 주류였으며 내용면에서도 백성들의 삶의 고충보다는 노비와 양인의 변정(辨定)문제, 파직된 관리의 소청 등이 주된 것이었다.

---

214) 태종 3권, 2년(1402, 임오) 1월 26일, 신문고를 설치한다는 교서.

# 세종, 신문고는 아래 백성들의 사정이 위에 통할 수 있게 하려는 것이다

## 使下情得達也
### 사 하 정 득 달 야

이 말은 세종이 신문고 치는 것을 금지한 의금부의 당직원을 사헌부에서 국문하게 하면서 내리는 구절이다. 세종 때 어느 날 노비한 사람이 광화문의 종을 쳐서 자신의 억울함을 호소하였다. 승정원은 신문고를 치지 않고 종을 친 이유를 물었는데 노비는 신문고를 치려고 하니 의금부 당직원이 신문고를 치는 것을 막아 할 수 없이 광화문의 종을 쳤다는 것이다.

세종은 신문고를 설치한 것은 사람들이 마음대로 할 수 있게 하여 백성들의 아래 사정이 위로 통할 수 있게 하려는 것이다. 북을 치는 것이 온당한 지는 신문고 치는 사람이 책임질 문제이지 북을 관리하는 관리가 금지하는 것은 잘못된 것이다. 따라서 의금부 당직자를 파직하였다.[215)

세종은 북을 치는 것의 귀책을 격고자에게 지우며 다음과 같이 사유를 밝혔다. "신문고를 친 이유가 합당하시 않으면 처벌받는 것은 바로 격고자의 책임이지 북을 관리하는 자가 관여할 문제는 아니다."[216)

이에 앞서 세종 2년(1420)에는 신문고의 역할을 축소하는 부민고소금지법(府民告訴禁止法)을 제정하였다. 수령이 다스리는 관내의 백

---

215) 세종 40권, 10년(1428, 무신) 5월 24일, 신문고 치는 것을 금지한 의금부의 당직원을 헌부에 내려 국문하게 하다.
216) 세종 40권, 10년(1428, 무신) 5월 24일, 신문고 치는 것을 금지한 의금부의 당직원을 헌부에 내려 국문하게 하다.

성들이 그 수령을 고발할 수 없게 한 법이었다. 이러한 법이 제정된 것은 조선 초기 중앙정부의 행정력을 지방까지 미치게 하려는 시대적 상황과 긴밀히 연관되어 있다. 중앙정부의 영향력은 바로 수령권의 강화였으며 당시 이에 반발한 토착향리나 백성들이 수령의 비행을 이유로 고발하는 일이 빈번하여 이를 막으려 한 것이다. 따라서 신문고를 치는 행동을 포함하여 어떠한 방법으로도 수령을 고소할 수 없게 한 것이었다. 수령이나 관리의 행동을 고소하는 것은 기본적으로 범죄행위이며 처벌을 받는 것이 원칙이었다.

그런데 3심제로 지방에서부터 사헌부에 이르기까지 신문고를 치는 절차가 힘들고 더욱이 부민고소금지법으로 억울한 사정이 있어도 백성들이 수령의 비행을 고발하기가 어렵게 되었다.

이에 세종 12년(1430)에는 "신문고를 함부로 치는 것을 죄를 주니 품은 생각이 있고 알리고 싶어도 법이 두려워 말하지 못하며, 일반 백성들은 법이 있는 것 자체를 모른다."며 신문고를 마음대로 치라고 하였다. 그러나 1년이 지난 후 지나치게 남을 고발하거나 사소한 내용을 갖고 신문고를 치는 자가 많아지자 동일한 사안을 반복하는 것은 송사가 기약 없이 길어지므로 두 번 치는 것을 금하도록 하였다.

## 문종, 작은 일을 가지고 신문고를 치는 것 또한 금할 수 없다.

以小事擊鼓, 亦不可禁也
이 소 사 격 고    역 불 가 금 야

이 말은 신문고 치는 사건들이 많다며 작은 일로 격고하거나 온당하지 않은 호소에 대해서는 벌을 주어야 한다는 김종서의 상소에 대해 문종이 언급한 말이다.

조선 5대 왕이었던 문종은 민원이 발생한 해당 부서에서 민원을 처리하는 관료주의를 경계하며, 중앙관서의 조관들이 직접 처리함으로써 고통을 호소하는 백성들의 목소리에 진지하게 귀 기울이고 해결하고자 하였다.

문종 1년 실록에는 경연에서 김종서가 사소한 민원을 신문고로 호소하는 것을 제외하자고 제안하였으나, 문종이 거절하는 사연이 소개되어 있다.

김종서는 "지금은 신문고를 쳐서 원통한 사정을 호소하는 자가 매우 많습니다. 금후에는 큰 사건이 아니고는 신문고를 치지 못하게 하고 망령되게 호소해 온 자는 법률에 의하여 죄주게 하소서." 하니, 문종이 답하기를, "작은 일을 가지고 신문고를 치는 것 또한 금할 수가 없다. 비록 망령되게 호소한 자에게 죄를 가하는 법이 있긴 하나, 만약 무지한 소민(小民)이면 어찌 차마 죄를 주겠는가? 또 왕이 행차(가전; 駕前)할 때 직접 호소하는 자는 시비를 논하지 않고 죄준다는 법도 있다. 그러나 이렇게 하는 자는 거의가 무지한 사람이기 때문에 차마 죄를 줄 수 없는 것이다."라고 하였다.

이러한 문종의 확고한 태도에 김종서는 "성상의 옥체를 수고롭게 해드릴까 두려워서 그런 것이었다."라며 말꼬리를 흐렸다. 문종은 한술 더 떠서 신문고 송사결과로 반드시 오결(誤決)한 해당 관리의 죄를 묻도록 하였다.[217]

여기서 주목할 것은 문종이 백성들이 제기한 민원처리가 중요함

---

217) 문종 9권, 1년(1451, 신미) 9월 8일, 큰 사건이 아닌 일에 신문고를 치지 못하도록 건의하다.

을 지적한 대목이며 백성들의 사소한 일이라도 정성을 다해야 한다
는 문종의 단호한 의지를 확인할 수 있다.[218]

## 성종, 폐지된 신문고 20년 만에 부활하다

세조는 어린 조카를 쫓아내고 왕위에 올라 정통성에 한계를 느끼
고 있었다. 이러한 상황에서 백성들로부터 직접 탄원을 받는 신문고
는 부담이 아닐 수 없었다. 「성종실록」에는 세조가 신문고를 폐지한
이유가 실려 있는데, "세조조(世祖朝)에 어떤 사람이 북을 잘못 쳐 시
각을 알리는 누고(漏鼓)를 잘못 알려, 이로 인하여 금지시킨 것이고,
별달리 다른 까닭이 없다."[219]는 것이었다. 그러나 세조는 신문고를
폐지한 후에 지방 수령과 관리들이 백성들을 수탈하고 있는 것은 아
닌지를 가장 우려하였다. 따라서 처음으로 분대어사(分臺御使)를 8도
에 파견하여 민정을 시찰하도록 하여 백성들이 억울한 일을 당하지
않도록 조치하였다.

성종대에는 유교적 정치이념이 정치에 본격적으로 도입되어 사림
정치가 시작되던 시기였으므로 이를 표방한 삼사의 언론활동이 두
드러지게 많이 나타났다. 성종은 유교정치 이념을 세우고 백성들의
억울함을 풀기 위해서는 신문고를 설치해야 한다며 성종 2년(1471)
12월 15일에 신문고(申聞鼓)를 다시 설치하도록 하였다.[220]

---

218) 문종 9권, 1년(1451, 신미) 9월 8일, 큰 사건이 아닌 일에 신문고를 치지 못하도록 건의하다.
219) 성종 13권, 2년(1471, 신묘) 12월 15일, 신문고를 다시 설치하게 하다.
220) 성종 13권, 2년(1471, 신묘) 12월 15일, 신문고를 다시 설치하게 하다.

## 연산군, 과거시험에 신문고가 출제되다

　연산군은 왕위에 오르자 성종 말기 때부터 시작된 퇴폐풍조와 부패를 없애려고 하였다. 그는 나라 안 각 처에 암행어사를 보내 백성들의 어려움을 살피고 부패한 관리들의 기강을 바로 세웠다. 또한 유능한 학자들에게 휴가를 주어 독서에 전념케 하는 제도를 다시 실시하여 학문의 질을 높이고 조정의 학문 풍토를 크게 쇄신하여 국조보감을 편찬하여 후대 왕들의 제왕 수업에 귀감이 되도록 하였다.[221]

　이러한 맥락에서 연산군은 인정전에서 실시한 문과 중시에 직접 참석하여 신문고와 관련된 책문(策問)을 냈다. 연산군 3년(1477) 9월 10일 인정전 앞에서 실시된 문과 시험의 시제를 다음과 같이 제시했다.

　"예로부터 천하 국가를 다스리는 길은 백성을 편안히 하고 풍속을 바르게 하는 데 지나지 않는다. 하·은·주 삼대는 백성이 편안하고 물건이 풍성하며 풍속이 아름다웠는데 무슨 도(道)를 행하여 그렇게 되었는가? …… 나는 박덕한 몸으로 밤낮으로 다스리기를 도모하여 백성을 편안히 하고 풍속을 바르게 하는 데에 마음을 다하지 않는 것이 아닌데, 혹은 신문고를 치고, 혹은 왕이 행차하는 수레 앞에서(가전; 駕前), 혹은 사헌부에 억울하고 원통하다는 신고가 있으니 이는 백성이 편안해서 그러겠느냐 ……(중략)…… 세속이 점차 흐려서 다시 떨칠 수 없느냐, 그 세도를 만회하여 하·은·주 삼대의 정치를 회복하는 데는 어떠한 설(說)이 있느냐? 숨김없이 진술하라(연산 3년, 9월 10일).[222]

---

221) 유종문, 2011, 이야기로 풀어 쓴 조선왕조실록, pp.199~200.
222) 연산 27권, 3년(1497) 9월 10일, 인정전에 나가 친히 문과 중시의 책제를 내다.

연산군 초기 예의와 도덕으로 나라의 기틀을 세우고자한 유교적 가치관에 따라 나라를 다스리고자 하였으나 점차 총기를 잃고 폭정으로 빠져들게 되었다.

## 영조, 신문고의 전면과 후면에 '신문고(申聞鼓)'라고 세 글자를 쓰다

영조는 옛날의 신문고를 부활시켜 백성들의 억울한 일을 왕에게 직접 알리도록 하였다. 이때 평범한 백성들도 신문고라는 사실을 알 수 있도록 북의 앞과 뒤에 신문고(申聞鼓)라고 큰 글씨를 써 넣었다.

신문고 부활에는 당시 영조의 정치적 배경에 영향을 받았다. 영조는 어머니가 천인(무수리) 출신이며 노론만의 지지로 왕위에 올랐다는 열등감을 갖고 있었다. 더욱이 재위 초반부터 일련의 벽서 사건이나 이인좌의 난등의 반대 세력의 저항에 부딪치면서 백성들의 지지를 얻기 위해 직접 백성들과의 접촉을 통해 왕권을 강화하고 정국을 안정시키려 했다.

영조 47년(1771) 11월 23일 조선 초의 고례에 의거하여 창덕궁의 진선문(進善門)과 시어소의 건명문 남쪽에 신문고를 다시 설치하도록 하였다.

그러나 격쟁의 남발 폐해를 막기 위해 "옛날의 신문고를 회복한 후에는 길에서 바라를 치는 자는 비록 사건사(四件事)[223]에 관계된다 하더라도 장(杖)을 때리고, 비록 신문고를 쳤다 할지라도 사건사에

---

223) 사건사(四件事): 상언(上言)이나 격고(擊鼓)할 수 있다고 허용된 네 가지 일. 곧 적첩 분별(嫡妾分別), 형륙 급신(刑戮及身), 양천 변별(良賤辨別), 부자 분별(父子分別)이다.

관계되지 않는 자는 호남의 연해에 군역을 시키도록 하라."고 전교
하였다.[224]

## 정조, 신문고를 칠 수 있는 높이에 매달아라

이 말은 정조가 관리들이 더 이상의 민원이 증가되는 것이 두려워
아예 북을 싸매거나 북을 치기 어렵게 높이 달아 놓자, 신문고를 칠
수 있도록 적당한 높이로 낮추어 달라고 조치한 것이었다. 당시 정
조는 광양문과 광달문 밖에서 치던 징을 치우고 진선문과 건명문에
신문고를 대신 설치하였는데, 백성들의 격고가 증가하게 되고 사소
한 일까지 북을 치자, 관리들이 이렇게 고의적으로 북을 높이 달아
북치는 것을 방해하였다.

정조 1년에는 궐내에서는 신문고를 치고, 궐 밖에서는 격쟁을 할
수 있도록 제도화하였다. 특히 정조는 왕이 궐 밖으로 나왔을 때 길
가의 어느 곳에서라도 격쟁을 할 수 있도록 허용하였다.

## 신문고는 하정(下情)을 통하고 원통하고 억울한 것을 소통 (疏通)시키는 방법

申聞鼓 所以通下情 疏冤
신문고 소이 통 하정 소 원

정조 6년(1782) 6월 10일 조정에서는 신문고와 관련된 논의가 있었
다. 이때 영의정 서명선이 신문고를 친 사건을 해당부서인 형조에만

---

224) 영조 117권, 47년(1771, 신묘) 11월 23일, 신문고를 다시 설치할 것을 명히디.

맡겨 놓으면 관리들이 취사선택할 수 있어 조종하게 되니, 의금부 당직청에 설치할 것을 건의를 하니, 정조가 이를 받아들인 기록이 있다.

"신문고는 하정(下情)을 통하고 원통하고 억울한 것을 소통(疏通)시키는 방법인데 한결같이 신문고를 관리하는 형조에 맡겨 둔다면 엄정하게 다루는 방도에 어긋납니다. 만일 관리하는 사람들로 하여금 취사(取捨)하게 한다면, 반드시 조종하는 폐단이 발생하니 신문고를 의금부의 당직에 설치하면 백성들로 하여금 억울함을 아뢸 수 있는 길이 있게 합니다.[225]" 이처럼 서명선은 관리들이 신문고를 치는 것을 막거나 불리한 내용은 왕에게 보고하지 않을 수 있음을 지적하여 민심이 제대로 전달될 수 있도록 하였다.

---

태종 원년(1401) 7월 18일: 등문고(登聞皷) 설치
　　　　　　 8월 1일: 신문고(申聞皷)로 명칭 변경
　　　　　　 8월 13일: 최초로 신문고로 고발하다.[226]
　　　　　　 11월 17일: 신문고 처리절차 규정 마련
　　 2년(1402) 1월 26일: 신문고 설치 교서(敎書) 발표
세종 16년(1434) 1월 24일: 신문고를 승문고(升聞皷)[227]로 변경
세조(미상): 신문고 폐지
성종 2년(1471) 12월 15일: 신문고 부활
연산 3년(1497) 9월 10일: 문과 중시의 책제에 신문고를 포함시킴.
중종 1년(1506) 10월 25일: 거짓으로 신문고를 친 자 이외에 격쟁자도 죄
주지 말게 하다.
⋮
영조 47년(1771) 11월 23일: 신문고 부활
정조 1년(1777) 2월 20일: 위외격쟁추문법(衛外擊錚推問法) 제정[228], 신
문고와 격쟁을 모두 허용

---

225) 정조 13권, 6년(1782, 임인) 6월 10일, 영의정 서명선이 신문고를 금오(의금부)의 당직에 설치하자고 아뢰다.
226) 신문고로 고발당한 검교 참찬 조호를 평주로 귀양 보내다.

## 4. 신문고, 부정에 대한 자율적인 감시 시스템

### 백성들의 탄원을 오결한 관리를 파직하다

백성들이 신문고를 비롯한 격쟁이나 상언으로 자신의 억울함을 호소하는 것이 빈발하도록 조선의 왕들이 수수방관만 한 것은 아니었다. 조선 초기부터 여러 가지 해결책이 모색되었다.

조선 태종 때 하륜은 신문고의 필요성을 이렇게 역설하였다. "신문고의 존재는 관리들이 송사를 결정함에 있어 자신이 행한 결정이 신문고에 호소되지 않을까 하는 두려워하는 마음을 갖게 돼 항상 신중하게 된다." 또한 태종이 발표한 신문고 교서에는 "북을 쳐서 원통하고 억울함이 명확하게 밝혀지면 해당 사건을 처리하는 관사에서 제대로 다스리지 않은 관리들을 율(律)에 따라 처벌한다."는 내용이 포함되어 있다.

······ 북을 쳐서 원통하고 억울함이 명확하게 밝혀지면 해당
사건을 처리하는 관사에서 제대로 다스리지 않은 관리들을
율(律)에 따라 처벌한다. ······

······ 及來擊鼓°　冤抑灼然, 上項官司, 不爲究治者, 照律坐罪 ······
　　　　　급래 격고　　원억 작연　상항 관사　불 위 구 치 자　조 율 좌 죄

- 신문고교서, 1402. 1. 26.

---

227) 신문고의 신(申)자는 신하들끼리 서로 상대방을 높이기 위해 쓰는 말로 왕에게 전하는데 쓰는 말이 아니라고 해서 잠깐 승문고(升聞鼓)로 변경 사용

228) 격쟁하는 사람은 궐내의 경우는 이미 북이 있으니 징은 치지 말고, 위외(衛外)의 경우는 고례(古例)에 의거하여 형조에 이부(移付)한 다음 추문(推問)하여 와에게 아뢰게 한나.

태종의 뒤를 이은 세종은 신문고를 치는 것은 관리들이 마땅히 받아들여 처리해야 하는데도 관리들이 이를 소홀히 하기 때문에 억울함이 일어나는 것이라며 탄원을 받지 않는 관리를 처벌하는 규정을 경제육전에 포함시키기까지 하였다.[229]

중앙조정의 관리들로부터 수령이나 관찰사의 반발에도 불구하고 이들의 잘못된 판결은 신문고를 통해 국왕의 귀에 들어간 뒤, 그 호소에 근거하여 그들이 처벌을 받게 되었다.

특히 민본사상을 내걸고 관리들의 태만한 업무처리를 질책했던 왕은 성종이었다. 「성종실록」에는 신문고나 격쟁을 통해 억울함을 호소하는 사례가 많이 보이는데, 이에 대해 성종은 여러 번 송사의 공정한 결정을 하지 않은 나태한 관리들을 좋지 않게 보고 있었다.

드디어 1479(성종 10)년에는 당시 최고결정기관인 의정부를 포함해 형조, 사헌부, 한성부, 장례원등 송사를 관장하는 전 부서에 전교를 내렸는데, 그 내용은 다음과 같다.

"근일에 후원의 담 밖에서 격쟁하며 원통함을 호소하는 사람이 많은데, 이것이 비록 간사한 무리들이 혹 도리가 아닌 일을 가지고 무고(誣告)하는 이유도 있지마는, 그러나 송사를 심리하는 관리들이 또한 혹시 시일을 끌어 지체하면서 판결하지 않기도 하고, 혹은 세력을 믿고 잘못 판결하기도 하여 원통함을 호소하는 것이 이 지경에 이르도록 한 것이다. 지금부터 이후로는 만약 격쟁하면서 원통함을 호소하는 사람이 있다면 즉시 다른 관사로 하여금 분간하도록 하고, 시일을 끌어 지체하거나 잘못 판결한 정적(情跡)이 나타난다면, 그

---

229) 세종 50권, 4년(1422) 1월 29일.

관리는 중죄로써 논단하도록 하라."[230)

결국 성종은 신하가 모인 중앙관서뿐만 아니라 전국의 수령들에게
도 시일을 지체하거나 잘못 판결한 것이 드러난다면 그 관리를 처벌
한다는 방침을 분명히 밝히고 있다. 「조선왕조실록」에는 신문고로 관
리들이 잘못 결정한 사례들이 드러나 처벌 받았는데, 주요한 사례를
소개한다.

## 노비소송을 오결한 형조판서를 파직하다

조선 초기 신문고를 치는 대다수 원인은 노비와 관련된 소송이었
다. 그만큼 노비문제는 조선의 신분계층을 유지하고 사회질서를 유
지하는 중요한 역할을 하였다. 태종 2년(1409) 2월 17일 「태종실록」
에는 백성들의 탄원을 잘못 처리하여 오결(誤決)한 형조판서가 신문
고로 파직한 사건에 대한 기록이 있다.

부사 최금강이 동료부사가 계집종과 간통했다고 고발하였다. 형
조에서는 최금강이 동료를 고발한 것은 노비문제로 다투다가 분함
을 품고 한 것이며 이것은 동료끼리 서로 용은(容隱)[231)하여야 하는
데 이렇게 한 죄를 두 사람 모두에 물이 파직하기로 결정하였다.

이에 대해 최금강의 아내가 신문고를 치며 억울함을 호소하였다.
태종은 간통한 것이 사실인데 잘못 판단한 형조판서 박은과 조사를
담당한 낭관 성엄을 파직하였다.

---

230) 성종 111권, 10년(1479) 11월 7일, 의금부, 형조, 사헌부, 한성부 등에 송사를 공정하게 하라
　　고 전하다.

231) 용은(容隱): 죄인이 도망가거나 죄를 숨길 때 그 가까운 친척이 일을 숨겨주는 일. 이와 같은
　　행위는 풍속을 후하게 하는 의미에서 법적으로 인정된다.

# 고위관리들의 토지 부정수급 비리가 신문고로 드러나다

조선 초 노비문제와 함께 토지에 대한 양전사업은 국가 재정 수입은 물론 개인들의 재산으로서 중요하였다. 따라서 이와 관련된 관리들의 부패도 발생했는데, 태종 9년(1409) 3월 29일 실록에는 토지의 부정수급 관련 고위층 비리를 신문고한 사건이 기록되었다. 토지 양전사업으로 땅을 나누어 주었는데 죽은 결성군장담의 아내 이씨의 토지는 기름졌지만 인근에 분급될 최선의 토지는 척박한 땅이었다. 조정에서 경차관을 파견하여 양전사업을 하도록 했는데 최선으로부터 청탁을 받은 경차관 박지가 땅의 표를 바꾸어주었다.

이에 이씨 부인은 호조에 탄원하였으나 땅을 찾지 못했다. 이러한 억울한 사실을 신문고로 치니 태종이 조사하도록 하였는데 호조판서부터 사헌부 관리들까지 모조리 구속되었다. 경차관 박지는 표를 바꿔 준 죄, 최선은 남의 땅을 가로채 가진 죄, 잘못 판결한 호조판서, 대간으로서 일을 미루고 결단하지 않은 관리들이 줄줄이 구속되었다. 또한 심지어 조사를 담당한 낭관들로서 지방 도사로 파견된 자들까지 모두 불러들여 벌하였다.

## 과거시험 부정을 신문고로 호소하다

군졸로 보이는 한 사람이 대궐에 들어와 신문고를 쳤다. 그는 윤이열이라는 병조의 군졸이었다. 병조에서 그를 데려다 곤장을 치면서 신문고 한 이유를 물으니, 군졸이 말하기를 "나는 무과시험을 치렀는데, 활을 쏘아 맞춘 것이 모두 팔십 일문 반 사보로 합격하지 못했으나 시험결과를 보니 나보다 성적이 낮은 팔십 일문 반 일보인 자가 합격되었다. 그래서 내가 채점표를 확인해 보니 두 번 맞춘 것을 한 번 맞춘 것으로 고쳐 쓴 흔적이 있어 시험 감독관에게 호소해도 들어주지 않았다."고 고하였다.

본인의 시험이 잘못되었다는 고발은 사건사(事件事)[232)가 아니므로 법대로 처벌받아야 한다고 주장하였으나, 정조의 처리방침은 확고하였다. 당초에 시험 과정에서 일 처리가 세심하게 처리하지 못했더라도 나중에 잘못된 것을 알았으면, 바로 그 자리에서 감시관은 사헌부의 시관(시험 감독관)에게 보고했어야 하고 시관은 상소하여 스스로 인책했어야 한다. 이런 정황이 드러난 것은 신문고사인의 해당여부에 상관없이 시험의 입문관, 추계관 모두 곤장을 치고 해당 시관들은 모두 파직시켰다.[233)

이번 사건은 의금부 조사로 부정이 있었던 것은 아닌 것으로 밝혀졌다. 호칭관이 한 번을 두 번으로 잘못 불러 시관이 성적표에 기록한 후, 확인하기 위해 과녁에서 응시자 이름이 적힌 화살을 뽑아 세어 보니 잘못 부른 것이 맞았다.

정조는 과거시험은 엄격한 것인데, 잘못 호칭한 차비관을 그 자리에서 바로 꾸짖었다면 억울함이 없었을 것이라며 업무처리외 공정성을 다시 한번 강조했다.

---

232) 사건사(四件事): 상언(上言)이나 격쟁(擊錚)할 수 있다고 허용된 네 가지 일, 곧 적첩분별(嫡妾分別), 형륙급신(刑戮及身), 양천변별(良賤辨別), 부자분별(父子分別)

233) 정조 48권, 22년(1798, 무오) 3월 8일, 무과 시험의 착오로 대궐의 북을 친 일이 발생하자 해당 사관을 파면하다.

## 신문고 치는 것을 막은 의금부 · 병조관리 파직하다

영조 48년(1772)에 황거라는 사람이 자신의 조상묘지에 대한 산
송(山訟)문제로 신문고를 치려하였으나, 병조의 당직자가 치지 못하
게 막은 사실이 밝혀졌다. 영조는 신문고를 담당한 병조의 당랑과
수문장을 파직하였다.234)

## 민원을 소홀히 한 사헌부관리 귀양 보내다
### - 사헌부의 부정은 사간원에서 조사 -

태종 9년(1409) 4월 18일 실록에는 사헌부관리가 백성들의 민원
을 접수하지 않은 것을 신문고에 호소한 사건이 기록되었다. 사헌부
에서 사건을 처리하지 않고 있다며 신문고를 쳤다. 원래 신문고에
접수된 사안들은 사헌부에서 조사하여야 하나, 사헌부 관리들의 문
제를 사헌부에서 조사하여 처리하면 제 식구 감싸기로 공정한 처리
가 어려우므로 사간원에서 조사하도록 하였다.

사간원은 사헌부의 지평이 공공연히 탄원을 접수하지 않고 아무
리 억울함을 이야기하여도 들어주지 않았다는 사실을 보고하였다.
태종은 사헌부관리인 지평, 집의 등을 귀양 보냈으며 책임자인 장령
은 파직하였다.

---

234) 영조 119권, 48년(1772, 임진) 12월 14일, 황거라는 자가 산송한 공사로 병조의 입직당랑 등
을 파직하고 곤형을 집행하였다.

## 5. 신문고와 부민고소금지법(府閱告訴禁止法)의 조화

조선 초기 왕권－신권－백성이라는 기존의 지배질서를 전제로 백성이 수령을 왕에게 직접 고소하는 것을 인정하지 않는 부민고소금지(府閱告訴禁止)제도를 운영하였다. 이것은 '존장(尊長)'을 우대하는 풍속을 해치지 않는다.'는 명분으로 수령의 잘못을 어느 누구도 고발하지 못하게 하는 것이었다.

따라서 신문고를 포함하여 어떠한 방법으로도 수령을 고소할 수 없게 한 것이었다. 백성들의 억울함이란 대부분이 수령들의 처분에 따른 불만이었으므로 수령이나 관리의 행동을 고발하는 것은 금지한 것은 왕과 백성 간의 소통을 방해한 장애물이었다.

부민고소금지법(府民告訴禁止法)이 있었지만 자신이 당한 부당함을 알리기 위한 행동들이 모두 처벌되었던 것은 아니었다. 실제로 왕들은 한편에서는 부민고소금지를 지켜야 한다며 신하들의 주장을 옹호하면서도 다른 한편에서는 직접 소를 제기한 백성들의 사건의 억울함이나 부당함을 바로잡는 것이 도리라며 백성들을 벌하지 못하도록 하였다.

이처럼 이 법은 아전이나 백성이 수령을 고발하면 장(杖) 1백 대에 유(流) 3천 리에 처하도록 규정하고 있으나 철저히 지켜지지 못했다. 성종 때의 일이었다. 성세명이 어사(御使)의 직분으로 여러 고을을 둘러보는데, 고을 사람들이 수령과 아전의 비행을 고발하였다. 이때 성세명은 부민고소금지법에도 불구하고 이를 받아서 처리할 것인지의 여부를 성종에게 물었다. 성종은 "민간의 병폐를 묻게 되었으니 마땅히 빠뜨리지 말고 고(告)하는 말을 들어주어야지 어찌 법에 구애되어 도리를 다하지 않을 수 있겠는가?"라며 바로 조치할 것을 명했다.

차츰 부민고소금지법이 정착되어 가자 수령이 이 법을 빙자하여 탐학하고 심지어 살인하며 옥사까지 조작하는 사례가 빈발하였다. 명종 때는 법의 폐지를 논의하였으나 풍속을 해친다는 이유로 바꾸지는 못했다.

이러한 상황에서 신문고는 백성들의 억울함을 호소하는 방법으로 사용되었다.

## 신문고로 부친의 뇌물죄(贓罪)를 소청하다

조선시대는 관리로서의 실무적인 능력보다 오히려 도덕적 자질을 중요시 하였다. 따라서 뇌물을 받거나 비위로 물러날 경우에는 개인은 물론 그의 자식들까지 과거시험을 볼 수 없으며 설사 서경(署經)[235]을 통과해 등용되더라도 일정한 관품 이상으로는 승진할 수 없는 한품서용(限品敍用)의 직책을 맡았다. 따라서 자식의 입장에서 부친의 억울한 사정을 신문고를 통해 왕에게 직접 호소하는 경우가 많았다.

세종 8년(1426) 1월 15일 실록에는 아버지가 부패한 관리(贓吏)로 물러나 자식이 과거시험을 볼 수 없게 된 이야기가 실려 있는데, 장경지는 자신의 부친이 전라도 감사로 있을 때 면포와 종이를 유용한

---

235) 서경(署經): 인재를 적재적소에 배치하기 위해 부적합한 인사에 대해 대간이 임명장에 서명하지 않는 제도. 통상 50일 동안 동의하지 않으면 자동적으로 관직이 거부된다.

죄로 충청도 부여로 유배되었다. 그해 5월에 바로 사면되었으나 그의 아들은 문과시험 응시가 거절되었다. 그러자 장경지는 시험을 볼 수 있도록 허락해 달라며 신문고를 쳤다. 이에 대해 세종은 시험을 볼 수 있도록 허락하였다.

세종 19년(1437)에는 국고를 횡령한 자(贓罪子)와 이를 눈감아준 형조관리가 처벌 받게 되는데 비위를 저지른 관리의 아들이 신문고로 탄원한 사례가 있다. 국가재물을 보관하는 창고의 관리인 곽보민이 밤에 숙직을 하다가 창고의 쌀 7두를 노비를 시켜 첩의 집에 보냈는데, 순관에 붙잡혔다. 형조 좌랑이 보민의 청탁을 받고 횡령의 죄(贓罪)법은 따지지 않고 단지 통금을 위반한 죄만 물었다. 사헌부에서는 이러한 사실을 적발하고 국문하려 하자, 보민은 아들로 하여금 억울하다며 신문고를 치게 하였다. 의금부에서는 다시 조사를 하였는데 쌀을 횡령한 보민과 이를 눈감아준 형조의 관리를 장 1백 대를 쳤다. 다만 보민은 횡령액이 적어 얼굴에 표시하는 자자(刺字)의 형은 면했다.[236]

조선시대 장리(贓吏)는 비록 사면령(赦免令)이 있더라도 용서하는 예에 들지 않는다. 일반적으로 조선시대 일반사면은 대사령이라고 하였는데 대사령은 내려진 그 시점부터 그전의 범행일체는 불문에 부쳤다. 그러나 이 사면에서 장오죄와 강상죄는 죽을 때까지 그 죄를 사면하지 않았다. 장오죄는 뇌물수수죄이며 강상죄는 유교적 윤리관에 반하는 행위를 말한다.

세종 6년의 일이었다. 평안도 지덕천군사 최세온이 행대참찰에 적

---

236) 세종 /8권, 19년(1437, 정사) 7월 4일, 장죄를 범한 곽보민과 이를 눈감아준 형조좌랑 오신지를 벌하다.

발되어 횡령액과 장물(贓物)이 총 104관이었다. 감수자도율(監守自盜律)에 따라 참형으로 처단하고, 장물은 징수하여 관이나 임자에게 돌려주도록 하였다. 최세온의 아들 최이기가 "이전의 부임지에서는 모두 청백하다는 소문이 있는데, 이번 고을에서만 부패관리로 불리는 것은 억울하다."며 신문고를 쳤다. 세종은 장물이 많고 사람까지 굶어 죽었으니 죄가 분명하다면서 아들이 원통하다고 하니 장물에 대해 재조사하도록 전교하였다.

# 03 격쟁(擊錚)

정조 원년(1777)부터 특별히 위외(衛外)에서 징을 치는 것을
금지하지 말도록 했던 것이니, 진실로 대궐 안에 있어서는 이미
난입(欄入)을 금하게 되어 있고, 대궐 밖에 있어서도 또한
징치는 길을 막아버린다면, 아래 사람들이 사정을 상달할 수
없게 될 것이다.

故丁酉之間, 特令勿禁衛外擊錚。誠以闕內旣有欄入之禁,
고 정유 지 간　특 령 물 금 위 외 격 쟁　　성 이 궐 내 기 유 난 입 지 금

闕外又防擊錚之路, 則下情無以上達也。
궐 외 우 방 격 쟁 지 로　　즉 하 정 무 이 상 달 야

- 정조 7년(1783) 7월 12일 "신문고에 대한 정조의 말"

신문고가 왕에 의해 설치되었다면 격쟁은 왕에게 말을 올리고 싶
을 때 일반백성들이 자연스럽게 생활 속에서 쉽게 구할 수 있는 꽹
과리·징을 이용하여 자신의 억울함을 호소하는 수단으로 자리 잡
았다. 따라서 조선 전기 백성들이 억울한 일을 당하면 신문고를 두
드리는 대신 임금이 들을 만한 곳에서 꽹과리를 치는 격쟁(擊錚)이

자주 이용되었다.

　이러한 격쟁의 풍습이 하루아침에 이루어진 것은 아니었다. 일반 백성들이 왕을 직접 만나기는 어려웠기 때문에 왕이 궁궐 밖으로 행차할 때는 기다렸다가 소란을 부려 행차 길을 잠시 막고 자신의 사연을 호소하는 방법을 취했다. 조선 초기부터 어가에 뛰어들거나 큰 깃발을 흔드는 방법들이 시도되기도 하였으나, 왕은 백성들의 하소연을 먼저 들었기 때문에 그들을 처벌하는 데는 적극적이지 않았다.

　신문고는 반드시 궁궐까지 가서 절차를 밟아야 하지만 격쟁은 왕이 궁궐 밖으로 행차할 때 언제라도 징과 꽹과리를 쳐서 왕의 이목을 사로잡을 수 있기 때문에 대부분의 백성들이 선호하였다. 특히 한문을 모르는 상인과 천민들은 억울함을 말하기만 하면 형식과 절차가 필요 없어 적극적인 소통수단으로 사용되었다.

　왕권-신권-백성이라는 권력체계의 관점에서 소통수단으로서의 격쟁을 이해하는 것도 큰 도움이 될 것이다. 조선 초기 군강신약(君强臣弱) 시기에는 왕권의 강화로 신문고를 백성과의 소통채널로 이용하고 있었다. 신문고를 친 사안이 정당하여 억울함이 해소되면 반드시 해당 사안을 처리했던 관리들은 중앙에서 지방에 이르기까지 처벌을 면하지 못했다. 신문고는 바로 관리들이 업무처리를 바르게 하는 상징적인 것으로 자리 잡았다.

　그러나 사림정치로서 붕당정치가 등장하여 군약신강(君弱臣强) 시기에는 신문고는 사실상 유명무실하게 되었으며 왕과 백성들 간의 새로운 소통수단이 필요했는데 그것이 바로 격쟁이었다.

　「조선왕조실록」에는 성종 때부터 격쟁이란 용어237)가 등장하는데, 중종·명종 때 이르러서는 격쟁이 궁궐 안에서 너무 빈발하여 궁궐 안에서는 격쟁하는 것을 금지하기도 하였다.

이러한 우여곡절 끝에 격쟁은 군강신약(君强臣弱) 시기인 영·정조 때에 비로소 제도화되었다. 영조 때 편찬된 '속대전'에서 정식으로 법제화되었으며, 대궐에서 격쟁하는 곳을 차비문(差備門)으로 정했다. 정조는 1777(정조 1)년에는 위외격쟁추문법(衛外擊錚推問法)을 제정하여 궐내에서는 격쟁을 금지하고 신문고를 치며, 대궐 밖에서는 징으로 칠 수 있도록 하여 형조에서 추문하고 왕에게 보고하도록 제도화하였다.

이러한 과정에서 격쟁은 때로 남발되어 사회문제화되기도 하였는데, 조선 후기로 가면서 격쟁에 대한 몇 가지 원칙이 세워졌다. 격쟁을 할 수 있는 내용은 과거 신문고가 형벌이 자기 신상에 미칠 경우, 부자·형제 분간(分揀), 처첩 분간, 양천 분간 등 네 가지 사건에 허용되었던 데 비해, 격쟁은 자손이 조상을 위해, 처가 남편을 위해, 동생이 형을 위해, 종이 주인을 위한 것 등 네 가지로 제한하였다. 특히 격쟁의 내용이 사실과 다른 경우나 무고인 경우 격쟁자에게는 곤장 80대에 처하였다.

특히 행정 처리면에서 지방에서 해결되지 못한 억울한 사정을 해결하는 것이므로 중앙 관청에서 직접 조사하고 처리하였다. 이러한 처리방식은 지방관의 자의적인 판결을 견제할 수 있었다. 즉 중앙에서 파견된 조관들이 백성들의 진정안건을 직접 다루기에 억울함을 해소할 수 있는 유리한 측면이 있었다. 왕과 백성 간의 소통을 우선으로 하는 사회로 진전하였음을 보여준다. 그러나 지방관들은 자율

---

237) 인조부터 영조까지 133년의 치세 동안 '격쟁(擊錚)'이란 단어를 온라인으로 검색해 보면, 승정원일기에서는 무려 3,535개가 나타난다.

성이 위축되기 때문에 관리들의 반발이 내재화되어 있었다.

조선 초기부터 글을 모르고, 위로는 층층의 관리들의 장벽에 둘러싸인 백성들에게 격쟁은 최후의 수단이자 시원하게 억울함을 해소하는 방법이었다. 거듭되는 격쟁을 통해 백성은 단순한 사건뿐만 아니라 현실 속에서 겪는 사회경제 전반의 문제를 해결하는 수단으로 격쟁은 이용되었다. 이로써 격쟁은 일반 백성들이 서서히 자신들의 권리를 의식하고 찾아가는 데 큰 몫을 하였다.

한상권의 분석238)에 따르면 격쟁을 했던 사람들의 신분을 보면, 하층 양반에 속하는 유학(幼學)의 비율은 29.5%, 다음은 상민신분에 속하는 소리(召吏)가 20.6%, 그다음은 양인이 14.5%, 양반신분에 속하는 동몽(童蒙)이 11.1%이며, 마지막으로 노비가 4.6%에 이른다.

이렇게 왕에게 직접 격쟁할 때는 상언(上言)과 같이 반드시 문서를 갖출 필요는 없었다. 하지만 격쟁을 하면서 억울한 사연을 청원하는 문서로 하는 경우가 있었는데, 1800년 전후에 간행된 '유서필지(儒胥必知)'239)에는 당시 널리 사용되던 공·사 문서의 서식 중의 하나로 격쟁원정(擊錚原情)의 표준서식을 소개하고 있다.

---

238) 한상권, 조선 후기 사회문제와 면소제도의 발달, 서울대박사학위논문, 1993. pp.131~132.

239) 유서필지, 2006, ㈜사계절출판사.
　　1800년 전후에 간행된 것으로 추정, 당시 널리 사용되던 공·사문서의 서식을 왕에게 직접 청원하는 상언(上言), 국왕이 거동할 때 직접 징이나 북을 치며 올리는 격쟁원정(擊錚原情), 백성이 수령에게 올리는 소장인 소지(所志), 제수나 부의를 보낼 때 함께 보내는 단자(單子), 서리가 수령들에게 올리는 고목(告目), 거래계약서인 문권(文券), 어떤 사실을 알리는 통문(通文) 등 일곱 가지로 모범예문 제시

### 선조의 원통함을 씻기 위하여 올리는 격쟁원정(擊錚原情)[240]

△△도 내 △△고을에 사는 유생 유학 신 ○○○

아뢰옵니다. 위와 같이 삼가 아뢰는 신의 일은 다음과 같습니다.

신이 엎드려 생각하건대 병이 들면 반드시 어버이에게 애원하고, 원통한 일이 있으면 반드시 하늘에 호소하는 것은 인지상정이며 당연한 이치입니다. 지금 지극히 절박하고 원통한 신의 사정은 병에 걸려 어버이에게 애원하는 것보다 더 심합니다. 그 사정이란 선조를 위한 것이며, 그 원통함이란 뼈에 사무치는 일입니다. 저 하늘이 비록 아득하여 무심한 듯지만, 우리 백성들의 눈과 귀를 통해 보고 들으니, 소회가 있으면 반드시 임금께 아뢴다는 도리에 따라 만물을 보호해주시는 전하께 어찌 아뢰지 않을 수 있겠습니까? 이 때문에 경동(驚動)하는 죄를 피하지 아니하고 전하께서 거동하시는 수레 앞에서 죽음을 무릅쓰고 격쟁합니다. ……(중략: 억울한 사연)……

삼가 바라건대 천지부모 같으신 성상께서는 속히 묘당(廟堂)으로 하여금 품처(稟處)케 하여 신의 ○대조의 죄명을 신원해 주소서, 삼가 천은을 입고자 아뢰나이다.

연호.

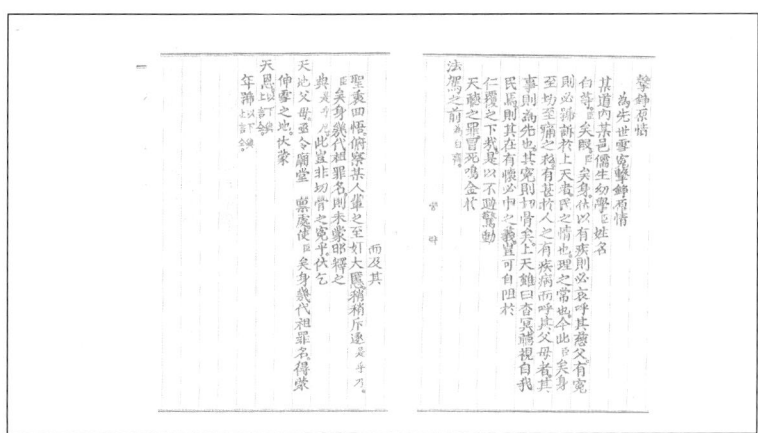

---

240) 유서필지, 2006, 옮긴이 전경목, (주)사계절출판사, p.146.

격쟁이 가장 활발하게 이루어진 때는 명종 때부터였는데, 당시 흉년이 들어 민심이 흉흉하고 도둑들이 들끓은 시기였다. 특히 임꺽정이 나타났던 시기로 민심은 극도로 악화된 때였다. 억울한 사연을 갖고 있는 백성들은 자연스럽게 궁궐 근처에서 꽹과리를 치거나 왕이 행차할 때 꽹과리를 쳐서 왕의 이목을 집중시킨 후 자신이 하고 싶은 말을 전하려고 했다.

그러나 명종은 1564년에 1월 15일에 사소한 일들을 가지고 궁궐 내에서 격쟁하는 일이 너무 빈번하게 발생하고 이른 새벽까지 궁궐의 담을 넘어 격쟁을 하자, 궁궐 안에서의 격쟁을 일체 금지하였다.

다른 한편으로는 격쟁의 많은 원인이 관리들이 밝게 판결하지 못해 일어난 것이라며 중앙은 육조, 한성부, 장례원에 지방은 각도의 수령들에게 업무를 잘못 처리한 관리들을 엄중히 처벌한 것이라는 교지를 내렸다.


## 1. 왕의 이목을 *끄*는 기상천외한 방법

조선 초기부터 시작된 격쟁은 왕이 궁궐 밖으로 행차하는 때를 기다려 징·꽹과리를 쳐서 왕의 이목을 집중시킨 다음 자신의 사연을 국왕에게 직접 호소하는 것이 일반적이었다. 따라서 왕의 이목을 사로잡기 위해서는 좀 더 가까이 왕의 근처로 가야 하기 때문에 궁의 경비를 뚫고 들어가려 하였다. 군졸 복장으로 변장하여 궁 안으로 들어가거나, 이른 새벽에 궁궐 담장을 넘기도 하였다.

## 나무 꼭대기에서 징을 치다

성종 12년(1481) 9월 21일 「성종실록」에는 한밤중에 나무에 올라가 격쟁한 기록이 있는데, 밤중에 한 병사가 남장문 밖 나무꼭대기로 올라가 격쟁을 하였다. 병조에서 병사들이 출동하였으나 격쟁자가 다칠 것을 염려하여 강제로 내려오게 하지 못했다. 날이 밝을 때 까지 실랑이만 할 뿐이었으며 날이 밝아 소란을 피우고서야 격쟁자가 내려왔다. 의금부에서 조사하였는데, 격쟁자의 이름은 군졸 정수병이며 사연이 지극히 사소하여 장 1백 대를 쳐 변방 고을로 보냈다.

성종은 신문고를 부활하여 백성들의 억울한 사연을 직접 들으려 하였기 때문에 격쟁과 같이 소란을 부리는 비공식적인 것을 인정하고 있지 않았다. 이 당시 일반 백성들은 격쟁을 치면 벌을 받는다는 것을 알면서도 자연스럽게 왕의 관심을 불러일으키려는 시도들이 계속된 것으로 보인다.

사실 오늘날의 고공 철탑농성 역시 자신의 사연을 좀 더 극명하게 드러내고자 하는 시도이기 때문에 나무 꼭대기에서 징을 치는 행동이 그 효시라고 할 수 있다. 자신의 억울함을 많은 사람에게 알리기 위해서 보인 행동으로 과거의 왕이 언론이나 국빈으로 바뀐 것이다.

## 변장하고 칼을 차고 대궐에서 격쟁하다

명종 15년(1560) 5월 2일 「명종실록」에는 군복으로 변장하고 왕의 처소 앞에서 격쟁한 사연이 실려 있다. 한 백성이 군복으로 변장하고 칼을 차고 왕의 처소 앞까지 와서 오랫동안 격쟁을 히였다. 그런데 이상하게도 궁을 경비하는 병조·도총부의 당상과 낭청들이 놀라고 당황하여 허겁지겁 붙잡아야 하는데 태연히 격쟁하는 모습을 에워싸고 구경만 하였다.

의금부에서 붙잡아 심문하니, 변장하고 격쟁한 자는 사노비 김유현이고 격쟁한 이유는 다른 뜻은 없고 단지 자기 고을인 장단의 수령 박계현을 유임하게 해 달라는 것이었다.

조정에서 이 사건을 처리를 두고 논란이 벌어졌다. 첫째는 격쟁자에 대한 처벌이었다. 대신들은 칼을 차고 대궐문을 넘는 자는 율에 따라 교형(사형)에 처해 국법을 바로 세워야 한다고 주장하였다. 이에 대해 명종은 "근래 격쟁하는 일이 풍습을 이루어 어리석은 백성이 본받아 그런 것이니, 율문이 비록 그렇더라도 만약 죽이기까지 한다면 너무도 과중하다."며 사형문제이니 세 번의 심사[241]를 거치라고 했다. 보름이 지나 대신들은 자신의 일신상의 일이 아니라 단지 자기 고을의 수령을 유임시키기 위해 청한 것이니 사형하지 말 것을 왕에게 요청하니 왕이 허락하였다.

두 번째는 이번 사건의 불똥이 궁을 지키는 관리들에게로 뛰었다. 왕이 지척에 있으며 칼을 찬 자가 격쟁하는데도 그렇게 오랫동안 구경하고 방치한 책임을 물어 의금부에서 병조와 도총부의 관리들을 심문해야 한다는 것이었다. 명종은 "갑자기 일어난 일이라 몹시 놀라 어쩔 수 없었을 것이니 의금부의 조사는 필요 없다."면서 구경한 자들만 불러 조사하라고 지시하였다.

이렇게 조선 후기에는 격쟁이 궐 안에서 빈번하게 일어났는데, 궐

---

241) 사형수는 왕에게 세 번의 복심을 아뢰어 격쟁하는 것이 관례이다[초복(初覆), 재복(再覆), 삼복(三覆)].

문 앞에는 수문장이 지키고 있어 궐문을 통과하기 위해서는 변복하는 경우가 많았다. 궐내에서 격쟁이 발생하면 여지없이 궐문을 제대로 지키지 못한 수문장들에게 문책이 돌아갔는데 녹봉을 받지 못하여 수문장의 생계가 힘든 경우까지 발생했다. 숙종은 더 이상 격쟁으로 수문장의 녹봉을 감하는 문책은 금지하라는 교지를 내렸다.[242]

## 격쟁으로 선정을 베푼 관리에게 상을 주다

격쟁이 반드시 백성들의 억울함이나 수령의 잘못에 대한 호소하는 내용만 있는 것은 아니었다. 아래의 뜻을 위에 전하기 위한 것이므로 수령의 선정을 칭송하는 격쟁도 있었으며, 심지어 박식한 신하가 아닌 시골의 촌노가 개인적인 문제에서 벗어나 정책적인 제안까지 하고 있었다.

명종 15년(1560)에는 주민이 격쟁한 말을 듣고 군수직에서 물러난 사람을 다시 승진시켜 임명한 사례가 있다. 실록의 기사를 중심으로 사건을 재구성하면, 명종 15년 재령군 주민 이걸이란 자가 궐내에서 꽹과리를 치고 격쟁하였다. 사연인즉, 전 재령군수 이즙은 학교를 일으키고 농사일에 힘썼으며 형벌을 줄이고 세금을 적게 거두어 백성 보기를 자식같이 하고 빈민을 구휼하는데 앞장서 백성들이 부모처럼 여기고 있으니 군수직을 더 오래할 수 있도록 해달라는 것이었다. 또한 마을 사람들이 어가행렬 앞에서 상언도 같이 하였는데, 명종은 민심이 지성으로 유임을 원하니 특별 승진시켜 근무하라고 전교하였다.

---

242) 숙종 6권, 3년(1677, 정미), 변복한 사람을 잘 살피지 못한 수문장을 싱세하지 밀게 하다.

그러나 이러한 명종의 결정이 쉽게 이루어진 것은 아니었다. 삼사에서는 백성들의 손에 인사권이 들어간다며 강력하게 반대하였으나, 명종은 뜻을 굳히지 않았으며, 민심이 흉흉한 상황에서 지방수령들이 선정을 베풀면 주민들로부터 칭송을 받게 되고 승진과 유임이 될 수도 있다는 본보기로 삼고자 한 것이다.[243]

## 격쟁은 아이에서 부녀자, 내시까지 하다

격쟁의 가장 중요한 특징은 격쟁을 할 수 있는 대상이 신분, 나이, 성별 등 어떠한 구별을 두지 않았다는 점이다. 즉 조선시대는 신분사회였기 때문에 신분이 생활의 전 분야에 영향을 미치고 있었으나 격쟁에서는 어느 누구도 차별을 두지 않았다. 왕이 직접 모든 계층의 백성들로부터 직소할 수 있도록 하여 천민을 포함한 많은 하층민의 호소를 들어준 것으로 왕이 백성들과 소통하려는 의미로 받아들여진다.

조선 초기부터 방식은 다르지만 신문고나 격쟁을 통해 가족과 선조의 면죄를 청하는데 이를 신원(伸寃)이라 하였다. 당시 부민고소금지법(府民告訴禁止法)에 따라 백성들은 수령의 잘못을 고소할 수가 없었으므로 간혹 관리들이 부당한 형신을 가하고 인명을 살해하는 경우가 더러 있었는데, 왕은 이러한 폐단을 반드시 바로잡고자 하였다.

숙종 25년(1699)에는 형신을 받다 죽은 남편의 억울함을 호소하기 위해 안씨 성을 가진 여인이 격쟁을 올렸다. 숙종은 목사 이익주를 구

---

243) 명종 26권, 15년(1560, 경신), 주민이 격쟁한 말 등을 듣고 전 재령군수 이즙에게 1등급가자하고 유임시키다.

금하고 형신을 가하다 죽인 정상을 철저히 조사하도록 했다. 이것은 존귀한 백성의 목숨을 빼앗은 관리들에 대한 징계를 위한 조치였다.

역시 같은 시기인 숙종 때 내시가 꽹과리를 치며 격쟁하였다. 형조에서는 환관 최연을 잡아다 형신을 가하려 하였으나, 내시는 죽을 죄가 아니면 형장을 가하지 않는다는 관례에 따라 풀어주었다.[244]

또한 실록에는 어린 여자아이가 격고(擊鼓)한 이야기 실려 있는데, 숙종 25년(1699, 기묘) 5월 5일에 실록에는 녹봉을 다른 곳에 써서 처벌받은 고을 수령의 14살 된 딸이 두 번이나 격고(징 대신 북을 사용)하면서 길 위에서 아버지의 억울함을 호소하며 통곡한 기사가 실려 있다. 당시에 관리들이 녹봉을 횡령하는 일이 발생했는네, 좋은 쌀을 타내기 위해 사전에 정보를 알아보고 녹봉을 받는 것에서부터 녹봉담당 서리가 농간을 부리는 경우까지 다양한 부조리가 발생하였다. 매월 지급하는 녹봉인 삭료(朔料)를 써서는 안 될 곳에 유용하는 수령들의 문책이 빈번하였는데, 소녀의 격쟁사연 또한 이것에 해당하였다. 이상휘, 신건 등 많은 사람들이 녹봉과 관련하여 처벌받았는데, 유독 자신의 아버지인 이상휘만이 부패죄(장오; 臟汚)로 형신을 받고 옥에 갇혀 있다는 것이었다. 숙종은 의금부에 재조사를 명하고 조사결과를 보고받은 후 사형을 삼하여 전라도 영암으로 유배 보냈다.[245]

이렇게 조선 후기 국왕이 행차하면 격쟁을 통해 민원을 접수하고 처리하는 것이 관례로 자리 잡았다. 특히 국왕의 행차를 행행(行幸)

---

244) 숙종 27권, 20년(1694) 10월 25일, 환관 최연이 격쟁하니 처벌하지 않다.
245) 숙종 33권, 25년(1699, 기묘) 5월 5일, 특진과 임흥망이 삭료를 사용한 죄로 갇힌 이상휘를 다시 조사할 것을 청하다.

이라고 하는 것도 바로 이러한 혜택이 있는 행차였기 때문이었다. 정조 3년 8월 10일에 정조가 영릉을 참배한 후 행차가 살곶이 앞길에 이르렀을 때 11세가 된 어린아이가 격쟁을 하였다. 왕가의 행렬은 멈춰 섰고 정조가 아이를 불러 사연을 물으니, 아비는 김종효이며, 자신의 아비가 위원군에 유배되었으니 풀어달라는 것이었다. 환궁 후 정조는 이 요청을 들어주었다.[246]

## 조정의 긴축으로 인한 격쟁

국가 재정은 예나 지금이나 크게 다를 것이 없이 중요하다. 따라서 흉년이 계속 되거나 재해를 입은 경우는 국가의 쓰일 곳을 줄이는 수밖에 없었다. 대표적으로 관리의 수나 그들이 받는 녹봉을 줄이거나, 관아에서 사용하는 물품을 줄이는 방안이 이용되었다. 이러한 정부의 재정을 줄이려는 노력 에는 관리들의 고통분담이 따랐으므로 격쟁이 발생하였다.

조정의 재정 긴축에 대한 「조선왕조실록」의 기사는 세종 때로 거슬러 올라간다. 조선 초에는 새로운 왕조의 성립으로 기구기 신설되고, 관리의 수가 증가하게 되었다. 그러나 세종 5년 해마다 흉년이 계속되어 재정의 부족이 우려되자, 서울·지방의 한산한 관원을 도태[247]시키는 조치를 취하게 된다. 이조판서 허조는 직위를 겸하는 직과 도태하는 직으로 구분하여 인력을 감축하는 조치를 취했다. 각

---

246) 김경숙, 조선 후기 산송과 상언·격쟁, 고문서연구, 제33호, 2008. 8., p.274.

247) 중국은 당나라 개원 22년에 10도에 채방 처치사(採訪處置使)를 설치하고, 어사중승(御史中丞) 노현(盧絢) 등으로 이를 삼았고, 송나라 경력(慶曆) 4년에 형부 원외랑(刑部員外郎) 직집현원(直集賢院) 두기(杜杞)로 광남 서로 전운 안찰 안무등사(廣南西路轉運按察安撫等使)를 삼았다.

도의 관찰사와 병마도절제사와 수군도안무처치사 및 관찰사·도사를 모두 경관직으로 겸임하도록 하고, 평안·함길 양도의 관찰사는 부윤을 겸임하게 하는 등의 방법으로 20명과 지초토영전사 등 6명의 직위는 모두 폐지하였다.

병조 판서 조말생은 소관 부처의 인력을 줄이기 위해 중군 4위이며, 좌·우군이 각각 3위였던 것을 용분과 호아의 두 개의 사(司)를 신설하여 인력을 줄였으며, 겸직이 가능한 직위를 만들어 69명을 감축하고, 녹봉은 2천5백여 석을 줄였다.[248]

이러한 조정의 재정긴축은 가뭄과 같은 재해나 전란을 겪으면서 간헐적으로 시행되었다. 광해군 13년(1621)에는 붓을 만드는 장인이 호조에서 한 달에 지급하는 6동을 가지고 그 3배에 달하는 15동이 사용되는 붓을 조달하는 것이 너무 힘들다며 격쟁하였다.

매달 조정 아문에 조달되는 붓은 황모 9백37자루, 고모 70여 냥, 진묵 3천1백25개인데, 이 외에 여러 곳에서 필요로 하는 숫자가 날로 증가되고 있었다. 원래 붓을 만드는 장인의 숫자는 4, 5명인데 매달 10동에 달하는 목면을 조달하기 위해 가난으로 구걸을 하고 도산까지 하는 상황이 되었다.

이러한 가운데 붓을 만드는 장인 한 사람이 자신에게 부과된 붓의 조달을 위해 집을 팔고, 심지어 가재도구마저 팔았다며 울부짖으며 격쟁했다. 공조에서는 새로 조달방안을 마련하여 각 아문에 필요한 필묵과 황모, 고모 등의 물건을 평시서의 관원으로 하여금 함께 교역하도록 하였으며 부족한 숫자에 대해서는 호조로 하여금 계산하

---

248) 세종 22권, 5년(1423, 계묘) 12월 7일, 서울·지방의 한산한 관원을 도태시키게 하다.

여 지급해 주도록 조치하였다. 그러나 호조에서도 전란으로 재정이 부족하여 역시 제값을 지급할 수 없었기 때문에 호조에서 각 아문에서 조달되는 물건을 중간에서 허위로 작성하는 일이 없도록 사전에 1년 동안의 조달 수량을 마련하고 외방의 고을의 재정사정에 따라 상납할 숫자를 정하여 매달 비용을 지출하도록 하였다.[249]

현종 13년에는 가뭄과 재해로 흉년이 계속되어 관리들의 녹봉을 감액하는 조치를 하자, 흉위의 군사가 자신의 녹봉이 줄어 생활하기 어렵다며 격쟁하였다. 당시 조정은 재해를 입은 곳에 대해서 면세 또는 감경을 해 주었으나, 민원을 복심(覆審)하는 제도로 인해 재해 지역과 그렇지 않은 지역이 뒤섞여 감면을 받는 실정이었다. 현종은 "예로부터 '윗사람의 몫을 덜어내어 아랫사람에게 보태주어야 한다.'는 말이 있다."면서 백성들의 세금을 감면을 하는 대신 그 액수만큼 백관들의 녹봉을 감액하기로 하였다. 이렇게 감축한 결과, 승지의 녹봉이 겨우 미곡 4석(石)에 숙속(菽粟)이 각각 2석에 불과하고, 심지어 군관과 군인들의 늠료(廩料)까지 심하게 감축하였다.

이때 충의위의 한 군사가 충의위에서 모두 합해 2천여 석을 감축하니 지나치다며 격쟁을 한 것이었다. 현종이 격쟁에 따라 녹봉 감액을 절반으로 완화하려 하자, 대신들이 한번 정해진 감축계획을 다시 변경한다면, 원칙이 훼손되어 폐단이 적지 않을 것이라며 반대하였다. 특히 백관의 녹봉은 감축하는데, 공신으로 군역까지 면제받는 충의위에게 깎아주는 것은 공평하지 않다고 주장하여 격쟁은 수용되지 않았다.

---

249) 광해 166권, 13년(1621, 신유) 6월 24일, 공조가 각 아문의 비용 절감 방안에 대해 건의하자
그리하라 명하다.

## 격쟁으로 부친의 징계를 소청하다

조선 전기에 백성들의 억울함을 해소하는 것이 신문고였다면 조선 중기 그 이후는 격쟁과 상언의 방법이 이용되었다. 특히 부친의 뇌물죄나 비위가 사실이 아니라며 복권을 호소하는 경우가 많았다. 자식들이 적극적으로 부친의 징계를 소청하는 배경에는 장리연좌제 (贓吏連坐制)가 시행되었기 때문이었다. 부친이 뇌물을 받거나 비위로 물러날 경우에는 그의 자식들까지 과거시험을 볼 수 없거나 설사 무과 등 특정한 직위에 등용되더라도 일정한 관품 이상으로는 승진할 수 없는 한품서용(限品敍用)의 직책을 맡을 수밖에 없었다. 나라서 자식의 입장에서 부친의 억울한 사정을 격쟁을 통해 왕에게 직접 호소하는 시도를 할 필요성이 있었다.

영조 19년 2월 5일 「영조실록」기사에는 암행어사로 유명한 박문수가 함경감사로 있을 때 어사 홍계희로부터 대흉년 상황을 부풀려 곡식을 타내 관내 백성들에게 인심을 썼고, 수만 냥을 따로 서울로 보내 횡령했으며, 감영 소속 기생에 빠져 관곡을 낭비하는 등의 여러 가지 실정으로 탄핵을 받았다.

박문수의 아들 박구영은 아버지의 억울함을 호소하기 위해 궁궐 금호문 경비를 뚫고 차비문 밖에까지 들어가 꽹과리를 쳐댔다. 영조가 박구영의 사연을 듣고 다시 조사하니 혐의는 사실이 아니었다. 곧 박문수의 혐의는 풀렸으나, 탄핵을 했던 홍계희는 무고한 죄로 삭탈 관직당하였다.

격쟁이 빈번하게 발생하고, 왕의 직접적인 관심을 끌기 위해서 궐내에서 격쟁을 해야만 하기 때문에 변복을 하거나 남의 증표를 제시하고 궐문을 들어서는 경우가 많았다. 그러한 격쟁 사건들은 바로 궁문을 지키는 수문장의 고초로 이어지기 마련이었다. 이미 막을 수도 없는 격쟁으로 죄 없는 수문의 관리나 나졸들만 곤장을 맞거나 녹봉을 받지 못하게 되자, 1677년 숙종 3년에는 격쟁을 이유로 수문장과 나졸을 벌하지 못하도록 하였다.[250]

격쟁은 이제 공식적인 소통의 수단으로 자리 잡아 가고 있었으며, 대궐 차비문 밖에 징을 설치하여 백성들의 원통하고 억울한 것을 소통시키는 방법으로 큰 역할을 했다. 이러한 순기능의 이면에는 역기능도 발생하였는데, 격쟁이 뇌물을 쓰는 수단으로 전락하였고, 부당한 형벌을 피하려고 격쟁을 이용하는 사례들이 속속 등장하였다.

## 격쟁으로 불법을 모면하려 하다

조선 말기 격쟁을 이용하여 부당한 형벌을 피하려 한 사례가 있었다. 현종대 성주 변방의 나졸 장원일이 군포를 훔치다 적발되어 경상감사의 조사를 받고 온 가족이 길주로 추방되었는데 장원일은 길주로 가지 않고 서울로 숨어들어가 자신의 형을 시켜 격쟁하게 하였다. 형조에서 장원일을 체포하여 심문하니 14차례의 심문을 해서야 비로소 자복하였다. 아전 장원일은 효시되었으며 심문과정에서 군포를 훔치는 과정에 성주목사도 연루된 사실이 드러나 파직되었다.[251]

고종 때 형조에 소속된 하인 10명이 격쟁을 하며, 업무처리를 잘못한 것은 나장들의 잘못이 아니라며 억울함을 호소하였다. 이를 수

---

250) 숙종 6권, 3년(1677) 2월 19일, 변복한 사람을 통과시킨 수문장을 징계하지 않다.

251) 현종 10권, 6년(1665, 을사) 2월 20일, 군포를 훔친 성주 아전 장원일을 효시하다.

상히 여긴 당랑이 이들을 풀어 주고 뒤를 밟아보니 역시 대궐 밖에서 나장 7명이 대기하고 있다가 어울려 한 패거리로 몰려갔다.

형조에서 조사하여 보니 형조의 하인들이 나장들로부터 뇌물을 받고 거짓으로 격쟁을 하여 억울함을 호소한 것이었다. 고종은 "뇌물을 쓴 죄가 뇌물을 받아먹은 자보다 더 중하다."며 나장들을 처벌하였다.

## 격쟁(擊錚)을 통한 사회개혁 건의

역대 왕들의 격쟁을 지지하는 태도는 당시 관료들의 반발을 샀지만, 지속적으로 격쟁할 수 있는 든든한 배경이 되었다. 이렇게 거듭되는 격쟁을 통해 백성들은 개인의 억울한 사정뿐만 아니라 현실 속에서 겪는 사회경제 전반의 모순까지 격쟁을 통해 제기하게 되었다.

정조 15년(1791) 1월 22일 때의 일이었다. 백성 박필관이 대궐 앞에서 꽹과리를 치며 소란을 피웠다. 박필관은 당시 사회의 문제점을 적은 격쟁원정(擊錚原情)을 왕에게 청원하였는데, 그의 격쟁을 받아들일 것인지에 대해 조정에서는 논란이 일었다. 신하들은 격쟁으로 다룰 수 있는 내용은 개인의 형벌, 부자(父子)관계를 밝히는 일, 정실부인과 첩을 가리는 일, 양인과 노비를 가리는 일 등 사건(四件)에 한정하는데, 이에 해당되지 않기 때문에 뿌리치고 그를 벌해야 한다고 주장하였다. 그러나 정조는 신하들의 주청을 단호히 물리쳤으며 오히려 실천 가능한 것들을 시행하도록 조치하였다.[252]

---

252) 승정원일기, 정조 15년(1791) 1월 22일.

박필관이 당시의 시대상의 모순으로 지적한 내용은 아전과 백성들이 계(契)를 맺는 것, 상민과 천민들이 거짓으로 족보를 만드는 것, 소를 기준 없이 도살하는 것, 소나무를 함부로 베는 것 등을 금지시키는 것이었으며, 또한 토호들이 많은 것을 소유하는 폐단을 막기 위해 노비는 30구 이상, 토지는 30결 이상을 넘지 못하게 제한하자는 개혁방안이었다.

이에 대해 정조는 실천 가능한 아전과 백성의 계, 거짓 족보, 우금(牛禁), 송금(松禁)에 대해서는 바로 조치하였으나, 토호들의 토지와 노비를 제한하는 것은 그 취지는 좋으나 사전계획 없이 갑자기 시행하면 큰 소란이 초래될 것이라며 받아들이지 않았다.253)

## 2. 격쟁, 부정에 대한 자율적인 감시시스템

격쟁 사건의 처리는 형조가 맡았는데, 조선 중기까지 격쟁에 특별한 절차가 있는 것은 아니었지만 일단 소란을 부리고 왕의 갈 길을 막은 죄에 대한 벌은 치러야 했다. 이때 일반 백성은 형조에서는 죄인으로 간주하여 다루었는데, 벌은 형식적으로 가볍게 다루어 곤장을 쳤다. 이는 꼭 중요한 일이 아닌데도 사소한 일이나 동일한 사안을 반복적으로 격쟁하는 것을 막기 위해서이기도 했다.

형식적인 곤장을 맞은 후에 억울한 사연을 구두로 아뢸 수 있었고 사연은 3일 안에 왕에게 보고되었으며, 왕은 사연을 듣고 직접 그에

---

253) 정조실록 15년(1791) 1월 22일, 백성 박필관이 신문고를 쳐 아전과 백성들이 계를 맺는 것 등을 금지하도록 청했다.

합당한 처리를 하였다.

격쟁인이 관리인 경우에는 의금부로 넘겨져 신체에 직접 형장을 가하는 방식이 아니라 퍼포먼스 형태를 취했다. 이를 산장(散杖)이라 하였는데, 격쟁인을 의금부 호두각의 처마 밑으로 데려가 꿇어앉힌 다음, 격쟁인 뒤에서 몽둥이 한 묶음을 격쟁인의 머리로 넘겨 던지는 형태였다. 형식적인 형장이었으며 관직자 우대차원에서 이루어졌다.[254]

이렇게 격쟁은 횟수의 제한을 두지 않고 진정을 할 수 있었기 때문에 자신의 억울한 사정이 해소되지 않으면 동일한 사안을 계속 반복적으로 할 수 있었다. 이 때문에 숙종대 이후 격쟁남발의 폐단이 문제화되었으며 정조는 격쟁의 남발을 방지하기 위해 1786(성조 10)년 격쟁장소를 제한하는 조치를 취하게 된다. 이에 따라 도성 안 세 곳으로 장소가 제한되었는데 청운교(경복궁 앞길), 파자교(창덕궁 돈화문 밖), 통운교가 격쟁할 수 있는 곳이었다. 만일 이 장소를 벗어나면 격쟁 안건은 처리되지 않았다.[255] 그러나 정조 때에는 과거 개인과 가족과 관련된 사안에 대해서만 호소할 수 있던 것을 아전과 백성의 결탁, 부당한 과세, 토지와 상공업의 이익침해 등 현실에서 겪는 사회경제 전반의 문제를 호소할 수 있게 되어 언로(言路)의 폭이 어느 때보다 확대되었다.

백성들이 격쟁으로 자신의 억울함을 호소하는 것이 빈발하도록 조선의 왕들이 수수방관만 한 것은 아니었다. 조선 초기부터 여러 가지 해결책이 모색 되었다. 명종 19년(1564)에는 격쟁의 원인이 중앙과 지방 관리들이 소송을 잘못한 것이라며 잘못 결정한 관리들은

---

254) 김경숙, 조선 후기 사송과 상언 · 격쟁, 고문서연구, 제33호, 2008. 8., p.274.
255) 김경숙, 조선 후기 산송과 상언 · 격쟁, 고문서연구, 제33호, 2008. 8., p.272.

엄정하게 처벌해야 한다는 교지를 내리기도 하였다. 따라서 중앙에서 조관이 내려가 조사할 경우 관찰사나 수령의 잘못된 결정이나 비행이 드러나 관리들이 문책되는 경우가 있었다.

## 백성들의 탄원을 오결한 관리를 파직하다

조선 현종 8년(1667)에는 조상의 묏자리를 둘러싼 산송(山訟)을 잘못 판결한 충청감사 이민적을 파직한 사례가 있다. 청주사람 남기명이 조상 묏자리에 다른 사람이 조상묘를 쓴 것이 부당하다며 낸 소송에서 지자, 격쟁하며 원통함을 호소하였는데, 왕이 직접 형조 낭관을 보내어 조사한 결과 오결이었다.

신하들은 격쟁으로 감사를 벌하는 것은 부민고소금지법(府民告訴禁止法)에 반하는 것이라며 우려했으나, 현종은 부모의 원통함을 호소하는 것은 자식의 당연한 도리라며 오결한 죄를 물어 충청감사를 파직했다.256)

그러나 영조와 정조의 민의를 받아들이고자 하는 노력도 이후 세도정치의 발호에 따라 점차 약화되고 중앙에서 처리하는 방식보다는 지방으로 이첩하는 방식으로 바뀌어 갔다. 세도정치라는 군약신강(君弱臣强)의 정치적 환경은 왕이 직접 처리할 수 있는 정치적 힘이 없었으며 그동안 쌓여온 관리들의 반감이 민원처리 방식에 반영되어 나타났다. 이런 배경 아래 격쟁 안건은 형조에서 해당 관찰사로 이첩하고, 다시 관찰사는 해당 수령에게 넘겨져 조사하게 하였다.

---

256) 현종 14권, 8년(1667) 2월 21일, 환관 최연이 격쟁하니 처벌하지 않다.

그런데 이렇게 실질적인 조사가 다시 격쟁 발생의 원인을 제공한 관찰사나 수령에게게로 돌아감으로써 자신의 문제를 자기 스스로 고치기 어려운 한계로 인해 유명무실 해질 수밖에 없었다. 또한 왕에게 조사결과를 보고할 때 관리들이 선택하여 보고할 수 있게 되었다. 결국 격쟁은 절차, 방법이 마련되어 제약이 가해지고, 관료주의 형식을 띠게 됨으로써 민의를 전달하는 본래의 의미는 퇴색해갔다.

# 04 가전상언(駕前上言)

상언은 '아랫사람이 국왕에게 올리는 글'이라는 뜻인데, 왕이 궁 밖으로 행차할 때 소장을 직접 상언하는 것을 가전상언(駕前上言)이라고 한다. 조선 초기 왕이 행차하는 어가에 함부로 뛰어드는 것은 엄격히 금지하였다. 왜냐하면 백성들에게는 원통하고 억울하면 신문고를 칠 수 있도록 하였기 때문에 어떠한 사전 신호도 없이 왕에게 달려드는 것은 왕의 권위나 안전을 위해서도 바람직하지 않았기 때문이었다.

조선 초기부터 왕이 행차할 때는 대명률[257]과 속형전에 의하여 왕들이 직접 백성들로부터 소송을 받아들이지 않았다. 세종 21년 (1439) 2월 1일 「세종실록」에는 억울한 사정이 있어 어가(御駕)의 행렬에 뛰어든 사건이 기록되어 있다. 당시 어가 행렬에 뛰어드는 자는 참형으로 다스리는 것이 당연한 것으로 생각되던 시기였다. 어가에 뛰어든 사연은 그 내용을 알 수 없으나 말 못 할 억울한 사정이

---

257) 대명률에는 만약 거가(車駕)를 맞아 상소하였다가 실상이 아니라면 장 1백 대, 사실이라면 면 죄한다고 규정된다.

있었던 것으로 짐작된다. 물론 세종은 신하들의 참형주장을 받아들이지 않았으나, 이번 일로 놀란 세종은 앞으로 어가 앞에서 정소(呈訴)하는 자는 시비를 묻지 않고 접수하지 않으며 위령률에 따라 처벌하기로 하였다.258)

가전상언(駕前上言)은 이후 산발적으로 계속 발생되었는데 정통성을 결여한 세조는 즉위년(1455)에 백성들은 신문고를 쳐서 억울함을 호소할 수 있기 때문에 형조에 명하여 가전정소를 금하도록 하였다. 이러한 실록의 기록들은 세종 이후 세조를 거치면서 왕이 행차하는 어가에 뛰어들어 억울함을 호소하는 사람들이 점차 증가하고 있었다.259) 거꾸로 말하면 백성들은 자신의 억울함을 왕이 왕궁 밖으로 행차할 때 호소하는 것이 가능하다는 관례가 점차 확립되어 가고 있었음을 의미한다.

조선 중기에 들어서는 신문고 기능이 유명무실해졌기 때문에 왕의 행차 시에 정소하는 경우가 점차 증가하였다. 정소에는 상언으로 하는 경우가 많았는데 유서필지에는 상언의 표준서식260)이 제시되어 있다.

258) 세종 48권, 21년(1439) 2월 1일.
259) 세조 2권, 2년(1455) 8월 7일.
260) 유서필지, 2006, 옮긴이 전경목, (주)사계절출판사.

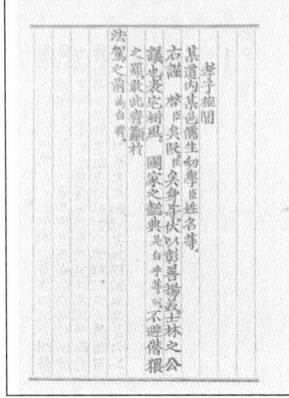

효자 정려

△△도 내 △△고을에 사는 유생 유학 신 ○○○
등이 올립니다. 위와 같이 삼가 아뢰는 신들의 일
은 다음과 같습니다.
신들이 엎드려 생각건대, 착한 사람을 표창하고 아
름다운 일을 널리 알리는 것은 사람의 공의이며,
훌륭한 집안을 정표하고 좋은 풍속을 배양하는 것
은 국가의 의전이기에 참람한 죄를 피하지 않고
감히 이처럼 전하의 수레 앞에 호소하나이다.
(이하 생략)

중종 때는 가전상언이 초기부터 자주 발생하여 조정에서 대책을
논의하게 되었다. 중종 15년(1520) 8월 30일『중종실록』에는 대신들
은 왕의 권위를 손상시키는 심각한 문제로 받아들여 다음과 같이 상
소하였다.

"한 번 행차하는데 정소한 것이 4백여 장에 이른다. 과거에는 가
전에 정소하면 사람들이 듣고 놀라워했는데 이제는 하찮은 일을 가
지고 정소하며 왕의 행차를 끝까지 따라다니며 외치니 이제는 가전
정소를 금지해야 합니다."

그러나 이러한 상소에도 중종은 방침을 바꾸지 않았으며, "억울함
을 호소하는 길을 없애서는 안 된다. 또한 그 억울함을 호소하는 정
소자를 처벌해서도 안 된다."[261]고 밝혔다. 오히려 중종은 보완책을
만들어 백성들의 상언을 받아 그들의 말에 직접 귀를 기울였다. 즉
일상생활에 관한 일은 관례대로 수령과 관찰사에게 호소하고, 특별
히 중대한 일에 한해 '가전상언'을 인정함으로써 합법화시키는 한편,

---

261) 중종 40권, 15년(1520) 8월 30일.

이 규정을 어겼을 경우에는 경국대전의 소송절차를 지키지 않은 월소죄를 적용하여 처벌하기고 하였다.

조선시대 3대 소송은 노비송(奴婢訟)과 전답송(田畓訟), 그리고 풍수에 비추어 묏자리를 정하거나 묏자리 관련 다툼인 산송(山訟)[262]이었다. 백성들은 국왕이 행차하면 상언과 격쟁을 통해 자신들의 억울함을 접수해 처리해주기를 원했다.

상언은 격쟁과 마찬가지로 국왕의 궐 밖 거동, 즉 종묘 제사나 능행길에 주로 이루어졌다. 이러한 행행(行幸)은 정기적으로 행해지는 행차였기 때문에 상언자는 수개월 전부터 미리 예측하고 그에 맞추어 준비가 가능하였다.

조선 후기의 왕들은 능행에서 돌아오는 길에 백성들의 억울한 사정을 접하게 되었다. 국왕의 행차는 '행행(行幸)'이라 표현하듯이 혜택이 있는 행차였기 때문에 백성에게 경제적 혜택을 주려고 하였다.

숙종은 양주, 광주, 여주, 이천 네 읍의 봄철 대동미를 감면해 주고, 여주 백성으로 70세 이상인 자에게 음식물을 제공했다. 영조도 네 읍의 대동미를 감면해 주고 80세 이상으로 행차를 직접 본 사람에게는 우대해 주었다. 정조 역시 양수를 제외 한 세 읍에 대동미를 감면해 주었다. 철종은 남한산성 내에 있는 70세 이상 노인에게 광주부에서 쌀을 지급하게 하고 행차에 동원된 백성들의 노고를 위로하였다.[263]

왕들은 능행길에서 백성들의 단순한 경제적 이득에서 나아가 억

---

262) 조상의 분묘와 관련된 분쟁
263) 김문식, 조선 후기 국왕의 남한산성 행차, 조선시대사학보 60, 2012, p.121.

울한 사정을 접수해 해결해 주기 시작하였다. 국왕이 행차하면 상언과 격쟁을 통해 백성들의 민원을 접수해 처리하는 것이 제도화되었다. 영조는 효종의 영릉(寧陵)을 참배한 이후 능 입구에서 살곶이 다리까지 상언을 받도록 하였다. 그 뒤를 이은 정조역시 영릉 입구에서 홍인문까지 상언을 접수하도록 했다. 또한 철종도 남한산성 행차에서 격쟁을 한 60여 명의 민원을 접수해 처리해 주었다.[264]

백성들이 억울한 삶이란 주로 소송에서 진 것이 부당하다며 왕에게 직접 글로써 올리는 것이었다. 예를 들어 산송문제는 조산후기 점차 종법질서 강화로 조상의 분묘와 관련된 분쟁이 치열해졌으며 한번 발생하면 쉽사리 해결 되지 못했다.

지방 고을에서 전개된 소송이 상언으로 가는 절차를 보면 상언은 격쟁과 더불어 왕에게 직접 진정하는 것으로 유사한 점이 있었지만 구체적인 면에서는 달랐다. 상언은 왕에게 직접 내는 것인데 접수된후 3일 이내에 진정을 낸 사람이 신분을 확인할 수 있는 신분증을 가지고 해당관청을 직접 방문해야 한다. 상언은 승정원에서 담당하여 상언별감이 접수한 후 문서내용에 따라 각 방 승지에게 보내어왕에게 보고하도록 하였다.[265]

상언의 가장 큰 특징은 격쟁과 달리 동일한 사안을 가지고 반복적으로 제기할 수 없었다. 왜냐하면 격쟁은 격쟁자가 죄인 취급을 당했지만 상언은 그렇지 않았기 때문이었다. 상언의 처리는 격쟁과 같은 방식으로 이루어졌다. 조선 전기, 중기에는 한성부나 형조에서 직접 조관을 파견하여 조사를 진행하였다. 그러나 조선 후기로 갈수

---

264) 김문식, 조선 후기 국왕의 남한산성 행차, 조선시대사학보 60, 2012, p.123.

265) 김경숙, 조선 후기 산송과 상언·격쟁, 고문서연구, 제33호, 2008. 8., p.279.

록 왕에게 상언하더라도 실질적인 조사가 다시 지방고을로 돌아가 관찰사나 수령의 손에서 이루어졌다.

그림은 지방 수령에게 올리는 소장(訴狀)인 소지(所志)의 장면을 그린 김홍도의 '취중송사'로서 어느 고을 수령이 아전들을 거느리고 가마에 앉아 순행을 하다가 어느 백성이 제기한 송사를 처리하고 있는 그림이다. '취중송사(醉中訟事)'란 제목이며 김홍도의 작품으로 전한다. 백성이 송사를 올리니 관아로 귀청 중이라도 길거리에서 노상 업무를 처리하는 중인데, 갓을 뒤로 넘어지게 쓴 수령과 땅바닥에 비스듬히 누워 있는 아전의 모습으로 보아 업무를 처리할 수 있는 상황은 아닌 것 같다.

그림 속에서는 수령이 순행을 마치고 귀청 중에 느긋한 자세로 업무를 처리할 수 없는 상황이었으나, 백성이 송사를 제기 하니 후일로 미룰 수 없다. 왜냐하면 당시 국왕도 행차 중에 백성들이 제기하는 격쟁이나 상언을 접수하는 상황에서 한갓 지방 수령인들 어떻게 뒤로 미룰 수 있었을까? 언제, 어디서라도 백성들과 소통하고자 하는 조선 후기 수령들의 모습을 엿볼 수 있다.

그림 상단에는 김홍도의 스승 강세황의 화평이 적혀 있다. 강세황의 제시처럼 그림은 단지 술을 마시고 판결을 내리는 수령이니 판결문을 받아쓰는 형방의 업무를 바르게 처리할 수 있을까 하는 의문이 나올 수 있는 상황이다. 수령이 예상하지 못한 상황에서도 백성들의 억울한 사정을 듣고 즉각적으로 해결하여 민심을 얻으려는 조선 조정의 노력으로 보면 너무 지나친 것인가 자못 인상적인 그림이다.

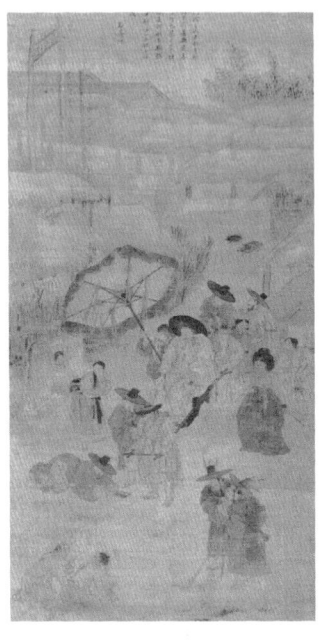

供給之人, 各執其物, 後先於肩輿前,
공 급 지 인   각 집 기 물   후 선 어 견 여 전

太守行邑, 甚不草草, 村氓來訴,
태 수 행 읍   심 불 초 초   촌 맹 래 소

刑吏題牒, 乘醉呼, 能無誤決,
형 리 제 첩   승 취 호   능 무 오 결

豹菴評
표 암 평

물품을 공급하는 이들이 각기 자기 물건을 들고, 가마의 앞뒤에 있으니 고을 수령의 행색이 초라하지 않다. 시골사람이 나서서 진정을 올리고, 형리가 판결문을 쓰는데 술 취한 가운데 부르고 쓰니, 오판이나 없을는지.
표암 강세황이 평가

단원 김홍도. '행려풍속도병(行旅風俗圖屛)' 제1폭 "취중송사(醉中訟事)",
조선시대/김홍도(1778년, 34세 작품)/ 90.7×42.7cm, 국립중앙박물관소장

숙종, 영조, 정조 이후의 왕들이 중요하게 여긴 것은 도성 밖 행차였다. 행차는 조선 왕조의 역대 국왕을 모신 왕릉으로 참배하는 형식을 띠었으나 사실상의 행차목적은 다른 데 있었다. 왕이 직접 지방에 가서 관찰사나 수령의 행정에 부정이 없는지를 점검하고, 동시에 민의 불만과 고충을 정확하게 파악하려고 한 것이다.

특히, 영조는 자신의 눈으로 직접 민의 생활상을 관찰하고자 행차길의 통행규제를 없앴다. 이 때문에 길가에는 "경기도민이 구경하려고 길가에 몰려있어 서로 밀고 당기는"(영조실록 영조 4년 9월) 소란스러운 상황이 발생하게 되었다.[266)

정조는 영조의 이러한 대민 접촉방식을 이어 받았다. 정조는 거의 정기적으로 제2의 도읍으로 여겼던 화성행궁과 사도세자의 묘인 헌릉원을 행차하였다. 국왕이 길가의 백성들에게 생활의 불만이나 고충을 묻는 대민접촉방식을 이어가자. 백성들에게서 상언이나 격쟁이 점차 증가하였다.

국왕과 백성의 친근한 관계는 정조의 노량주교도섭도(鷺梁舟橋渡涉圖)에 잘 그려져 있다. 정조의 어머니인 혜경궁 홍씨의 환갑을 기념하고 사도세자에 대한 효심을 지극히 보여주는 사업의 일환으로 화성행차 모습을 왕의 일행이 노량진 부근에서 한강에 설치한 선교를 건너는 그림으로 정조대왕능행도(전부 8폭: 덕수궁 궁중유물 박물관 소장) 중 한 폭이다.

밑그림은 김홍도가 그리고, 김득신 등의 당대 최고 화원들이 투입되어 완성한 그림으로 추정된다.

이 그림에는 왕과 백성들 간의 소통의 모습을 짐작할 수 있는 장면이 묘사되어 있다. 바로 국왕 일행의 장대한 행렬과 함께 행렬을 구경하는 사람들의 모습에서 찾아볼 수 있다. 한강을 바라보는 언덕 위에서 행렬을 한가로이 내려다보

김홍도, 노량주교도섭도(鷺梁舟橋渡涉圖), 1795년경, 견본채색, 156.5×65.3cm, 용인 호암미술관 소장

---

266) 하라다케시, 직소와 왕권, 지식산업사, p 66.

는 사람이 있는가 하면, 국왕이 지나가는 길 바로 옆에 서서 보고 있는 사람들 등 각각의 장소에서 자연스런 자세를 취하고 있음을 볼 수 있다. 하라다케시의 말처럼 이러한 군·민의 모습은 중국이나 일본에서는 상상할 수 없는 일이다.

노량주교도섭도에는 왕이 서울 남쪽의 한강 노량진을 지나가는 모습을 그렸다. 현대적인 교량 건설 기술이 존재하지 않았기 때문에 주교(舟僑)를 가설하여 실제로 사용된 선박은 48척이었다. 그림에서는 축약되어 묘사되어 있다. 원래 주교 가설 작업 기간은 20일 예정이었는데, 실제로는 11일 소요되어 완성되었다. 교량 중간의 가장 화려한 중심은, 왕이 아니고, 왕의 어머니인데 왕은 그 뒤쪽에서 왕의 어머니를 보호하는 형세를 취하고 있다.[267]

순조·헌종·철종 때에는 능묘참배를 목적으로 한 임금의 행차는 계속되었다. 그러나 정치적 힘은 안동 김씨나 풍양조씨에게 기울어졌고 군권은 쇠퇴하였다. 임금의 행차가 계속됨에 따라 길가에서 상언이나 격쟁도 계속 일어났으나 영·정조와는 차이가 있었다.

상언이나 격쟁을 시도하더라도 과거와 같이 왕에게 직접 전달되지 않고 세도정치세력들에 의하여 왕에게까지 올라가지 못했다. 즉 상언과 격쟁의 안건이 형조에서 국왕에게 올리는 것이 아니고 승정원에서 그 판단에 따라 국왕의 재가가 필요한 사안과 그렇지 않은 사안을 나누어 후자는 제외시키고 있었다.

---

267) 하라다케시, 직소와 왕권, 지식산업사, pp.97~98.

# 05 신문고 200여 년 만의 부활

역사적으로 살펴보면, 신문고는 왕권이 강하고 백성들의 생활이 안정되었을 때 설치되었다. 조선 태종부터 중종까지 무려 1백50여 년간 운영되던 신문고는 사림세력의 강화와 당쟁의 격화로 왕권이 미약하게 되고, 양대 전란으로 인해 민생이 피폐해지자 운영되지 못했다. 그렇게 200여 년이 흐른 뒤 영조·정조 때 왕권이 안정되고 경제적·문화적 부흥을 기반으로 다시 설치되었다.

여기에서 신문고가 설치된 때의 공통적인 시대모습을 찾아볼 수 있는데, 왕권이나 경제적 안정을 바탕으로 통치자 입장에서 신문고를 통해 백성들의 삶을 들여다보고 해결하고자 하는 여유를 갖게 된 것임을 알 수 있다.

신문고가 역사의 질곡을 반영하고 있는 만큼, 정조 이후 200여 년 만에 다시 부활한 국민신문고는 대한민국의 국운이 상승하고 있음을 반증하는 것이라고 할 수 있다.

신문고는 오랫동안 왕이 백성들의 고충을 듣고 해결하는 통로로서 기능하였다. 이러한 선조의 지혜를 바탕으로 국민권익위원회는 정부와 국민의 완전한 소통채널 구축을 위하여 온라인 형태의 신문고인 국민신문고를 구축하였다.

최근 과학 기술의 눈부신 발달로 인해 우리는 가히 정보의 홍수시대를 살고 있다고 해도 과언이 아니다. 실시간으로 각종 뉴스, 사건, 사고가 흐르고 누구든지 접속할 수 있다는 점 때문에 인터넷은 거대한 정보의 바다가 되고 있다. 사이버공간은 여러 가지 부작용에도 불구하고, 기존 매체보다도 자유롭고 개방적이어서 다양한 사람들이 의견을 주고받을 수 있어 여론을 전달할 수 있는 매체로서 주목받고 있다. 이러한 현실을 반영하여 신문고는 과거 대궐 앞에서 이제는 인터넷상으로 부활한 것이다.

오늘날의 신문고에는 민원과 부패신고 그리고 행정심판의 국민과 행정의 접점에서 발생하는 것들을 해결할 수 있는 메커니즘을 구축하게 되었다. 또한 국민신문고는 개별 행정기관이 고충처리, 제안, 정책토론을 위하여 산발적으로 운영하던 민원창구를 통합하면서 탄생하였다. 오늘날 행정절차는 더욱 복잡해지고 다양해지고 있다.

이러한 이유로, 민원을 제기하려는 국민이 담당부서를 찾기 어려운 실정이었기 때문에, 국민신문고는 국민이 행정서비스에 쉽게 접근할 수 있도록 범정부적인 차원의 민원을 통합 처리하는 온라인 시스템으로 탄생한 것이다. 국민신문고 구축으로 60년간 지속된 대표적인 민원불만 요인을 개선할 수 있게 되었다.

첫째, 민원 신청을 위해 해당기관을 일일이 찾아가거나 문의해야 하는 번거로움이 사라졌다.

둘째, 동일 내용의 민원을 여러 기관에 동시에 제출하면 여러 기관에서 각각 민원을 처리할 수밖에 없었지만, 국민신문고를 통해 이러한 반복민원을 병합처리함으로써 행정력 낭비를 막을 수 있다.

셋째, 신문고 민원처리 실태 평가를 통해 민원 늦장처리에 대한 관리가 가능해졌다.

넷째, 공무원의 불성실한 민원 답변에 대해 추가 답변요구 및 민원만족도 평가로 민원서비스 품질이 제고된다.

다섯째, 민원처리 공무원의 잘못을 시정하는 민원이나 고발민원에 대해서는 담당공무원에게 배정하지 않고 상급기관이나 감사담당부서에서 처리한다.

국민신문고는 43개 중앙행정기관, 244개 지자체, 19개 주요 공공기관, 144개 해외공관, 194개 교육기관을 연계하는 쏘널사이트이다. 국민신문고를 통해서 시민들과 한국에 거주하는 외국인들은 공공서비스에 관한 고충, 제안, 부패신고, 행정심판을 제출할 수 있다. 국민신문고는 접수된 민원을 가장 효과적으로 처리할 수 있는 관할 기관으로 송부하고, 더욱 심도 있는 조사가 필요한 경우에는 국민권익위원회가 직접 해당 민원을 처리하게 된다.

이에 더하여, 국민신문고는 보다 창의적인 행정 구현을 위하여 국민이 국정운영에 관한 사항을 제안하고 정책결정에 참여할 수 있도록 해준다. 현재, 국민신문고는 숭국어, 엉어, 인도네시아이, 일본어, 몽골어, 베트남어, 태국어, 우즈베키스탄어, 방글라데시어, 캄보디아어 등 10개 외국어서비스를 제공하고 있다.

# 용어 설명

## ㄱ

가전상언(駕前上言): 왕이 궁 밖으로 행차할 때 소장을 직접 상언하는 것

가전정소(駕前呈訴): 억울한 사정이 있을 때 임금의 행차하는 어가(御駕) 앞에
　　　서 직접 호소를 올리던 일

감수자도율(監守自盜律): 감독하여 지키는 관리가 스스로 그 물건을 도둑질하
　　　는 것. 대명률(大明律)형률(刑律) 감수자도율(監守自盜律)에 보면, "무릇
　　　감림(監臨)하여 일을 주관하다가 스스로 창고(倉庫)의 전량(錢糧) 등의
　　　물건을 도둑질하면, 수범(首犯)·종범(從犯)을 가리지 않고 아울러 장
　　　죄(贓罪)로써 논죄한다." 하였다.

경국대전(經國大典): 조선시대를 대표하는 법, 1469년 성종 때 반포되어 여러
　　　번 고친 끝에 1485년에 완성되었다. 성리학의 도덕과 질서를 세우기
　　　위한 법으로 백성들의 생활관습이나 감정과는 달랐다.

고목(告目): 서리가 수령들에게 올리는 문서

고알(告訐): 피해자가 아닌 사람이 남의 범죄 사실을 관청에 알리다.

관방인기(關防印記): 관부의 공문서의 위조를 막기 위해 찍는 장방형의 인, "大
　　　明律"에 의하면 관방인기를 위조한 자는 장(杖) 1백 대에 도(徒) 3년을
　　　처하고, 고하여 잡게 한 사람은 관에서 은 30냥을 준다.

고존장죄(告尊長罪): 존장(尊長)을 우대하는 풍속을 저해하지 않는 것으로 전통
　　　사회에서 부자나 형제, 부부, 그리고 노비가 주인을 배반하여 아랫사
　　　람이 윗사람을 고발하는 것은 인륜과 예의도덕에 반하는 것으로 처
　　　벌된다.

관인수재죄(官人受財罪): 백제 고이왕 29년(262) 관리로서 뇌물을 받거나 도적질
　　　한 자는 그 세 배를 배상하며 종신 금고형(禁錮刑)에 처하라는 죄를 제
　　　정하였다. 여기에서 종신금고형이란 관직에 나가는 길을 차단하는 형
　　　벌로서 뇌물을 받은 자는 평생 동안 공직에 나갈 수 없도록 한 것이다.

관자(關子): 공문서

교정도감(教定都監): 무신의 난 최충헌 부자 살해기도 사건을 처리하기 위한 임시기구였으나, 이후 인사, 감찰, 세금징수 등 국정전반을 장악한 최씨 정권 최고기관이다.

구환(舊還): 예전의 환자곡

격쟁(擊錚): 억울한 일이 있을 때에 징을 쳐서 호소하다.

격쟁원정(擊錚原情): 국왕이 거동할 때 직접 징이나 북을 치며 올리는 문서

계장논죄(計贓論罪): 장물의 수량을 계산하여 논죄하는 것


ㄴ

나이(那移): 돈이나 물건을 다른 목적으로 유용하는 일

내사정전(內司正典): 신라 경덕왕 5년(746)에 왕실 관계의 제반업무를 맡은 궁내 관원들을 감찰하는 기구를 설치


ㄷ

당상관(堂上官): 여러 관청의 대표관리들이 모여 의논할 때 당(대청)에 올라가 의자에 앉을 수 있는 사람을 말하며 정3품 통정대부 이상을 말한다. 당상관은 나라의 중대사에 대한 의결권, 군대지휘 및 감독권, 인사권 등을 갖고 있다.

대정(大政): 해마다 음력 12월에 행하는 도목정사(都目政事). 관원(官員)의 근무 성적을 종합 심사하여 그 결과에 따라 영전·좌천 또는 파면 등을 시키는 인사 행정을 도목정(都目政) 또는 도목정사라 하는데, 매년 음력 6월과 12월 연 2회 실시하며, 6월에 행하는 것을 권무정(權務政), 12월에 규모가 크게 대대적으로 행하는 것


ㅁ

미심(未審): 심사하지 않은 민원

밀계(密啓): 비밀스러운 보고


ㅂ

반좌(反坐): 무고(誣告)하여 무죄한 사람을 죄에 빠뜨리는 자에 대하여 피해자가 입은 만큼의 형벌을 주는 제도

방문(榜文): 도적이나 범죄자를 잡기 위해 저잣거리의 벽 곳곳에 붙여 놓은 범인수배 전단지

변원정배(邊遠定配): 변방 외딴지역에 보내는 형벌

복수법(復讐法): 고려 광종 때 억울하게 참소당하여 죽은 자들의 후손에게 그
복수를 허락한 법으로 광종의 뒤를 이은 경종이 제정했으나, 개인적
인 원한으로 사람을 죽이자 곧 폐지되었다.

부민고소금지법(部民告訴): 수령(守令)이 다스리는 관내(管內)의 백성들이 그 수
령을 고소(告訴)하는 것을 금지하던 일. 존장(尊長)을 우대하는 풍속을
해치지 않기 위한 것이었다.

불휼국사죄(不恤國事罪): 신라시대 관리들이 병을 핑계로 국사를 돌보지 않는
자들을 주살하고 그 일족을 멸하였다.

분경(奔競): 엽관 운동(獵官運動). 벼슬을 얻기 위하여 권세 있는 집을 분주하
게 찾아다니던 일. 조선조 때 와서 분경 금지법(奔競禁止法)을 법제화
하였다.

분대어사(分臺御史): 각 지방의 민정(民情)을 살피기 위하여 파견하던 사헌부
(司憲府)의 관원. 분대 감찰(分臺監察)

분조(分朝): 국왕과 세자가 조정을 나누는 것으로 세자가 왕명을 받아 왕을 대
신해서 나라를 다스리는 작은 조정이었다. 세자(광해군)는 위험을 무
릅쓰고 황해도, 경기도, 강원도 등 지나는 곳마다 격문(檄文)을 전하여
도망친 백성들을 모집하여 모두 나라를 위해 왜적 무찌르기에 나서
도록 하였다.

불고지죄(不告知罪): 불법 행위를 한 자를 알고 있으면서도 고의로 관청에 신
고하지 않는 경우를 말하는 것으로 옛날부터 중대 범죄로 여겨 고발
하지 않은 사람에게 책임을 물었다.

배공영사죄(背公營私罪): 신라시대 관리들의 관물횡령착복에 관한 부정사건에
서 신분을 망각하고 사리를 도모하는 일체의 공무부정사건에 대해
장형에 처하고 섬으로 귀양을 보냈다.


ㅅ

사건사(四件事): 상언(上言)이나 격쟁(擊錚)할 수 있다고 허용된 네 가지 일, 곧
적첩분별(嫡妾分別), 형륙급신(刑戮及身), 양천변별(良賤辨別), 부자분별
(父子分別)

사단자(私單子): 천거한 사람의 이름이나 증여(贈與)하는 물건의 수량을 적어
사사로이 보내던 종이쪽지

사알(私謁): 총애(寵愛)를 받는 신하나 비빈(妃嬪)이 임금에게 사적으로 청탁(請
託)을 행하던 일. 청알(請謁)

사정부(司正部): 신라 진흥왕 5년(544)에 중앙관료들의 비위를 감독하기 위해
　　　설치한 기구

삭료(朔料): 매월 지급하는 녹봉, 군관과 군인들의 삭료는 늠료(廩料)

산송(山訟): 조상의 묏자리를 둘러싼 소송

산장(散杖): 격쟁인이 관료인 경우에는 의금부로 넘겨져 신체에 직접 형장을
　　　가하는 방식이 아니라 퍼포먼스 형태를 취해 형식적인 형장을 가한다.

삼복제(三覆制): 고려 문종원년(1047)에 사형수는 왕에게 세 번의 심판[초복(初
　　　覆), 재복(再覆), 삼복(三覆)]을 거친 후 결정한다. 일반범죄 재판은 단
　　　심이다.

상언(上言): 왕에게 직접 올려 청원하는 문서

상피(相避): 친족이나 긴밀한 관계에 있는 자는 같은 곳에서 벼슬하는 일이나
　　　청송(聽訟)·시관(試官) 같은 것을 서로 피하던 것

서경(署經): 인재를 적재적소에 배치하기 위해 부적합한 인사에 대해 대간이
　　　임명장에 서명하지 않는 세도. 통싱 50일 동안 동의하지 않으면 자동
　　　적으로 관직이 거부된다.

석: 쌀 1석은 144kg

소지(所志): 백성이 수령에게 올리는 소장

속공(屬公): 관가의 공물로 귀속한다.

신문고(申聞鼓): 백성이 억울한 일이 있어 임금에게 호소하기 위해 치는 북.
　　　태종 원년(1401)부터 대궐 문루(門樓)에 달아 두어 백성들의 억울한
　　　하소연을 받아들였다.

십팔자위왕설(十八子爲王說): 십팔자는 이(李)자의 파자로 장차 이씨가 왕이 된
　　　다는 뜻이다. 이 말에 현혹되어 여러 사람이 고려 왕조의 전복을 꾀
　　　하다가 실패했다. 인종 때 이자겸, 명종 때의 이의민이 대표적이다.


ㅇ

어사(御史): 임금의 명령을 받들고 지방에 내려가 민정(民情)을 살피던 사헌부
　　　(司憲府)의 관원. 분대 어사(分臺御史)

오부 관령(五部管領): 조선조 때 서울의 동부(東部)·서부(西部)·남부(南部)·북
　　　부(北部)·중부(中部), 즉 오부(五部)에 속해 있던 각방(各坊)의 우두머리

외사정(外司正): 신라 문무왕 13년(673)에 지방 통치조직이 정비되면서 지방관
　　　의 수가 증가하게 되자 이들을 효율적으로 감독하고 통제하기 위해
　　　설치한 기관

요언혹중죄(妖言惑衆罪): 신라시대에 거짓된 도를 가지고 사람을 혹하게 하는

자 처벌 법

용은(容隱): 죄인이 도망가거나 죄를 숨길 때 그 가까운 친척이 일을 숨겨주는
      일, 이와 같은 행위는 풍속을 후하게 하는 의미에서 법적으로 인정된다.
월소(越訴): 소송의 절차를 밟지 않고 직접 상급관아에 소청하는 것
위외격쟁추문법(衛外擊錚推問法): 정조는 1777(정조 1)년에 궐내에서는 격쟁을
      금지하고 신문고를 치며, 대궐 밖에서는 징으로 칠 수 있도록 하여
      형조에서 추문하고 왕에게 보고하도록 제도화


# ㅈ

자수의 예(自手之例): 불법 행위를 한 자가 스스로 반성하여 관청에 신고하면
      자수를 한 사람에게 책임을 묻지 않거나 죄를 감경해 주는 것
자자(刺字): 검은 먹으로 얼굴이나 팔 등 몸에 새겨 넣는 형벌
장리(贓吏): 부패한 관리
장리연좌제(贓吏連坐制): 부패한 관리인 장리의 자식들에게까지 연좌되어 과
      거응시와 출사를 제한하였다.
적고적(賊袴賊): 통일신라 말기에 붉은 바지를 입고 도적질을 일삼은 무리임.
      삼국사기에는 진성왕 10년(896)에 도적이 나라의 서남쪽인 구가야 지
      역에서 일어나 주현을 도륙하고 경주의 서부인 모량리까지 와서 노
      략질을 했다.
전최(殿最): 전조(銓曹)에서 도목정사(都目政事)를 할 때 각 관사의 장(長)이 관
      리의 근무 성적을 상(上)·하(下)로 평정하던 법. 상이면 최(最), 하이
      면 전(殿)이라 한 데에서 나온 말로, 매년 6월 15일과 12월 15일, 두
      차례에 걸쳐 시행하였다.
정(旌): 요제(堯帝) 때에 가도(街道)에 기(旗)를 세워놓고, 선언(善言)을 드릴 자
      가 있으면 그 기 아래에 서게 하였다는 고사
주의(注擬): 관원을 임명할 때 먼저 문관(文官)은 이조(吏曹), 무관(武官)은 병조
      (兵曹)에서 후보자 세사람[三望]을 정하여 임금에게 올리던 것
지역사불고언죄(知逆事不告言罪): 신라는 타인의 반역사실을 알면서도 이를 고
      발하지 않은 자를 처벌하였다.
진고(陳告): 죄를 지은 사람이나 불법의 물건을 관가(官家)에 고발하는 것. 진
      고한 사람에게는 상으로 죄인(罪人)의 가산(家産)이나 전지(田地)를 일
      정한 범위 안에서 지급하였다.

<**수령 칠사**>

1. 마음을 인(仁)과 서(恕)에 두어 궁핍한 사람을 진휼(賑恤)한 것이 몇 사람이며, 늙고 병든 사람을 혜양(惠養)한 것이 몇 사람인가?
1. 몸소 행함에 청렴근신(淸廉謹愼)하여 쓸데없는 비용을 어떠어떠한 일에서 절감(節減)하였는가? 수렴(收斂)을 감손(減損)한 것이 어떠어떠한 일이며, 아침저녁으로 노고한 것은 어떠어떠한 일인가?
1. 조령(條令)을 봉행(奉行)하였으되, 도임(到任) 이래 봉행한 것이 어떠어떠한 일이며, 판방(板牓)에 걸어 놓고 대중에게 깨우쳐 신명(申明)한 것이 몇 조(條)인가?
1. 농상(農桑)을 권과(勸課)하여 경내에 제언(堤堰)을 수축한 곳이 몇 곳이며, 도임 후 백성에게 뽕나무 심기를 권고하여 매 1호에 몇 주(株)씩 심었으며, 관(官)에서 심은 뽕나무를 나누어 주어서 심은 것은 매 1호에 몇 주씩인가? 백성에게 수차(水車)를 만들도록 권한 것은 한 마을에 몇 개씩이며, 관에서 만들어 나누어 준 것은 한 마을에 몇 개씩인가? 권경(勸耕)한 것은 몇이며, 온 집안이 병을 앓고 있는 자는 이웃[隣理]으로 하여금 경작해 주게 하고, 그가 회복되기를 기다려 값을 갚아주게 한 것이 몇인가?
1. 학교(學校)를 수명(修明)한 것으로, 학교 몇 간(間) 내에서 수리(修理)한 것이 몇 간이며, 생도(生徒) 몇 사람 내에서 독서(讀書)하는 사람이 몇 명인데, 경서(經書)를 통한 사람은 몇 명인가?
1. 부역(賦役)을 균평(均平)하게 하였으되, 공부(貢賦)의 수렴(收斂)은 어떠어떠한 일이 균평하며, 군역(軍役)의 차정(差定)은 어떠어떠한 일이 균평한가?
1. 결송(決訟)을 밝게 하여 노비(奴婢)의 상송(相訟)이 몇 건(件) 내에 결절(決絶)한 것이 몇 건(件)이며, 잡송(雜訟)은 몇 건(件)이었는가?"

진대법(賑貸法): 고구려 고구천왕의 절대적 신임아래 을파소는 194년 10월 양민들이 빚을 갚지 못해 귀족들의 노비가 되는 것을 막기 위해 봄 3월부터 가을 7월까지, 관의 곡식을 빌려주고 겨울 10월에 갚게 하는 진휼책을 실시했다.

ㅊ

참대시(斬待時): 사형수의 처형을 춘분전과 추분후의 사이에 집행하는 것[부대

시참(不待時斬): 특별히 극악한 죄인은 시기를 기다리지 않고 형이 확
정된 뒤 바로 집행]
초적(草賊): 고려 무신 집권기에는 집단적으로 도적질하는 무리를 지칭하고,
이들은 12세기 이래 고려 기층사회 피폐를 배경으로 널리 출현하게
된 유이농민(流移農民)이었다.
추쇄(推刷): 도망한 국역부담자나 노비 등을 찾아서 본래의 위치로 되돌리는 일
칠사계본(七事啓本): 수령(守令)의 근무 성적을 조목별로 나누어 아뢰던 서장
(書狀)
책비(責備): 구비하기를 요구하다.


# ㅌ

퇴장(退狀): 소장을 반송하는 것


# ㅍ

포도패(捕盜牌): 조선 문종 1년(1451) 백성들로부터 도둑에 대한 밀고를 받고
긴급히 잡을 수 있는 전담조직을 설치한 후에 포도청으로 변경되었다.


# ㅎ

한품서용(限品敍用): 특정한 직위에 등용되더라도 일정한 관품 이상으로는 승
진할 수 없는 것을 말하며, 장리(贓吏)의 자제가 한품서용되었다.
헌괵례(獻馘禮): 싸움에 나간 장수가 적장의 머리를 왕 앞에 바치는 의식
홍화문(弘化門): 창경궁(昌慶宮)의 정문
행행(幸行): 국왕의 장기적으로 행해지는 궐 밖 거동, 즉 종묘 제사나 능행(陵幸)길
향랑(餉郎): 양곡을 맡은 낭관

곽형석 ─────────────

　고려대학교 국어교육학과
　충남대학교 행정학 석사
　성균관대학교 행정학 박사
　미국 아메리칸대학교 국제범죄와 부패연구소 초빙연구원(2005. 8.~2007. 8.)

　행정고시 36회
　대전광역시 교육청 학사계장
　총리실 정무과장
　부패방지위원회 제도개선과장
　국민권익위원회 신고심사심의관
　현) 국민권익위원회 행정심판심의관

# 고발 역사의
# 수레바퀴

**초 판 인 쇄** ｜ 2013년 11월 29일
**초 판 발 행** ｜ 2013년 11월 29일

지 은 이 ｜ 곽형석
펴 낸 이 ｜ 채종준
펴 낸 곳 ｜ 한국학술정보㈜
주　　　소 ｜ 경기도 파주시 문발동 파주출판문화정보산업단지 513-5
전　　　화 ｜ 031) 908-3181(대표)
팩　　　스 ｜ 031) 908-3189
홈 페 이 지 ｜ http://ebook.kstudy.com
E - m a i l ｜ 출판사업부  publish@kstudy.com
등　　　록 ｜ 제일산-115호(2000. 6. 19)

ISBN　　978-89-268-5356-6  03910

이담
Books 는 한국학술정보(주)의 지식실용서 브랜드입니다.